Das neue Lexikon der Astrologie

Schon seit Jahrtausenden sucht der Mensch das Wesen und die Wirkungsmechanismen des Lebens hinter den Planeten am Firmament zu erforschen.
(Deutscher Holzschnitt aus dem 16. Jahrhundert)

Arman Sahihi

Das neue Lexikon der Astrologie

1400 Begriffe der Kosmologie, Astronomie, Astrophysik und Astrologie

Seehamer Verlag

© 1999 by Ariston Verlag Kreuzlingen
Genehmigte Lizenzausgabe für
Seehamer Verlag GmbH, Weyarn
Titelgestaltung: Bine Cordes, Weyarn
Printed in Austria
ISBN 3-934058-42-6

Inhalt

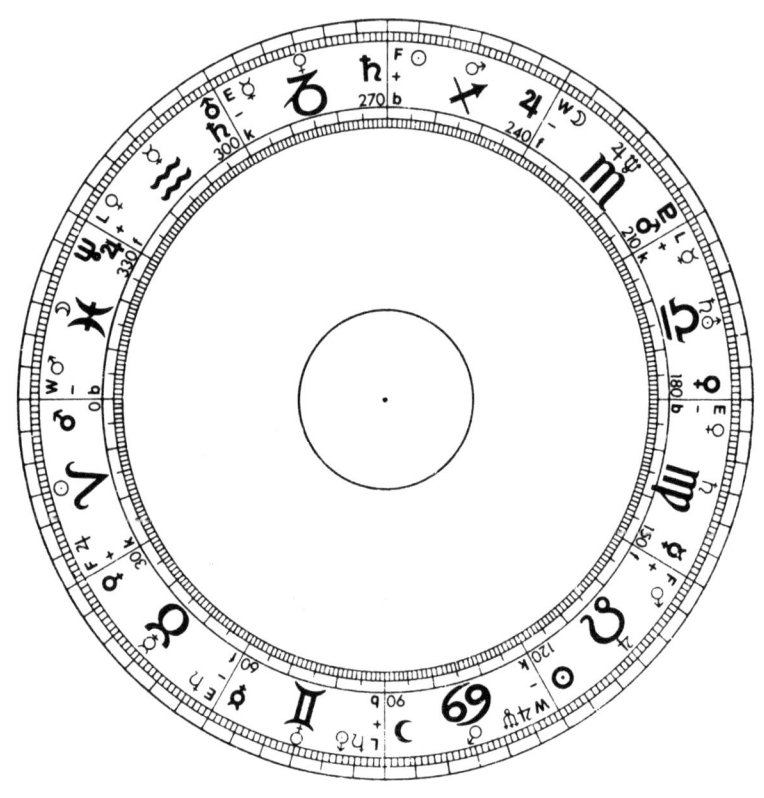

Das Horoskopschema mit den Tierkreiszeichen

Einführung

Vor allem in unserer informierten und wissenschaftsgläubigen Zeit befindet sich die Astrologie im Zwielicht aller Zweifel. Sie sitzt zwischen all den unzähligen Stühlen moderner Skepsis. Im Rahmen des Aufschwungs der schillernd-umstrittenen »verdrängten Wissenschaft der Astrologie« ergibt sich eine breite Spanne unterschiedlichster Fragen zum Thema – Fragen, die meist schon mit der Begrifflichkeit beginnen. Die Tatsache, daß diese Fragen in aller Regel unbeantwortet bleiben oder aber unsachkundig beantwortet werden, hat vielleicht nicht ursächlich, aber doch erheblich dazu beigetragen, daß manch einer die Astrologie als Humbug oder Aberglauben oder Geschäftemacherei ablehnt.

Vor dem Hintergrund einer Zeit, in der die Medien, so als wären sie Imbißstuben der Realität, globale Wirklichkeit auf Häppchengröße verkleinern und dem Konsumenten in schein-bekömmlicher Form verabreichen, – vor allem aber vor dem Hintergrund der von Dilettanten unsachkundig und marktschreierisch angepriesenen, mit allgemein-verallgemeinerten Horoskopen um sich werfenden Vulgärastrologie, die noch nie so wuchernde Zweige trieb wie heute, – muß die Astrologie im Truglicht aller möglichen Kritik schillern. So wird die Astrologie verdammt als überlieferter, modernisierter Aberglaube!

Hier ist zum einen zu vermerken, daß zwischen Astrologie und Boulevardblätter-Astrologie zu unterscheiden ist und daß es durchaus nicht nur eine, sondern eine ganze Reihe von nach wissenschaftlichen Prinzipien arbeitenden astrologischen Schulen gibt. Zum anderen

besteht das Kernproblem einer jeden seriösen Astrologie
darin, das komplexe geometrisch-trigonometrisch-alge-
braisch-analog-semantische System, das die Astrologie
ist, in Sprache umzusetzen. Es existiert da eine erstik-
kende Sprachbarriere, die es fast unmöglich macht, dem
uneingeweihten Zweifler das Begriffssystem der Astrologie verständlich nahezubringen.

Die Astrologie – genommen und betrieben als das, was
sie ist – ist eine alte, große und reichhaltige Wissenschaft.
Sie hat, wie jede andere Wissenschaft, ihr ureigenes Voka-
bular; und sie ist, wie jede Wissenschaft, in viele Unter-
gruppen unterteilt. Während nun jede Wissenschaft, eben
weil sie unterteilt ist und einen eigenen Jargon hat, Nicht-
eingeweihten schwer mitteilbar ist, ist die Astrologie
zusätzlich mit dem Manko versehen, von phantasievoll-
wuchernden Mythen umrankt und oft genug zu Recht
mit Scharlatanerie und Betrug in Zusammenhang gebracht worden zu sein. So kommen sachlich-fachliche
Problematiken und soziale wie psychologisch gegebene
Vorhaltungen zusammen und machen eine sinnvolle
Kommunikation zu diesem Thema noch schwieriger, als
die Sache ohnehin schon ist.

Um das große Interesse an einer ernsthafteren Astrologie wissend sowie mir der Existenz anderer astrologischer
Nachschlagwerke bewußt, versuche ich in meinem
»Neuen Lexikon der Astrologie« auf der lexikalischen
Seite all jene Punkte zu erfassen und zu erläutern, die
das komplexe geometrisch-trigonometrisch-algebraisch-
analog-semantische System ergeben, das eine exaktere
Astrologie ausmacht. Zudem biete ich Lesern und Benut-
zern – insbesondere in anekdotischer Form, doch histo-
risch verbrieft – all jene Mythen und Legenden an, von
denen das Thema zwar gereinigt werden sollte, die aber

als Hintergrundinformationen zur Einbettung der Astrologie in unterschiedliche Epochen unerläßlich sind.

»*Das neue Lexikon der Astrologie*« wird alle möglichen Fragen, die zum Thema Astrologie irgend auftauchen können (von der Kabbala bis hin zur Jungschen Archetypik), umfassend, sachgemäß, ernsthaft und verständlich erläutern. Die geistige Haltung, mit der ich als Autor und Herausgeber an das überreiche Material heranging, ist die einer kritisch geläuterten und logisch fundierten Astrologie, die sich aus der Kosmologie, der Astronomie und der Astrophysik zusammensetzt. Mit der Erläuterung von rund 1400 Begriffen soll erreicht werden, daß

o jede Frage zum Thema rasch geklärt werden kann,
o im Zusammenhang der Definition das Spektrum, die Ganzheit der Astrologie ersichtlich wird und
o diese »verdrängte Wissenschaft« als in direkter Wechselwirkung mit buchstäblich allen anderen Wissenschaften stehend erfahren wird, aber auch
o daß die Astrologie, wenn richtig definiert, als eine der hilfreichsten Wissenschaften, als praktikable Psychologie, erlebt werden kann.

Dr. Arman Sahihi

Darstellung eines in den Gestirnen Suchenden
(Holzschnitt aus dem 17. Jahrhundert)

A

Aalen
Die Aalener Schule ist eine moderne, multifaktoriell bis gesamtheitlich orientierte Schule innerhalb der Astrologie, die psychologischen, genetischen und biorhythmischen Gesichtspunkten, aber auch Umweltfaktoren große Bedeutung zumißt und diese in Zusammenhang mit den astrologischen Daten sieht und sichtet. Siehe auch EBERTIN, *Kosmobiologie.*

Abelisk
Trugstern; bereits erloschener Stern, dessen Glanz nur noch aufgrund der Entfernung zur Erde besteht.

Abend
das 7. Haus im Horoskop.

Abendpunkt
auch Westpunkt genannt; Punkt des Sonnenuntergangs zur Zeit der Tagundnachtgleichen.

Abendstern
jeweils der Planet, der nach der Sonne untergeht.

Aber
in einigen astrologischen Schulen die Grenzlinie zwischen Selbst- und Fremdbestimmung.

Aberglaube
quasimagische Vorstellungen und Praktiken, die – unabhängig vom rationalen Weltbild – die Belange der realen Welt nach eigenen Prinzipien vorherzusagen und/oder zu beeinflussen versuchen, wobei die wissenschaftlichen Ungenauigkeiten, die sich zwangsläufig aus einer intui-

tiv-instinktiven Vorgehensweise ergeben müssen, durch halbbewußte Imagination und Herstellung von Zusammenhängen aufgrund mythischer Vorstellungen wettgemacht werden (sollen).

Aberration

Begriff aus der Astronomie, der den von der Relation zwischen Erd- und Lichtgeschwindigkeit diktierten Winkel zwischen Zielrichtung (Visier) und realer Richtung zu einem Gestirn definiert; die tägliche Aberration wird bestimmt durch die Rotation der Erde, die jährliche durch den Umlauf der Sonne und ist um so größer, je senkrechter die Richtung zu einem Gestirn auf der Linie der Erdbewegung steht. Die Aberration wurde 1728 von JAMES BRADLEY entdeckt.

Abraham

Legende aus der Astro-Mythologie: Neben NIMROD, HENOCH und SETH gilt Abraham als der Vater der Astrologie; Henoch zufolge wurde der Stammvater der Israeliten, nachdem er sich lange genug darum bemüht hatte, das Wesen der Astronomie zu erfassen, belohnt: Gott selbst beschenkte ihn mit Einsichten in die Astrologie.

Absteigung, schiefe

auch Deszension; vom Himmelsäquator ausgehend gemessener Bogen zwischen dem Frühlingspunkt und dem mit dem betreffenden Stern untergehenden Punkt.

Acrux

(Alpha Crucis – 11°11' Skorpion) Fixstern des Sternbilds Kreuz im Sternzeichen Skorpion, der, von Jupiter gezeichnet, Bestätigungs- und Prunksucht anzeigt.

Achtelschein
auch *Semiquadrat* (siehe dort); *Aspekt* (siehe dort) mit
einem Winkel von 45 oder 315 Grad.

Aderlaß
astrologische Heilungspraxis, die einige Jahrhunderte
lang großen Einfluß auf die Schulmedizin ausübte.

Aderlaßmann
iatromathematische Darstellung, die unter Berücksichtigung der Mondphasen die günstigen und ungünstigen
Körperstellen für das Aderlassen bestimmt; siehe *Iatromathematik.*

Admetos
ekliptischer Wirkpunkt mit den (ihm von der prognostischen Astrologie zugeschriebenen) Bedeutungen Stillstand und Tod; hypothetischer Planet, der die Wirkung
anderer Planeten verstärkt und/oder ergänzt.

Adumbra
Schatten, Unklarheit im Sternbild.

Ätherleib
gemäß spiritistischer Lehren die als Körper sichtbare
Zwischenstufe von Leib und Seele.

Affe
neuntes Zeichen in der chinesischen Astrologie und somit
die Entsprechung zum Schützen.

Agena
(Beta Centauri – 23°06' Skorpion) heller Fixstern des

Sternbilds Centaurus im Sternzeichen Skorpion; von
Venus und Jupiter gezeichnet, weist Agena auf Erfolg
und Glück hin.

Aghrab
(arabisch für: Skorpion/*Beta Scorpii* – 2°29' *Schütze*) heller Fixstern des Sternbilds Skorpion im Sternzeichen
Schütze; von Mars und Saturn geprägt, zeigt Aghrab
Tyrannei und Gewalt an.

Agrippius
auch AGRIPPA VON NETTESHEIM (eigentlich HEINRICH
CORNELIUS, 1486–1535); deutscher Gelehrter, Arzt und
Philosoph, dessen Bestrebungen darauf ausgerichtet
waren, philosophische und okkulte Erkenntnisse in Zusammenhang zu bringen; nach Agrippius besteht der
Makrokosmos aus der astralen, der physischen und der
religiösen Welt, und jede der Welten wird von der entsprechenden Magie beherrscht.

> »Auf der Suche nach Antworten zu seinen vielen
> Fragen hat der Mensch schon immer zum Himmels-
> zelte hochgeblickt, und da sein Suchen so belohnt
> ward, wird er es auch fürderhin thun.«
>
> AGRIPPIUS

Akretion
astronomische Theorie, derzufolge ältere Sterne beim
Durchqueren von Wolken interstellarer Materie sich neu
aufladen und auf diese Art verjüngen; astrologisch bedeutet dies, daß der verjüngte Stern von höherer ergänzender
und verstärkender Wirkung ist.

Akzeleration, säkulare

durch die im Verlauf von Jahrzehntausenden stattfindende Änderung der Exzentrizität der Erdbahn bedingt, verkürzt sich die Umlaufzeit des Mondes um die Erde pro Jahrhundert um etwa acht Sekunden (siehe auch *Schiefe, säkulare* und *Störung, säkulare*).

Albedo

Maßeinheit für das Lichtreflexionsvermögen.

Albertus

auch ALBERTUS MAGNUS (um 1200–1280); Universalgelehrter, dem die These zugeschrieben wird, daß das ungeborene Kind schon im Mutterleib von der Planetenkonstellation beeinflußt werde und daß von daher beim Erstellen eines Horoskops nicht nur die Geburts-, sondern auch die Empfängniszeit beachtet werden müßte (siehe auch *Empfängnis-Lunar*).

Al Bohali

arabischer Astrologe, der im neunten Jahrhundert die Punktierkunst erheblich vorantrieb.

Al Bohazen

im elften Jahrhundert lebender tunesischer Astrologe, dessen Werk »Die Urteile der Sterne« zu einem Meilenstein in der Geschichte der Astrologie wurde.

Al Bumasar

wichtigster Schüler AL KINDIS (siehe dort und Seite 73).

Alcabitius

siehe AL GHABIT.

Aldebaran
(Alpha Tauri – 9°05' Zwillinge) Fixstern des Sternbilds Stier im Sternzeichen Zwillinge; vom Mars geprägt, zeigt Aldebaran Ehre an.

Al Ghabit
arabischer Astrologe des neunten Jahrhunderts, der von großer Bedeutung ist für die Horoskopberechnung.

Algol
(Beta Persei – 25°28' Stier) Fixstern des Sternbilds Perseus im Sternzeichen Stier; von Saturn und Jupiter beeinflußt, weist Algol auf Mord und Untergang hin.

Al Hajoth
siehe *Capella.*

Al Kindi
einer der geistigen Väter der arabischen Astrologie, lebte im neunten Jahrhundert; sein Werk wurde durch die Überlieferung seines Schülers AL BUMASAR bekannt.

Al Kochoddan
(arabisch für: Herrscher der Jahre) Gestirn in der Position des *Almutin* (siehe dort) beziehungsweise *Hyleg* (siehe dort); sieht das Gestirn Almutin/Hyleg in einem Aspekt an, so wird sich sein Einfluß als um so größer erweisen.

Al Mukantarat
siehe *Kreis, azimutaler.*

Almutin
auch Almuth genannt; der als beherrschend erkannte Pla-

net in einem Horoskop; Almutin wird *Hyleg* (siehe dort)
genannt, wenn es um Fragen der Dauer, vor allem der
Lebensdauer geht.

Al Nath
(Beta Tauri – 21°51' Zwillinge) Fixstern des Sternbilds
Stier im Sternzeichen Zwillinge; vom Mars geprägt, weist
Al Nath auf Erfolg und Ehre hin.

Al Nilam
(Epsilon Orionis – 22°46' Zwillinge) Fixstern des Sternbilds Orion im Sternzeichen Zwillinge; geprägt von Saturn und Jupiter, weist Al Nilam auf kurzzeitigen Erfolg
hin.

Alpha
transplutonischer Planet, elfter Planet des Tierkreiszeichens.

Alpha Andromedae
siehe *Alpheratz.*

Alpha Aquilae
siehe *Atair.*

Alpha Arietis
siehe *Hamal.*

Alpha Aurigae
siehe *Capella.*

Alpha Bootis
siehe *Arcturus.*

Alpha Canis majoris
siehe *Sirius.*

Alpha Canis minoris
siehe *Procyon.*

Alpha Capricorni
siehe *Gredi.*

Alpha Carinae
siehe *Canopus.*

Alpha Ceti
siehe *Menkar.*

Alpha Coronae borealis
siehe *Alphecca.*

Alpha Crucis
siehe *Acrux.*

Alpha Cygni
siehe *Deneb.*

Alpha Geminorum
siehe *Castor.*

Alpha Hydrae
siehe *Alphard.*

Alpha Leonis
siehe *Regulus.*

Alpha Librae
siehe *Zuban Al Genubi.*

Alpha Lyrae
siehe *Vega.*

Alpha Ophiuchi
siehe *Ras Alhagh.*

Alpha Orionis
siehe *Betelgeuse.*

Alpha Pegasi
siehe *Markab.*

Alpha Piscium
siehe *Alrisha.*

Alphard
(Alpha Hydrae – 26°36' Löwe) Fixstern des Sternbilds
Wasserschlange im Sternzeichen Löwe; von Saturn und
Venus geprägt, zeigt Alphard Moralverlust und Unsitte
an.

Alpha Scorpi
siehe *Antares.*

Alpha Serpentis
siehe *Unuk Al Hajja.*

Alpha Tauri
siehe *Aldebaran.*

Alpha Ursa minoris
siehe *Polaris.*

Alpha Virginis
siehe *Spica.*

Alphecca
(Alpha Coronae borealis – 11°32' *Skorpion)* Fixstern des
Sternbilds der Nordkrone im Sternzeichen Skorpion; von
Merkur und Venus geprägt, weist Alphecca auf Kreativi-
tät und begnadetes Künstlertum hin.

Alpheratz
(Alpha Andromedae – 13°40' *Widder)* hellster Fixstern
des Sternbilds Andromeda im Sternzeichen Widder; geprägt von Jupiter und Venus, bedeutet Alpheratz Erfolg
und Liebe.

Alrisha
(Alpha Piscium – 3°09' *Fische)* hellster Fixstern des Stern-
bilds Fische im Sternzeichen Fische; von Merkur und
Venus geprägt, verheißt Alrisha Ruhm und Ehre.

Al Ruccaba
siehe *Polaris.*

Altersthese
veraltete astrologische Vorstellung, daß jedes Lebensalter
im Sinne jeder Phase im Leben des Menschen von einem
bestimmten Planeten regiert wird.

a. m.
Abkürzung von *ante meridiem* (siehe dort).

Amulett
als glücksbringend verstandenes astrologisches Medaillon, meist geziert mit einem planetarischen Symbol.

anagalaktisch
außerhalb der Galaxis, jenseits der Milchstraße.

Analogieprinzip
wichtiges astrologisches Prinzip, nach dem unbekannte Faktoren und Aspekte aufgrund bekannter Übereinstimmungen schlußgefolgert werden; es beruht auf der Vorstellung, daß alle Teile und Teilchen im Kosmos aufgrund von Entsprechungen miteinander in Zusammenhang stehen und daß der, der die Entsprechungen zu sehen vermag, die Sprache der Dinge hören, das Buch der Weisheit und der Wahrheit lesen kann.

Anapher
auch Anaphora; Gestirn, das auf Merkur oder den Mond folgt.

Anareta
Gestirn, das seinen gefährlichsten Aspekt auf *Hyleg* (siehe dort) richtet; die Wirkung von Anareta ist immer ungünstig, oft lebensbedrohlich.

Anceps
androgyner Planet; potentiell sowohl männlich als auch weiblich, bedingt durch die jeweilige aktuelle Stellung zu anderen Planeten.

Angleichungszeichen
siehe *Zeichen, bewegliche.*

Animozentrik

astrologische Lehre, die besagt, daß bei allem Tun und Handeln stets die Seele des Menschen den Mittelpunkt des Interesses bilden sollte; die animozentrische Astrologie verzichtet teilweise auf das Erstellen von prognostischen Horoskopen und verwendet statt dessen meditative Techniken, um im Vorstellungsraum Zeichen und Signale prognostischer Art zu sehen.

anomalistisch

die *Apsiden* (siehe dort) betreffend.

Antapex

Kontrapunkt des *Apex* (siehe dort).

Antares

(Alpha Scorpii – 9°04' *Schütze)* hellster Fixstern des Sternbilds Skorpion im Sternzeichen Schütze; geprägt von Mars und Jupiter, deutet er auf Übermut und unüberlegtes Handeln hin.

ante meridiem

Abkürzung a. m. (lateinisch für: vor Mittag) Bezeichnung für die Zeitspanne von Mitternacht bis Mittag.

Anthropozentrik

astrologische Lehre, die ausdrückt, daß der Mensch das Zentrum des Universums ist und in sich (als Mikrokosmos) alle Wahrheiten und Vorgänge im gesamten Universum (als Makrokosmos) reflektierend darstellt.

Antimaterie

Materie, die sich aus Antiteilchen zusammensetzt.

Apastron
Sternferne.

Apex
Endpunkt, auf den eine Bahnbewegung zustrebt; Zielpunkt eines Planeten.

Apogäum
Erdferne.

Apohel
Sonnenferne.

Apollo
Bezeichnung für den Stern *Alpha Gemini* durch PTOLE-MÄUS; siehe auch *Castor*.

Apollon
hypothetischer Planet, der in der Ekliptik als Wirkpunkt agiert und die Einflüsse anderer Planeten verstärkt.

Apostelprinzip
Zuordnung der zwölf Apostel zum Zwölfersystem der Astrologie, wobei die Apostel als Stundenheilige die *Chronokratoren* (siehe dort) ersetzen.

Tierkreiszeichen und Apostel

Widder: Petrus; Stier: Andreas; Zwillinge: Jakob der Ältere; Krebs: Johannes; Löwe: Thomas; Jungfrau: Jakob der Jüngere; Waage: Philippus; Skorpion: Bartholomäus; Schütze: Matthäus; Steinbock: Simon; Wassermann: Thaddäus; Fische: Matthias.

Apsiden
zwei Punkte größter Nähe oder Distanz eines Planeten beziehungsweise des Mondes vom Zentralkörper bei Ellipsenbewegung.

Apsidenlinie
die Verbindungslinie zwischen zwei Punkten größter Nähe oder Distanz vom Zentralkörper bei Ellipsenbewegung.

Äquator
derjenige Großkreis auf der Erdoberfläche, der von Süd- und Nordpol gleichermaßen weit entfernt ist und somit die Erdkugel in die südliche und die nördliche Halbkugel aufteilt; sein Umfang beträgt über vierzigtausend (genau 40 076,59) Kilometer.

Äquator, galaktischer
umstrittener Begriff für die Schnittlinie der Milchstraßensystemebene mit der Himmelskugel.

Aquin, Thomas von
(1225–1274) Philosoph und benediktinischer Theologe, der die Bewegungen der Gestirne als Ursache irdischer Begebenheiten sah und lehrte, daß aus einem Akt der Vernunft heraus von der Vergangenheit und der Gegenwart auf die Zukunft geschlossen werden kann, da die Dinge voraussagbar seien, weil sie zwangsläufig eintreten müßten. Er schränkte allerdings auch ein, daß Horoskope, die ein ganzes Leben erfaßten, unmöglich zu erstellen seien, da auf Erden auch Dinge passierten, die willkürlich, das heißt ohne kausalen Zusammenhang zu den Begebenheiten der Sternsysteme, stattfänden.

> »Die Himmelskörper sind die Ursache allen Geschehens in der sublunaren Welt.«
> THOMAS VON AQUIN

Äquinoktialkreis
auch Himmelsäquator; Schnittlinie des Erdäquators mit einem anderen Planeten.

Äquinoktialpunkt
Schnittpunkt der *Ekliptik* (siehe dort) mit dem Äquinoktialkreis.

Äquinoktium
astrologische Phase der Tagundnachtgleichen, wenn – dadurch, daß die Sonne in einem Äquinoktialpunkt steht – für alle Orte die Tage und Nächte gleich lang sind.

Aratos
(um 315 – um 245 v. Chr.) griechischer Denker und Chronist astrologischer Forschungen und Erkenntnisse, dessen Lehrgedichte über Sphären, Kreise, Kugeln und Globen zu den Grundlagenaxiomen der modernen Astrologie zählen.

Arcanum
das Geheime schlechthin, das Geheimmittel.

Archetypen
nach CARL GUSTAV JUNG Urbilder des kollektiven Unbewußten, die in Träumen, Märchen, Mythen und in der Kunst von zentraler Rolle sind; die Theorie, die sehr stimmig in den Rahmen der astrologischen Vorstellung

von den *Entsprechungen* (siehe dort) paßt, wurde von der *symbolischen* beziehungsweise *symbolistischen Astrologie* (siehe dort) übernommen (siehe auch *Synchronizität*).

Arcitenes
lateinischer Name des Tierkreiszeichens *Schütze*.

Arcturus
(Alpha Bootis – 23°32' Waage) hellster Fixstern des Sternbilds Bärenhüter im Sternzeichen Waage; beeinflußt von Jupiter und Mars, weist Arcturus auf Erfolg und Ruhm hin.

Aries
lateinischer Name des Tierkreiszeichens *Widder*.

Armillarsphäre
astronomisches Winkelmeßgerät zur Errechnung der Fundamentalkreise der Sphären; im vierten Jahrhundert vor Christus von ANAXIMANDER erfunden, war die Armillarsphäre neben dem *Astrolabium* (siehe dort) das bevorzugte Arbeitsutensil der Astrologen.

Asellus Australis
(Delta Cancri – 8°01' Löwe) Fixstern des Sternbilds Krebs im Sternzeichen Löwe; geprägt von Mars und der Sonne, deutet Asellus Australis auf Fehler und Versagen.

Askenazy, Cyril
(geboren 1950) Russe jüdischer Abstammung, heute als Dozent und Publizist in Nordamerika tätig; Askenazy, der zu den Größen in der Wissenschaft der Semiotik gezählt wird, hat zahlreiche präzis-naturwissenschaftliche, experimentalpsychologische Studien in Sachen

Astrologie betrieben, deren Resultate in dem Werk »Sternendiktat – Zur Semiologie der Astrologie« dokumentiert sind, das semiotische Alphabet und die grundsätzlichen Axiome der Astrologie definieren und in ihrer inhaltlich-argumentativen Linie beleuchten, daß eine wissenschaftlich exakte Astrologie möglich ist und teilweise auch praktiziert wird.

Aspekte

eine vom Erdmittelpunkt zu einem Planeten gezogene und eine weitere mit einem anderen Planeten verbundene Linie, die sich zueinander so verhalten, daß ihr Winkel gemessen werden kann, wobei der Unterschied als Differenz der Längengrade (in Graden des Tierkreises) ausgedrückt wird, und zwar sowohl in als auch gegen die Richtung des Tierkreises gezählt; man spricht in diesem Zusammenhang

o von *Opposition,* wenn ein aufgehender Planet sich zu einem untergehenden Planeten mit 180 Grad verhält, was als schwierig beziehungsweise ungünstig gilt;

o von *Konjunktion,* wenn zwei Planeten null oder 360 Grad (mit gegebenenfalls acht bis zehn Grad Abweichung) auseinanderliegen, wobei – je nach betroffenen Planeten – die Konjunktion günstig oder ungünstig sein kann;

o von *Sextil,* wenn zwei Planeten in 60 oder 300 Grad Entfernung zueinander liegen;

o von *Quadratur,* wenn zwei Planeten in 90 oder 270 Grad Entfernung zueinander liegen;

o von *Trigon,* wenn zwei Planeten in 120 oder 240 Grad Entfernung zueinander liegen usw.; nach den Winkelbeziehungen der Aspekte sind auch Entsprechungen zu den Tierkreiszeichen gegeben, wobei die vier Tri-

gonale, die sechs Oppositionen, die drei Vierecke und
zwei Sechsecke eine besondere Rolle spielen, das heißt
besondere prognostische Qualität haben.

Die wichtigsten Aspekte im Überblick

   0 oder 360 Grad – Konjunktion
 30 oder 330 Grad – Semisextil
 36 oder 324 Grad – Semiquintil oder Dezil
 40 oder 320 Grad – Nonagon
 45 oder 315 Grad – Semiquadrat
 51 oder 309 Grad – Septil
 60 oder 300 Grad – Sextil
 72 oder 288 Grad – Quintil
 90 oder 270 Grad – Quadratur
103 oder 257 Grad – Biseptil
108 oder 252 Grad – Tredezil
120 oder 240 Grad – Trigonal
135 oder 225 Grad – Sesquiquadrat
144 oder 216 Grad – Biquintil
150 oder 210 Grad – Quinkunx
154 oder 206 Grad – Triseptil
180 Grad   – Opposition

Aspekt, exakter

die Differenz zwischen der theoretischen und der praktischen Länge des Aspekts ist kleiner als ein Grad, der
Aspekt gilt deshalb als schwach.

Aspekt, praktischer

die Differenz zwischen der theoretischen und der praktischen Länge des Aspekts ist größer als ein Grad.

Aspekttafel
Eindeutschung des lateinischen Aspectorium; übersicht-
liche Liste der Aspekte, der *Ephemeriden* (siehe dort),
ihrer Daten und Funktionen.

astral
die Sterne betreffend, von den Sternen kommend.

Astralfatalismus
auch astrologischer Fatalismus; die Vorstellung, daß der
Mensch seinem von den Sternen diktierten Schicksal ohn-
mächtig unterworfen ist.

Astralgeister
Oberbegriff für alle Geister, Engel, Dämonen und dergleichen, die nach menschlicher Vorstellung den Himmel
bewohnen.

Astralkult
religiöse, meist übertriebene (im Sinne von realitätsferne)
Anbetung der Himmelskörper.

> »Astrologische Voraussagen sollten vernünftig for-
> muliert sein, sie sollten immer den Ton der Vermu-
> tung und der Wahrscheinlichkeit tragen und nie-
> mals wahrsagerischer Natur sein.«
> HERBERT FREIHERR VON KLÖCKLER

Astralleib
im Gegensatz zur Seele der physische Träger des Lebens-
körpers.

Astrognosie
Lehre von den Himmelskörpern und ihren Zusammenhängen.

Astrolabium
astronomisches Winkelmeßgerät zur Berechnung sphärischer Raumverhältnisse, das vermutlich im zweiten Jahrhundert vor Christus von HIPPARCHOS erfunden wurde; war neben der *Armillarsphäre* (siehe dort) jahrhundertelang das bevorzugte Arbeitsutensil der Astrologen.

Astrologie
der Begriff ist zusammengesetzt aus Astron = Stern und Logos = Sinn: die Lehre von den vielfach vernetzten, geistig wirkenden, Materie und Leben lenkenden Kräften, die den Gestirnen innewohnen. Astrologie ist einer der ersten wissenschaftlich orientierten Versuche der Menschheit in dem Sinne, daß es darum geht, aufgrund der Beobachtung von Gesetzmäßigkeiten, Ähnlichkeiten und Unterschieden, aufgrund von Gestirnenumläufen und ausgemachten Zyklen, von definierten Regeln des Auf- und des Untergangs und der auf diese Weise legitimierten Erwartungen prognostischen Charakters Antworten auf Fragen zu finden. Diese Beobachtungen (und Interpretationen) sind uralt, da alle alten Kulturen sie mit Ernsthaftigkeit betrieben, was auch darin begründet liegt, daß die Betrachtung des Himmels in einem vorrangig mythisch aufgebauten Weltbild unerläßlich ist. Zu den Axiomen, den Grundvoraussetzungen der Astrologie, gehört die Vorstellung, daß sich die Zeit im Raum als qualitativ verschieden und veränderlich darstellt und es somit sinnvoll ist, zu berechnen, wann sie wo von welcher Qualität sein wird. Ein weiteres Axiom ist die

Vorstellung von der universalen Verwandtschaft, der
Glaube nämlich, daß es zwischen Dingen und Objekten
unterschiedlichster Kategorien Verwandtschaften und
Entsprechungen, Relationen und Analogien gibt, welche
Gesetzmäßigkeiten unterliegen, die beobachtbar, analy-
sierbar und somit auch im voraus zu berechnen sind.
Dieses *Mikro-Makro-Kosmos*-Denken setzt voraus, daß
alle irdischen Dinge und Geschehensabläufe auf zunächst
unsichtbare Art und Weise von den himmlischen Zeichen
bestimmt werden, was freilich ein hohes Maß an determi-
nistischem Glauben voraussetzt. Die genannten Axiome
sind allen Astrologien aller Zeiten und Kulturen gemeinsam, die konkreten Interpretationen der Entsprechungen
und der zeitlichen Qualitäten sind je nach Zeit und kulturellem Hintergrund extrem unterschiedlich.

Astrologie, chaldäische
Frühstadium astrologischer Lehren: Auf die Astrallehren
der Sumerer und Babylonier zurückgehend (fünftes und
sechstes Jahrhundert v. Chr.), war die chaldäische eine
einfache Tierkreisastrologie, die noch vor der Horoskop-
astrologie liegt. Obwohl sie selbst im Laufe der Zeit zu
oberflächlicher Wahrsagerei verkam, bildete die chaldäische Astrologie den Boden für die hellenistische: Es
heißt, der griechische Mathematiker PYTHAGORAS, ein
Schüler der in der Kunst der Magie bewanderten Chal-
däer, habe seinem Volk die Kunde von der Astrallehre
gebracht.

Astrologie, chinesische
auf babylonisch-hellenistische und ägyptische Traditionen zurückgehende, mit Symbolik und Vorstellungen
taoistischer Herkunft angereicherte Astrologie, deren

wesentlicher Unterschied zur westlichen Astrologie darin liegt, daß ihre zwölf Tierkreiszeichen (Seite 82) einem
Mondjahr gehorchen, dessen Monate Tierbezeichnungen
tragen. Durch den Unterschied zwischen Mond- und
Sonnenjahr steht in der chinesischen Astrologie je ein
Jahr (Zyklusjahr) unter der Herrschaft eines der zwölf
Zeichen; außer dem Zyklusjahr spielen die fünf Elemente
und das Prinzip Yin und Yang eine wesentliche Rolle,
was Symbolik und Interpretation betreffen.

Astrologie, esoterische
Gegenteil von *praktischer* (siehe dort) beziehungsweise
prognostischer Astrologie; diffuser Begriff für verschiedene Techniken intuitiver, instinktiver und meditativer
Astrologie als Innenschau, als Verstehen von Zusammenhängen. Siehe auch *Animozentrik*.

Astrologie, indische
der hellenistischen Astrologie nahestehende Form, die
auf der Vorstellung von Offenbarungen der Götter
basiert und mittels Vorhersagemethoden, die das Kasten-
system, aber auch die Lehre von der Seelenwanderung
wie auch die Lehre von den Elementen gleichermaßen
mitreflektieren, die Zukunft aus der Gegenwart und der
Vergangenheit prognostiziert. Mit Hilfe von 27 Stationen
des Mondes und einem komplexen dreiteiligen Planeten-
kombinationssystem sowie imaginären Planeten werden
allgemeine, stundenastrologische und iatromathematische Prognosen für die (teilweise noch nach dem Dekan-
system unterteilten) Tierkreise formuliert. Bedeutende
Positionen nehmen die Heiratsastrologie, also die Errechnung der günstigsten Stunde für beide Partner, die
Karmabefragung und das Todesstundenhoroskop ein.

An dieser Stelle sollte vermerkt werden, daß die indische
Astrologie keineswegs Jahrtausende alt ist, wie vermutet
werden könnte, sondern relativ spät von den Griechen
übernommen und im Laufe der Zeit vielfach und tiefge-
hend von der arabischen Astrologie beeinflußt wurde.

Astrologie, individuelle

astrologisches Teilgebiet, das sich in Geburts- und Stundenastrologie aufteilt und neuerdings zunehmend psychoanalytische Erkenntnisse miteinbezieht.

> »Die Sterne üben Druck aus, aber keinen Zwang.«
> WILLIAM SHAKESPEARE

Astrologie, islamische

entwickelte sich etwa ab dem neunten Jahrhundert nach
Christi Geburt und war/ist im wesentlichen eine isla-
misch mythisierte Kompilation dreier verschiedener
astrologischer Strömungen, nämlich der *hellenistischen*
und *indischen* (siehe dort) einerseits und der *altpersischen*
beziehungsweise *sassanidischen* (siehe dort) andererseits.
Die Rolle der Astrologie in der islamischen Welt war
herausragend, groß ist auch entsprechend die Zahl islami-
scher Astronomen und Astrologen. Insbesondere wurde
die *Stundenastrologie* (siehe dort) betrieben und in diesem Zusammenhang die Lehre von den *Aspekten* (siehe
dort) erweitert. Allerdings stand die islamische Astrologie kaum hundert Jahre in Blüte – sehr bald schon
rutschte sie ab in vulgäre Formen der Geomantie, den
Verkauf aller möglichen Steine als *Talismane* (siehe dort)
und unkontrolliertes Hypothetisieren über die Zukunft
und den Lauf der Welt.

Astrologie, jüdische

war zunächst mit der *chaldäischen* (siehe dort) nahezu identisch, später – im ersten und zweiten Jahrhundert n. Chr. und mit der Zerstreuung der Juden über die unterschiedlichsten Gegenden der Welt – teilte sie sich in zwei Strömungen auf: Die eine, in der arabischen Welt angesiedelte, war eine verfeinerte Form der arabischen Astrologie, die andere entwickelte sich im damals von Arabern beherrschten spanischen Raum und trug stark kabbalistische Züge. Wichtig zu erwähnen ist in diesem Zusammenhang auch, daß verschiedene Geschichtswissenschaftler einen eventuellen Zusammenhang zwischen den zwölf Tierkreiszeichen und den zwölf Stämmen Israels diskutiert haben, der nicht unwahrscheinlich ist, da beispielsweise die Tierkreiszeichen in der Kunst und der Mythologie der Juden einen seit jeher festen und respektierten Platz innehaben.

Astrologie, kabbalistische

Anreicherung der astrologischen Erkenntnisse ihrer Zeit mit kabbalistischen Mitteln und Methoden durch die Juden, die sich ab dem zweiten Jahrhundert nach Christi Geburt im spanischen Raum aufhielten. Die Techniken der kabbalistischen Astrologie, ein Horoskop zu erstellen, basieren auf einem System von Entsprechungen zwischen den zehn Namen Gottes und den zehn Himmelssphären, den drei Elementen und den sieben Planeten. Besonders in Sachen Buchstabenmagie und Numerologie begibt sich die kabbalistische Astrologie immer wieder auf magische Pfade.

Astrologie, magische

astrologisches Teilgebiet, das sich mit der Anrufung/

Beschwörung der Astralgeister beschäftigt; auch das
Herstellen von Talismanen und Zaubertränken zählt
hierzu.

Astrologie, medizinische
Teilgebiet der *operativen Astrologie* (siehe dort); siehe
Iatromathematik.

Astrologie, meteorologische
siehe *Wetterastrologie*.

Astrologie, mundane
(wörtlich: weltbezogene Astrologie) astrologisches Teilgebiet, mit dem Prognosen über politische und soziale
Entwicklungen von Ländern und Gegenden erstellt werden.

Astrologie, operative
Oberbegriff für magische und medizinische Astrologie
im Rahmen der (siehe dort) *Mikro-Makro-Kosmos-
Theorie*.

Astrologie, präkolumbianische
die Maya-Indianer Nord- und Mittelamerikas pflegten
ihre eigene, sehr ausgetüftelte Variante der Astrologie:
20 Monate zu je 13 Tagen ergaben ein Jahr von 260 Tagen,
ein Rahmen für die Tierkreiszeichen, die zu Zwecken
sowohl der Geburts- als auch der Fragenastrologie
benutzt wurden.

Astrologie, praktische
Einsatz astrologischer Mittel zum Zwecke der Lebenshilfe.

Astrologie, psychoanalytische

bezieht die Lehre von SIGMUND FREUD in die Horoskopdeutung mit ein, indem die Gesamtheit der psychischen
Kräfte auf den Mond und auf Neptun zurückgeführt
wird, wobei das Ich als von dem *Aszendenten* (siehe dort)
und vom Merkur, das Über-Ich als von der Sonne und
vom Saturn und das Es als von Saturn, Pluto und Mars
beherrscht betrachtet werden.

Astrologie, revidierte

junger, auf THOMAS RING (siehe dort) zurückzuführen-
der astrologischer Zweig, der versucht, die Essenz der
traditionellen Astrologie mit psychowissenschaftlichen
Erkenntnissen zu vereinen.

Astrologie, sassanidische

auch altpersische Astrologie; Begriff für die spezifische
Weiterentwicklung, welche die persische Astrologie ihrer
Zeit unter der Herrschaft der Sassaniden (225–642
n. Chr.) erfuhr: Sie verschmolz hellenistische und indi-
sche Traditionen mit den Erkenntnissen der Babylonier
und sah ihre wichtigste Aufgabe in der astrologischen
Geschichtsschreibung, nämlich dem Erstellen von Chroniken sowohl vergangener als auch noch kommender
Zeiten auf der Grundlage von sehr weitentwickelten
Geburtshoroskopinterpretationen und Techniken der
Fragenastrologie. Die sassanidische Astrologie war zu
Zeiten des großen Propheten ZARATHUSTRA führend,
rutschte aber mit der zunehmenden Islamisierung des
persischen Reiches ab ins marktschreierische Verkünden
spektakulärer Hypothesen über die Zukunft. Später bildete die sassanidische Astrologie die Grundlage der *islamischen Astrologie* (siehe dort).

Astrologie, symbolistische
moderner Zweig der Astrologie, der sich in Anlehnung
an die Lehre CARL GUSTAV JUNGS mit dem synchronisti-
schen Prinzip wie auch mit Symbolen und Archetypen,
also mit Inhalten der kollektiven Psyche, beschäftigt.
Siehe auch *Astrologie, psychoanalytische.*

Zwischen Kosmobiologie und Individual-psychologie: Astrologie heute

Die klassische – oder besser: die alte – Astrologie
birgt vielerlei Anschauungen, Vorstellungen und
Thesen, die unserem heutigen Weltbild nicht mehr
ganz entsprechen; wohl aber bewährten und bewäh-
ren sich einige auf Erfahrung beruhende Regeln und
Erkenntnisse. Und doch: So wie sich die vielen
unterschiedlichen Weltbilder der Menschheit ge-
wandelt haben, so wandeln sich auch hier die Blick-
punkte und Auslegungen alter astrologischer Regeln. (Zudem sind in den vergangenen Jahrzehnten
einige Planeten neu entdeckt worden, was auch
einige Änderungen mit sich bringt.)

Heute ist Astrologie weit davon entfernt, Ster-
nendeuterei zu sein. Vielmehr geht sie von der Ver-
bundenheit allen irdischen Lebens mit dem gesamten Universum aus – und bewegt sich entsprechend
zwischen Individualastrologie und Kosmobiologie
und Kosmopsychologie.

Nicht mehr das spekulative Moment der Schick-
salsdeutung ist das Leitmotiv; vielmehr geht es um
empirische, also auf Erfahrungswerte gestützte Erforschung dessen, was insgesamt auf eine Lehre von

Konstitutionstypen hinausläuft, und zwar unter Berücksichtigung möglichst aller denkbaren Aspekte und Einflüsse.

In gewisser Weise ist die Astrologie heute weniger die versponnene Schwester der Astronomie, sondern eher die phantasievoll-intuitive Schwester der Psychologie: Wie teilweise bei der modernen Psychologie geht es auch hier um das Erfassen von Menschentypen auf einem Boden aus kosmischer Biopsychologie. So ist wohl auch der vielzitierte Ausspruch von C. G. JUNG zu verstehen: »Die heutige Astrologie klopft vernehmlich an die Tore der Universitäten.«

Astromantie
Zukunftsschau mit Mitteln der Astrologie; Prophezeiungen aufgrund der Sternenkonstellation, oft instinktiv-intuitiv und aufgrund meditativer Techniken erstellt; siehe auch *Animozentrik.*

Astrometrie
die Astronomie der Positionen zwecks Lokalisation der Gestirne und ihrer Bahnen.

Astronomie
älteste aller Wissenschaften; die Lehre von der Verteilung und dem Aufbau der Materie im Weltall: Schon drei Jahrtausende vor Christi Geburt beschäftigten sich die Chinesen, die Perser, die Inder, die Ägypter und die Babylonier intensiv mit der Astronomie. Zunächst befaßte sie sich mit Bahnen und Bewegung und der scheinbaren Anordnung der Himmelskörper, zu Beginn des

zwanzigsten Jahrhunderts kamen Strahlenmessungen und Himmelsmechanik hinzu; etwa zu dieser Zeit trennte sich die Astronomie auch ein für allemal von »ihrer wahnsinnigen Schwester, der Astrologie«, indem sie sich präzis-wissenschaftlich weiterentwickelte – bis zu unseren Tagen, da sie längst schon zur *Astrophysik* (siehe dort) geworden ist.

Astronomus
veralteter Ausdruck für Astrologe.

Astrophysik
Bezeichnung für die wissenschaftliche Weiterentwicklung der modernen *Astronomie* (siehe dort), welche sich mit den physikalischen Gegebenheiten kosmischer Objekte im extraterrestrischen Raum befaßt, von der Beschaffenheit und den Bewegungen bis hin zu Gasen, Strahlen elektromagnetischer Felder und ihr ineinandergreifendes Miteinander.

astrophysikalisch
die Astrophysik betreffend, von der Astrophysik kommend.

astrophysisch
auf das menschliche Seelenleben einwirkende lunare Einflüsse.

Astrosophie
Teil der Lehre vom *Mikro-Makro-Kosmos* (siehe dort): Lehre von der Entwicklung des Menschen gemäß den Gegebenheiten der Gestirne.

Astroskopie
Teilgebiet der Astrologie: Sternseherkunst.

Astrospektroskopie
Lehre von dem physikalischen Zustand und der chemischen Zusammensetzung kosmischer Materie mittels Methoden der Spektralanalyse.

Astrum
Gestirn.

ASZ
Abkürzung für Aszendent, siehe folgendes Stichwort und anschließenden Kasten.

Aszendent
a) wichtigster Punkt der *Ekliptik* (siehe dort) und Bestimmungsgrundlage fast jeder astrologischen Untersuchung; *b)* der Grad des Tierkreiszeichens, der zur Zeit der Geburt am östlichen Horizont erscheint (siehe auch unten).

Der Aszendent – die Seele des Horoskops

Der am Ostpunkt des Horizonts aufsteigende Grad oder der Aszendent ist so etwas wie das individuellste Merkmal des Horoskops. Durch die Umdrehung der Erde um ihre eigene Achse steigt alle zwei Stunden ein neues Tierkreiszeichen auf – genauer: In jeder vierten Minute einer Stunde steigt ein neuer

Grad (der insgesamt dreißig Grade) eines Zeichens
auf. Deswegen ist auch die Angabe der genauen
Geburtszeit zwecks präziser Errechnung des
Aszendenten unerläßlich. Und dies macht erst verständlich, warum zwei Menschen, die am selben
Ort und Tag geboren sind, im seltensten Fall das
gleiche Horoskop haben.

Es ist keineswegs gleichgültig, welches Tierkreiszeichen am Ostpunkt des Horoskops aufsteigt und
damit zum Aszendenten wird, denn dieses Zeichen
prägt zum Großteil das Ich. Der Typus entsteht
durch den Aszendenten. So spricht man auch von
einem beispielsweise Schütze-Typ, wenn der
Betroffene Schütze nicht etwa als Tierkreiszeichen,
sondern als Aszendenten hat. Der Aszendent symbolisiert in einem Horoskop den Menschen selbst,
sein Ich und seine körperliche Gestalt. Aus dem
Aszendentenzeichen kann man gewisse Rückschlüsse ziehen auf die Temperamentsanlage und
die elementaren Charakterzüge eines Menschen.
Umgekehrt ist ein erfahrener Astrologe in der Lage,
aus der Erscheinung und der Wesensart des Betreffenden dessen Aszendenten zu erraten.

Im folgenden einige der grundsätzlichen Beeinflussungen, die gegeben sind, wenn der Aszendent
in einem der genannten Zeichen befindlich ist (diese
sind als wechselwirkend mit/ergänzend zu den charakteristischen Eigenschaften, die vom Tierkreiszeichen und vom Meridian herrühren, zu betrachten):

Der Aszendent im Zeichen Widder
Die Wesensart unter dem Widder ist selbst-, ichbe-
wußt, geltungsbedürftig und auf Anerkennung und

Auszeichnung bedacht. Die Anlage des Temperaments ist lebhaft, aktiv, feurig, impulsiv und unternehmungslustig. Das Benehmen ist bisweilen rauh, aber herzlich bis brüsk aufgrund mangelnder Anpassungslust. Die positivste Seite ist die Begeisterungsfähigkeit für eine Idee nebst dem Schwung und dem Optimismus in der Durchführung. Dies führt zu manchem Erfolg, oft zum Aufstieg insgesamt. Dieser Typus greift zu, handelt – und setzt sich oft ganz automatisch an die Spitze eines Unternehmens. Sein Optimismus kann mitreißend sein. Doch so sehr das Unbekannte lockt, dieser Typus will alles sehr schnell: Geduld ist nicht seine Stärke. Die psychische Willenskurve ist intensiv, rasch ansteigend, aber auch ebenso schnell abfallend – folglich ist ein steter Wechsel schneller, auch körperlicher Ermüdung und Erholung gegeben.

Außer dem Mangel an Geduld und der schnell aufflackernden Erregbarkeit stellt ein Hauptsymptom die geistige Unruhe und Rastlosigkeit dar, auch das körperliche Verlangen nach Bewegung. Der Weg dieses Typus ist geprägt von Wechselfällen und Veränderungen. Besonders unruhig verlaufen die ersten dreißig Jahre. Da geht es nie um Besinnlichkeit, sondern wird immerzu nach Intensität gelechzt. Tempo und Vielfalt, darauf kommt es an. Freiheitsliebe, Unabhängigkeitsbedürfnis wie auch persönliche Ungebundenheit, ja ein Höchstmaß an Selbständigkeit ist es, was angestrebt wird. Es besteht eine Neigung, autoritär zu sein, Kritik ist unerwünscht, und gelegentlich kommt es gar zu Ausbrüchen des Jähzorns. »Jetzt erst recht!« scheint das Motto zu sein. Ist der Horoskopeigner ein intellektueller Mensch, so hat er eine Begabung für militärische Strategie, ist er kein Intellektueller, so herrscht die Neigung zu körperlicher Gewalt vor. Mars dominiert!

Alle Krankheiten, mit denen dieser Typus vornehmlich zu kämpfen hat, beziehen sich auf den Kopf- und Gehirnbereich. Gefährlich ist auch die Gefährdung bei Unfällen aller Art aufgrund seiner Waghalsigkeit. Beruflich eignet er sich auf dem handwerklichen und technischen Sektor zum Chemiker oder Physiker und zu allem, was irgendwie mit Waffen zu tun hat.

Der Aszendent im Zeichen Stier
Ruhe, Beständigkeit, Ausdauer, Geduld, Beharrlichkeit, Überlegung – das sind die hier herrschenden Motive. Der Horoskopeigner ist ein eher konservativ zu nennender Mensch – und begonnene Sachen bringt er auch mit der ihm eigenen Ausdauer zu Ende. Freilich hat solch extreme Beharrlichkeit auch Schattenseiten: Hartnäckigkeit, Starrsinn, Eigensinn und der Unwille, sich anzupassen, Unnachgiebigkeit und der Hang zum Dogmatischen können die weniger angenehmen Seiten dieses Typs sein. Oberflächlich besehen ist da viel Ruhe, verhaltene Kraft – aber dahinter lauert ein jähzorniges, rechthaberisches Wesen, das zum Durchbruch kommt, wenn dieser Typus durch Angriff oder Reizung aus seiner Reserve gelockt wird.

Wesentlich sind auch der Hang zu wirtschaftlicher Sicherung, zur Erhaltung des Erworbenen oder Erreichten und die Vorliebe für ein Ausruhen auf den Früchten der Ernte. In seinem Innern schätzt dieser Mensch Behaglichkeit und Lebensgenuß in jeder Form, er ist begierig nach irdischen Genüssen: Ob Tafel- oder Liebesfreuden, ob Musik oder andere schöne Künste – oder auch nur die Freude am Besitz –, dieser Typus freut sich im Grunde sehr gern, aber er paßt auch auf, daß er den Blick für die Realität behält. »Feste feiern, aber auch feste arbeiten«, so könnte sein Motto lauten.

Diesem Zeichen haftet keine Leichtigkeit, keinerlei Schwerelosigkeit an, nein, eher schon ist da eine Neigung zum Phlegma: schwer erregbar, aber auch schwer zu beruhigen. Im Geistigen oft dogmatisch oder in Details verfangen, ist er im Künstlerischen durchaus interessiert, allerdings nur an solchen Künsten, die Ringen mit Materie, eine Auseinandersetzung mit Stoff und Stofflichkeit ermöglichen, etwa Architektur, Bildhauerei. Für die Kunstliebe und die Diesseitsfreude dieses Typs ist das Herrschen der Venus verantwortlich. Während andere sich von ihrem Ehrgeiz verzehren lassen, vermag der Horoskopeigner das Leben mit Hingabe zu genießen. Er greift nicht nach fernen Sternen, sondern begnügt sich mit dem Naheliegenden und freut sich seines kleinen privaten Glücks. Außerdem drängt der Form- und Schönheitssinn des Betroffenen ihn bisweilen zu verschönernden Berufsgattungen wie Kosmetik, Dekoration, Mode und dergleichen. Die künstlerischen Ambitionen weisen in Richtung Bühnenberufe, Unterhaltungsgeschäft und Musizieren. Überhaupt scheinen Musik und Musisches auf einer naturgegebenen Begnadung zu basieren.

Körperlich ist der Horoskopeigner widerstands-

fähig bis robust zu nennen, allerdings neigt er zu
chronischen oder zumindest zyklisch wiederkehrenden Krankheiten, vor allem des Hals-, Rachen-
und Kehlkopfraums, aber auch der Augen, der
Polypen und der Mittelohren. Der Stoffwechsel ist
mitunter träge, so daß Leiden wie Gicht oder Diabe-
tes Vorschub geleistet wird. Was seinen Schicksals-
verlauf betrifft, werden grundlegende Wege erst ab
dem dreißigsten Geburtstag sichtbar.

Der Aszendent im Zeichen Zwillinge
Auffällig sind die immense Beweglichkeit des Geistes, die seelische Gespaltenheit und somit die hand-
lungsmäßige Unentschlossenheit, die Vielgeschäf-
tigkeit und das weite Spektrum der Beziehung-
nahme.
    Die innere Ruhelosigkeit und die Vielseitigkeit
der Interessen, Neigungen, Talente und Befähigun-
gen ergeben zwangsläufig einen Mangel an Konzentration, wodurch der Horoskopeigner im Leben
öfter mal zwischen zwei und mehr Stühlen sitzen
wird, vor allem was seine Neigungen zu mehreren
Berufstätigkeiten sowie Parallelbeziehungen in der
Liebe und der Ehe betrifft. Labile Gemütslage und
wechselhafte Gefühle, extreme Stimmungsaufwal-
lungen und -schwankungen machen oft eine besondere Reizbarkeit des Betroffenen aus, denn sein
Nervenkostüm ist sensitiv und spricht schnell auf
innere und äußere Reize an. Im Geistigen zeigt sich
immer wieder eine hellwache, scharf erfassende, bisweilen zu Zynismus neigende Anlage. Wißbegier,
Lust an der Forschung und am Lernen und analy-
tischer Verstand sind kaum irgendwo so stark aus-

geprägt wie hier. Und Rhetorik – in der Alltagssituation wie auch im geschäftlichen Verhandeln – scheint dem Horoskopeigner angeboren zu sein. In der negativen Ausprägung kann das zu Doppelzüngigkeit und List, Klatsch, Tratsch und Intrige sowie berechnender Anpassung führen.

Merkur, Symbol des Götterboten, ist hier Herrscher – und das macht eine große Lust am Reisen, am Verändern der Gesichtspunkte, an Erlebens- und Erfahrungslust aus. Fanatiker sind selten in diesem Zeichen, es wird vielmehr der undogmatischen und ungebundenen Mentalität gefrönt: Das Innerste ist zu sehr aufgelockert, teilweise beziehungslos, doch spielt weniger das Gemüt als vielmehr der Intellekt die erste Geige. Diese geistige Gewandtheit und die innere Nicht-Bindung lassen den Betroffenen bisweilen oberflächlich oder unentschlossen wirken. Der Hang zu mühelosen Beziehungen und Bekanntschaften ist prägend – und die Gespräche mit Nahestehenden ermangeln oft einer gewissen Tiefgründigkeit: Nur auf den ersten Blick brilliert hier Intellekt, schon bald wird das Mitredenwollen um jeden Preis augenscheinlich.

Zu Besitz und Vermögen kommt der Horoskopeigner kaum, zumindest ist sein Eigentum nie stabiler Natur. Beruflich tendiert er zu intellektuellen Tätigkeiten als Journalist, Redakteur, Schriftsteller, Übersetzer, zu kaufmännischen Berufen (Post, Verkehr, Vertrieb) oder zu handwerklichen Berufen wie Feinmechaniker, Optiker. Unter den Künsten, zu denen dieser Typus tendiert, sind Literatur, Graphik und Tanz oft vertreten. Häufige Erkrankungen sind die der Lungen und der Bronchien, Hüft- und

Ischiasleiden sowie Nervenkrankheiten und Neu-
rosenbildungen.

Der Aszendent im Zeichen Krebs
Auffällig ist zunächst einmal ein ungewisser, wider-
sprüchlicher Wesenszug des Charakters. Psychische
Empfindsamkeit und Launenhaftigkeit fallen nicht
nur der Umgebung auf, sondern sind auch dem
Betroffenen selbst eine Arena innerer Kämpfe, denn
ein merkwürdiges Dilemma kennzeichnet ihn:
Einerseits will er beachtet sein und aufsteigen, andererseits scheut er als Folge seiner psychischen Verletzbarkeit die Öffentlichkeit und das Auffallen an
exponierter Stelle. Es mangelt teilweise an natürli-
chem Selbstbewußtsein, erkennbar auch daran, daß
der Horoskopeigner so abhängig ist von Lob, Bestätigung und Anerkennung. Ein Leben lang schleppt
er sich ab an einem unterdrückten Gefühl von Min-
derwertigkeit. Außer dieser schwankungsanfälligen
Selbstbehauptung, die oft genug überkompensiert
wird, sind da aber auch weitere charakterliche
Widersprüchlichkeiten: Mal sucht der Betroffene
voll Leidenschaft seinen Partner, dann wiederum
flieht er genau diese Gemeinschaft, zieht sich zurück
ins Schneckenhaus seines Innern. Bald erscheint er
nachgiebig auf den ersten Blick, ja weich, dann wieder lehnt er sich gegen jede Führung und Fügung
auf. So wirkt er entgegenkommend einerseits, wi-
derspenstig andererseits. Das Ganze ist zu betrachten als eine zyklisch wiederkehrende innere Unsi-
cherheit, eine stete Labilität und Verletzbarkeit des
Gemüts, das – von Schüchternheit und Reizbarkeit
bis zum Verlangen, eine Hauptrolle zu spielen –

hin- und herpendelt. Und doch ist der Horoskopeigner ein zuverlässiger, arbeitsamer, einsichtiger
Mensch, darauf bedacht, seine Mitmenschen nicht
zu enttäuschen. Trotz der Unbeständigkeiten in seinen Beziehungen zur Umwelt hängt er an seinen
Idealen, an seinen inneren Zielen. Er handelt – oft
zu seinem Schaden – fast ausschließlich aus dem
Gefühl heraus. Der Mond ist sein Herrscher.

Im Mond liegt die Erklärung für Wankelmut und
Launenhaftigkeit; es ist der Rhythmus des Auf und
Ab, des Hin und Zurück, es ist der Mondrhythmus,
den wir im großen Rahmen auch im Schicksal des
Horoskopeigners sehen können. Selten nur zieht
sich da eine stabile Schicksalslinie, vielmehr sind
Veränderungen, Wechsel, Umstellungen, Umbruch,
immer wieder Wieder- und Neuanfänge an der
Tagesordnung. Vielleicht ist das die Überlebens-
kunst dieses Typus; er scheitert nie endgültig, weil
er immer rechtzeitig einen neuen Ansatzpunkt
gewinnt, dem dann auch ein Aufstieg folgt.

Sobald dieser Typus mit Gefühlen oder Gemüt
an einer Sache beteiligt ist, wird er zäh, hartnäckig
und eigensinnig. Dann zeigt er sich zielbewußt und
rücksichtslos. Und wie sonst auch, da er sich von
Gefühlen leiten läßt, wird er auch hier von seinen
Intuitionen, seinen Instinkten geführt. Und auch
wenn sie ihn einmal und mehr als einmal täuschen
sollten, ihnen bleibt er treu, sie sind seine Wegwei-
ser. Auffällig ist auch die Liebe des Horoskopeigners zur Natur, zur Schönheit, zur Harmonie. Gern
vermeidet er Streit, und er beherrscht es durch sanf-
tes Wollen und scheinbares Nachgeben, sich immer
wieder harmonische Umstände zu schaffen. Wäre

er nicht so unbeständig in seinem Wollen, so schnell
erregbar, so müßte er nicht demnächst wieder dar-
angehen, sich aufs neue harmonische Umstände zu
schaffen.

Beruflich finden wir hier den Typus des Reisen-
den – vom Matrosen über den Handelsvertreter bis
hin zum Kulturethnographen – vor, allerdings auch
häufig Bibliothekare, Archivare, Historiker und
Kunstexperten; auch freie Berufe reizen sehr.
Künstlerisch ist die Neigung zur Schauspielerei sehr
ausgeprägt, ferner zur Schriftstellerei. Was Krankheiten betrifft, ist der Magen-Darm-Trakt sehr
anfällig, Rheuma und Gicht sowie Leberleiden sind
nicht selten, auffällig ist die Häufigkeit von Gelb-
sucht wie auch die Neigung zur Hypochondrie.

Der Aszendent im Zeichen Löwe
Ein ausgeprägtes Selbstbewußtsein, der innere Wille
zur Selbstbehauptung, zur Durchsetzung der Persönlichkeit und somit natürlich eine ordentliche
Dosis Ichbetontheit sind die Hauptmerkmale dieses
Typus Mensch. Herrscher ist die Sonne; folglich
gibt es hier die Spezies des großmütigen, generösen
Menschen genauso wie den Aufschneider, den groß-
spurigen Dünnbrettbohrer.

Der Horoskopeigner schöpft gern aus dem vol-
len, denn sein innerer Schwung, das Verlangen nach
Luxus und repräsentativem Rahmen treiben ihn
voran. Nach Macht und Führung geht sein Streben,
Übersteigerung und Disharmonie sind jedoch oft
die Resultate: Er ist einerseits durch und durch
Abenteurer, andererseits selbstherrlicher Angeber.

Seine materiellen und persönlichen Grenzen versucht dieser Typus immer wieder zu sprengen, um Weite und Fülle, Reichtum und Schönheit zu genießen. Ungeachtet der Umstände strebt er immerzu nach noch mehr Genuß und Luxus. Sein Stolz, ja seine Selbstherrlichkeit sind auch präsent, wenn er unter ärmlichen Umständen lebt. Doch meist verharrt er nicht lange in mißlichen Situationen. Dieser Mensch will eine Rolle spielen, er braucht Anerkennung, er braucht den Aufstieg. Im Beruf sucht er Selbständigkeit, Leitung und Organisation. Er bekleidet oft hohe Positionen in Ämtern und beim Militär; das autoritäre Prinzip liegt ihm. So ist er auch nicht selten Industrieller oder Großkaufmann, gelegentlich Arzt oder Geschäftsführer. Im Künstlerischen neigt er zur Schauspielerei, zum Kabarett vor allem, denn er ist extrovertiert, lebt nach außen. Gesundheitlich zeigt er sich anfällig, was das Herz einerseits und den Rücken andererseits angeht; bisweilen neigt er zu Krankheiten des Bluts oder der Aorta. Bis zu seinem 35. Lebensjahr läßt er sich oft bremsen von Disharmonien in seiner Umgebung, dann aber strebt er endgültig seinen hohen Zielen entgegen.

Der Aszendent im Zeichen Jungfrau
Intellekt und Methodik, Nüchternheit und Kalkulation, berechnendes Denken und das Vermeiden von Spekulationen und Vagheiten prägen den Typus. Freilich kann diese logische Systematik, diese kritische Gründlichkeit auch leicht in Nörgelei und Kritiksucht umkippen. Merkur herrscht – und verursacht wendige Vielfalt angesichts wechselnder Eindrücke. Eine gewisse Humorlosigkeit und

Nüchternheit haftet dem Horoskopeigner an, von
Gefühlen läßt er sich nicht überrumpeln. Positiv zu
vermerken sind Zuverlässigkeit und Ordnung, Zielstrebigkeit und Disziplin im »Verhaltens- und
Lebensfahrplan«; auf der negativen Seite mangelt es
an Spontaneität. Schicksalsmäßig verdankt er seinen
Aufstieg seinem Können, seiner Ausdauer und vor
allem der Herstellung und Nutzung guter Kontakte.

Was die Planung betrifft, so zeigt diese sich nicht
nur im beruflichen und finanziellen Sektor, sondern
auch, was die als richtig erkannten Lebensformen
angeht: Dieser Typus hält Diät, lebt hygienisch und
schonend, teilt seine Kräfte sorgsam ein; in seiner
reinsten Form ist er Nichtraucher, Nichttrinker und
Vegetarier. Mäßigung lautet das Zauberwort; unge-
hemmte blutvolle Hingabe, gefühlvolles Sichverges-
sen sind seine Sache so gar nicht! Merkur herrscht
über Geschäfte und Organisation genauso wie über
zweckdienliches Tun, detailgenauen Blick und
schnelle Analyse. Dieser Typus hat eine Neigung
zu Vertrauenspositionen, er ist gern die rechte
Hand. Beruflich eignet er sich sehr gut zum Ange-
stellten, Beamten, bis hoch zur Finanzpolitik, aber
auch zu allem, was mit Büchern zu tun hat, von
Schriftsatz bis Buchführung. (Böse Zungen sagen
über ihn, er klebe am Buchstaben!) Wissenschaftlich
drängt es ihn zur Chemie, zur Botanik, zur Zoologie
und Mineralogie, aber auch zur Linguistik und zur
höheren Literatur. Was Krankheiten betrifft, ist er
gefährdet, Darm-, Gallen- und Leberleiden, aber
auch nervösen Störungen anheimzufallen – und vor
allem ab seinem 35. Lebensjahr neigt er zu Eßlust
und Fettsucht.

Der Aszendent im Zeichen Waage
Verbindlichkeit, Konzilianz, Friedensliebe und Kompromißbereitschaft sind die prägenden Motive. Der Horoskopeigner verabscheut nichts mehr als aggressives Konkurrenzverhalten; er baut vielmehr auf das Überbrücken von Gegensätzen, den Ausgleich. In der negativen Ausprägung mangelt es ihm an Ausdauer beziehungsweise Durchsetzungsvermögen und Widerstand. Auch ist ein Hang zur körperlichen Faulheit nicht zu übersehen.

Alles Schöne, Kultivierte, Ästhetische zieht diesen Menschen an, er liebt das Beschwingende in den Lebensäußerungen; deshalb auch neigt er zum Vermeiden problematischer Situationen, bisweilen auch zum oberflächlichen Lavieren, was dann seine äußere Auswirkung hat in einem Schwanken der Existenz, einem Mangel an Stabilität. Persönlich wie auch beruflich wird oft diplomatisch laviert, es wird allen recht gegeben, kaum je ein Standpunkt bezogen, und durch scheinbares Nachgeben Gegnern der Wind aus den Segeln genommen – geschickte Vertreter dieses Typus können wahre Lebenskünstler sein. Genuß wird groß geschrieben; Venus ist hier Herrscherin, und sie bringt die Liebe zur Schönheit und zur Kunst wie auch die Neigung zu Luxus und irdischen Freuden mit sich.

Der Horoskopeigner hat eine schillernde Begabung, gesellschaftliche Funktionen zu übernehmen, an sichtbarer Stelle zu wirken, denn das Zeichen birgt die Tendenz zur Persönlichkeitsgeltung. Meist auch rhetorisch geschickt und mit scharfer Beobachtungsgabe versehen, demonstriert der Betroffene einen ausgeprägten Hang zur Gerechtigkeit. Er bril-

liert in juristischen Berufen und besitzt die entscheidenden Überredungskünste zur rechten Zeit. Nicht
nur im Beruf, auch in Partnerschaften aller Art
erweist er sich als kooperativ, kompromißbereit,
partnerschaftlich-integer. Für die Ehe ist er von
daher wie geschaffen, obschon Zweckverbindungen
und Geschäftsheiraten nicht selten sind.

Die Tendenz zur Kunst ist sehr groß; Malerei
und Schriftstellerei, aber auch die Redekunst üben
große Attraktion aus. Der Betroffene, latent eitel,
aber raffiniert getarnt, hat die Gabe, mit dem Eindruck, den er ausübt, und mit seiner Rhetorik
schnell Popularität zu erlangen und aufzusteigen.
(Entsprechend ist er auch sehr beeindruckt von gro
ßen Namen, Titeln und Auszeichnungen.)

Die künstlerische Begabung geht intensiv in
Richtung Graphik, Malerei, Illustration, tendiert
aber auch zu Mode und Tanz. Ansonsten ist der
Horoskopeigner sehr technisch orientiert und eignet sich gut für alle möglichen Berufe, die mit Telekommunikation und Luftfahrt zu tun haben. Was
Krankheiten betrifft, treten Nieren-, Blasen- und
Leberleiden häufig auf, aber auch Krankheiten der
Haut und der Geschlechtsorgane und Stoffwechselprobleme sind oft zu beobachten. Die problematischste Zeit im Leben des Betroffenen, vor allem
was Partnerschaft und Stabilität des sozialen Standes
betrifft, ist das Alter zwischen 42 und 49 Jahren.

Der Aszendent im Zeichen Skorpion
Stark ausgeprägte Willensenergie im Sinne von antreibenden, organisierenden und ausführenden
Kräften ist hier auffällig. Das Auftreten ist be

stimmt, das Wesen unnachgiebig, selbstbewußt bis stolz, hartnäckig bis eigensinnig – und auch einmal unversöhnlich bis rachsüchtig, vor allem wenn gekränkt oder verletzt. Augenfällig ist auch die periodisch wiederkehrende Neigung zu übertriebener Eifersucht, deren Grund in der überzogenen Ichgeltung des Betroffenen verborgen liegt. Herrscher ist hier Mars, er bedingt den starken Willen, aber auch die auflodernden Gefühlsimpulse wie beispielsweise die äußerst leidenschaftliche Triebsphäre.

Dieser Typus ist bereit zu größter Aufopferung, Hingabe in der Liebe, doch sind sein Haß und seine Rachsucht ebenso intensiv. Kein anderes Zeichen birgt solch tiefschürfende Hintergründigkeit, solche Möglichkeit zum Erreichen von Erkenntnissen, aber auch Tiefen und Abgründe. Dieser Typus hat etwas von einem Magier, einem Zauberer oder Geisterbeschwörer, bisweilen gar von einem Giftmischer. Und es zieht ihn – in der Tat – das Geheimnisvolle, das Unerforschte in seinen Bann. Die Selbständigkeit, das Wissen um die eigenen Kräfte und die innere Vollblutnatur des Betroffenen können in ihrer negativen Ausprägung in übertriebenen Stolz, Aufsässigkeit, Hinterhältigkeit und List ausarten: So geschickt dieser Typus darin ist, in anderen Menschen zu lesen wie in einem Buch und gleichzeitig für sie ein Buch mit sieben Siegeln zu sein, so geschickt kann er darin sein, über Umwege und wie ferngelenkt Schaden zuzufügen, wenn er verletzt ist. Ja, Aggressivität ist ein Teil des Aktionsprinzips dieses Menschen, der alles, was er macht, mit dem denkbar größten Einsatz bewerkstelligt. Negativ gepolt kann er sowohl regelrecht gefährlich als auch extrem selbstzerstörerisch werden. Viele hohe Militärs und Kriminalpolizisten, aber auch zahlreiche Drogenabhängige und Selbstmörder gehören diesem Zeichen an. Gleichgültige, leicht integrierbare, unproblematische und kompromißbereite Vertreter dieses Schlags gibt es nicht! In seiner positivsten Ausprägung ist er ein fanatisch für sein Weltbild kämpfender Mensch, sprühend vor Ideen und Kraft, sie wahrzunehmen. Seine Begeisterungsfähigkeit vermag er als Quell scheinbar unerschöpflicher Kräfte zu nutzen.

Beruflich ist dieser Typus von Chemie, Pharmazie und Medizin angezogen, bisweilen auch von Technik, allerdings eher bedienend, etwa als Chauffeur oder Pilot; in einem handwerklichen Beruf ist er meist Schlosser oder Schmied, bisweilen auch Metzger; ansonsten eignet er sich genauso gut für die waffentragenden Berufe wie für die Politik. Was den Körper angeht, ist er anfällig für Krankheiten der Nieren und des Genitalapparats, für Leiden, die mit der Nase und den Ohren zu tun haben; im Psychischen neigt er zu neurotischem Verhalten, hat sich aber meist gut im Griff. Seine Kraft und seine an Besessenheit grenzende Beständigkeit können ihn zu einer durchaus erfolgreichen und anerkannten Person machen, allerdings ist sein Weg zum Erfolg eigentlich nie mühelos, eher geprägt von verbissenen Kämpfen. Die Rückschläge, die seinen Schicksalsweg charakterisieren, sind zurückzuführen auf Konflikte und Streit, Prozesse und Unbeherrschtheiten im engeren Zusammenleben mit der Gemeinschaft.

Der Aszendent im Zeichen Schütze

Körperliche, geistige und seelische Beweglichkeit und Lebhaftigkeit sind bei diesem Typus auffällig. Er wandert, reist, treibt Sport; er hat eine Fülle von Plänen, Zielen, Ideen, Wünschen; er ist hoffnungsfroh, lebensbejahend und strebsam. Er verlangt nach sozialer Geltung, nach Titeln, Würden, Anerkennung in der Gesellschaft. Jupiter, gegenständliches Symbol der Fülle und der Expansion, herrscht hier, und das heißt, daß die Tendenz zum Aufsteigen, die emsige Tätigkeit, die Motorik der Gefühlsimpulse so ausgeprägt sind, daß sie eigendynamisch und fast autoritär werden: Oft genug gegen eigenen Willen findet sich dieser Typus auch in seiner Freizeit und Privatsphäre alles mögliche organisierend, überall leitend und weiterhin Überblick suchend.

Der Horoskopeigner ruht praktisch und faktisch nie. In der einen oder anderen Form ist er immerzu in Aktion, sein System läuft permanent auf Hochtouren bei der Suche nach Icherfüllung. Er birgt eine ihn wesentlich charakterisierende treibende Kraft in sich, die ihn drängt, über die Stufe seiner Geburt hinauszusteigen, hinaufzuschreiten, der Spitze entgegen. Charakteristisch auch, daß so wenige Vertreter dieses Typus an ihrem Geburtsort bleiben: Ortsveränderungen, Reisen, Auslandsbeziehungen und Fernreisen gehören zu fast jedem Schicksal dieses Zeichens.

Der von Grund auf optimistischen Veranlagung wirkt oft eine seelische Sensibilität entgegen, eine zur emotionalen Labilität häufig Anlaß gebende Empfindlichkeit des Gemüts. Bisweilen kommt es dadurch zu Perioden der Entschlußlosigkeit, des

Zwiespalts im Wollen und Handeln. Der Betroffene
weiß in aller Regel recht genau um sein stellenweise
labiles Nervenkostüm, kennt seine problematischen
Eigenarten und vermag ihnen seine äußerst impulsive Tatkraft entgegenzusetzen. (Bisweilen schießt
er dabei über das Ziel hinaus.)

Erwähnenswert ist die ausgeprägte Lust an der
Freiheit, die Tatsache, daß dieser Typ in einem
hohen Maße unabhängig sein muß, um glücklich
zu werden. So ordnet er sich auch im allgemeinen
nicht gern unter, einerlei, wie die Zusammenhänge
liegen. In negativer Ausprägung kann der Betreffende von lärmender Geschäftigkeit und markt-
schreierischem Eigenlob geprägt sein, mit einer Neigung zu Ausbrüchen der Aggressivität. Was dem
Horoskopeigner teilweise fehlt, sind Geduld, Ausdauer; über was er genügend verfügt, sind Offen-
heit, Vielseitigkeit, Freimut und Gerechtigkeitssinn.
Aktiv tritt er für seine Überzeugungen ein, uner-
schrocken verteidigt er seine Anschauung. Und
zahlreich sind seine Interessen, auf verschiedenste
Gebiete verteilen sich seine Hobbys. Seine Lust am
Reden und sein diesbezügliches Talent machen ihn
zu einem charmanten, geselligen Menschen, der mit
anderen umzugehen weiß und entsprechend auch
fast jedem sympathisch ist. Bei weniger entwickel-
ten Vertretern dieses Typus kann das Reden umkippen in Geschwätzigkeit und verlogene Übertreibung.

Bestimmend für die Persönlichkeit ist auch, daß
die Leidenschaften und Gefühlsimpulse glühend
sein können – und dennoch nur von kurzer Dauer
sind. Dieser Typus braucht viele starke Reize, und

die am liebsten noch in rascher Abfolge. Was auch seine Lust an allen Arten der Bewegung, auch durch geistige und Vorstellungsräume, erklärt. Im Emotionalen allerdings sieht das so aus, daß der Horoskopeigner seine Liebe nicht gut auf wenige Personen konzentrieren kann, sondern eher viele geliebte und liebende Menschen braucht, um wirklich glücklich zu sein. Parallelbeziehungen in der Ehe und Ehescheidung, Kontaktabbrüche und Trennungen sind in diesem Zeichen an der Tagesordnung.

Beruflich versucht er, mit seiner Reiselust und seinem Redetalent möglichst weit zu kommen, was ihm meist erstaunlich gut gelingt. Man findet ihn oft als Richter oder Anwalt, in repräsentierenden Berufen und Behördenstellungen, in Vertrauensstellungen und Staatspositionen. Seine Neigungen, ebenfalls beruflich, zu Philosophie und Klerus, aber auch zum Sport, vor allem dem Reiten, sind stark. Beruflich kann ihm seine Aufgewecktheit und Vielseitigkeit bisweilen zum Problem werden. Was Krankheiten betrifft, ist der Betroffene anfällig für Leiden der Knochen und Muskeln, Bronchitis, Asthma sowie Nervenleiden und (Sport-)Unfälle. Der Schicksalsweg ist geprägt von Wiederanfängen, Totalwenden und Bewegung. Bis etwa 35 hyperaktiv, gar nervös, kehren erst in reiferen Jahren etwas Ruhe und eine gewisse Zufriedenheit mit dem Erreichten ein.

Der Aszendent im Zeichen Steinbock
Konzentrationsfähigkeit, Systematik, gründliche Sachlichkeit und lebenspraktische Grundeinstellung sind die auffälligsten Merkmale. Dieser Typus

ist nicht sonderlich anpassungsfähig und beweglich, hat eher eine Tendenz zu Tiefsinn und Melancholie, auch Schwermut und bisweilen Depression. Saturn herrscht, so daß die verhaltene, zurückhaltende Kraft, die Schwere und Nachdenklichkeit, die Durchdringung des Stoffs dominieren. Die Spanne der Gefühlsreaktionen ist reserviert bis spröde, zurückhaltend-unzugänglich, ehrgeizig und konservativ. In negativer Auswirkung kann seine Überzeugung zu Starrsinn, sein Wirtschaftlichkeitsverständnis zu Geiz entarten.

Der Horoskopeigner hat eine Neigung, das Leben schwerzunehmen und sich dieses dadurch schwerzumachen. Ein Zustand, den man als Hang zur Depression betiteln muß, scheint ihn immerzu zu beherrschen. Der Hang der Seele, sich auszuschließen, abzukapseln, das Ich in einer Muschel verbergen zu wollen, ist stark, oft dominant. Gefühle werden kaum je offen gezeigt, auch läßt sich der Betroffene weder leicht überzeugen noch schnell für irgend etwas gewinnen. Ein latentes Mißtrauen, eine abwehrende Vorsicht macht sich spürbar –, was den Horoskopeigner geradezu für das Geschäftemachen prädestiniert, vor allem weil er auch, was Geld angeht, zu nüchterner Abwägung neigt.

Auffällig ist, wie bereits angedeutet, der Mangel an Begeisterungsfähigkeit: Feuer und Flamme ist dieser Typus nie. Seelisch kann man ihn eher als kalt bezeichnen. Lieben fällt ihm schwer und ist an Bedingungen gebunden. Seine übersteigerte Selbstbehauptung, seine fanatische Unbeugsamkeit, sein Eigennutz und seine Egozentrik machen ihn insge-

samt zu einem schwierigen Menschen, der weiß,
daß er so ist, sich deshalb weiter verkapselt und
infolgedessen noch schwieriger wird.

Intelligenzmäßig gehört er zu den Schlauen, seine
Mentalität wandelt seine geistige Stärke aber vielmehr in Tücke und Hinterlist um. Er bildet sich
scharfsichtig und schnell eine eigene Meinung, illu-
sionslos schaut er die Wirklichkeit – und ist somit
von vornherein distanziert, eher Zuschauer als Mit-
spieler. Er ist nüchtern, und das auch im Umgang
mit seinen Kräften: Es scheint, als vermag er Kraft
zu speichern und nur je nach Bedarf und aufs öko-
nomischste eingeteilt einzusetzen. Seine materielle
Veranlagung treibt ihn zur Versorgung, Sicherung;
er speichert auch hier gern in Gestalt von Gold,
Immobilien und dergleichen. Für Idealismen, egal
welcher Art, ist er nicht zu erwärmen. Nein, seine
Stärke liegt in der praktischen Auswertung von
allem und jedem und der permanenten Selbstbehauptung, die sein Motor und Motivator ist. Und
so wie er in allem Voraussicht demonstriert, weiß
er auch in finanziellen Belangen vorwegnehmend
und vorausgreifend-sichernd zu handeln.

Was berufliche Neigungen und Entwicklungen
angeht, fällt auf, daß dieser Typus notfalls zu kämpfen bereit ist, um seinen Leidenschaften und Wünschen berufliche Form zu geben. In diesem Punkt
ist er Idealist. Seiner allgemeinen Veranlagung
gemäß hat er meist den Wunsch, politisch tätig zu
sein; aber auch große wirtschaftliche Transaktionen
reizen ihn. Sein Handelsgeist ist unverkennbar,
seine »Erd«-Gebundenheit zeigt sich buchstäblich
darin, daß auffällig viele unter diesem Aszendenten-

zeichen Stehende im Baugewerbe, Baumaterialhandel wie auch Bergbau tätig sind; auch Architektur und Landwirtschaft haben ihren Stellenwert. Die wissenschaftlichen Interessen des Betroffenen gehen in Richtung Naturlehren, vor allem Biologie. Unter den Künsten ist er angetan von der Bildhauerei und der Töpferei; im Handwerk neigt er zum Spezialisten im Umgang mit Rohprodukten und Leder.

Was Krankheiten angeht, ist der Horoskopeigner anfällig für Stoffwechsel- und Verdauungsleiden, Gicht, Rheuma und Hautproblemen (oft Furunkulose). Die Schicksalslinie verlangt es ihm ab, im ersten Lebensdrittel hart zu arbeiten, was mit meist hoher Position belohnt wird. Wenn er geschickt ist, vermögen sein Machtwille und seine intellektuelle Hintergründigkeit ihn zu erfolgreichen Winkelzügen zu inspirieren. Die Zähigkeit und verhaltene Unnachgiebigkeit bringen ihn im Leben oft voran, werfen ihn aber auch immer wieder zurück: Rückschläge erfolgen über Unversöhnlichkeit, Selbstüberschätzung, übergroße Vorsicht und Pessimismus.

Der Aszendent im Zeichen Wassermann
Wissensdrang, Forschungslust und somit auch Freude an Reisen, Lust am Neuen, am Unbekannten und eine zunächst einmal äußerst umgängliche, ja freundliche Wesensart, die aber freiheitlich und vollkommen eigenwillig orientiert ist, charakterisieren die wesentlichen Züge dieses Typus. Seine Ideen verfolgt er mit einer Beharrlichkeit, die bisweilen in halsstarrige Zähigkeit ausartet. Rat mag der Be-

troffene gar nicht leiden, er läßt es sich auch sonst nicht nehmen, jede Erfahrung selbst zu machen, am eigenen Leib – auch wenn's weh tut und man es hätte besser haben können.

Der rege, lebhafte und äußerst originelle Geist dieses Menschen, allen konventionellen Gegebenheiten abhold, ist von Wunschdenken durchströmt und romantisch orientiert. Und trotz Enttäuschungen, die nicht ausbleiben können, wo das Wunschdenken auf die Realität knallt, bleibt das Wesen froh, optimistisch und unternehmenslustig. Gegen Bevormundung erweist sich dieser Mensch als allergisch, sie ist ihm eine unerlaubte Begrenzung seiner Gedanken und Sphären. Aber ebenso genau respektiert der Horoskopeigner auch die Welt anderer. Ja, er ist insgesamt humanitär zu nennen und nimmt Dinge, auch solche, die ihm gar nicht passen, mit einer Grundbasis Humor, der anderen und ihm selbst die Situation leichter macht. Böse wird er eigentlich nie, auch wenn er sehr übellaunig reagieren kann, kapriziös und extrem wird, wenn unvorhergesehene Wenden in seinem Lebensbereich ihn stören. Und dennoch ist er immer bereit zur Kontaktaufnahme, zum Gespräch, zum Neuüberdenken. So ist auch sein Leben positiv geprägt von den Kontakten, Beziehungen und Verbindungen, die er pflegt – sozial wie auch privat.

Die intellektuelleren Typen dieses Zeichens zeigen einen sehr durchdringenden, philosophischen Geist, der sich auch gern einmal mit abseitigeren Themen beschäftigt: Okkultismus, Metaphysik und Parapsychologie sind magische Attraktionen für ihn. Eine große Zahl von Psychologen, Phrenolo-

gen, Astrologen und Psychoanalytikern gehört diesem Zeichen an. Das Forschen, Studieren, Neuent-
decken zieht ihn an, während ihm der auswertende,
nutzende Egoismus fast vollständig fehlt. Sein
romantischer Idealismus führt denn auch zu chroni-
scher Geldknappheit, akuten Umstellungen und
Lebenswenden wie auch privaten Krisen, die in der
Folge entstehen. Uranus ist Herrscher dieses Zeichens, und er steht für Wende und Umbruch, aber
auch für das Neue und das Erneuernde. Im übrigen
ist dieser Typus als künstlerisch äußerst kreativ zu
erachten. Gelingt es ihm, von seiner Kunst zu leben,
kann er zu den glücklichsten Menschen zählen.

Bei weniger intellektueller Ausprägung des Geistes zeigt sich große Unrast, hier und da Gleichgül-
tigkeit oder Unzuverlässigkeit. Bisweilen machen
sich auch extreme Neigungen bemerkbar. Dieser
Typus lebt gern so ungebunden wie nur möglich,
befindet sich stets auf der Suche nach Ungewöhnli-
chem und/oder Kuriosem. Alles in allem ist er
human und friedlich. Schädigend wirkt sich die
innere Unruhe aus, die impulsive Wechsel ergibt,
häufige Aufenthaltsortveränderung und eine allge-
mein labile soziale Position.

Beruflich ist eine starke Tendenz zur Technik
unübersehbar, meist in Verbindung mit Telekommunikation und Luft-/Raumfahrt. Sowenig Erwerbssinn dieser Typus hat, so ideenreich und intuitiv vermag er die Dinge anzugehen; entsprechend
ziehen ihn auch von den künstlerischen Berufen
Musik, Malerei und Schriftstellerei am meisten an.
Soziale Berufe, Tätigkeiten, die mit angewandter
Menschenkunde verbunden sind, werden auffällig

häufig ausgeübt. Was Erkrankungen betrifft, ist der Horoskopeigner anfällig für Krankheiten des Herzens und der Blutgefäße, für Muskel- und Beinleiden.

Der Aszendent im Zeichen Fische
Ein feines, filigranes Gemüt, Empfindlichkeit der Gefühle und eine sehr sensitive Wahrnehmung, die mit großer Verletzbarkeit einhergeht, sind die Motive dieses Zeichens. Das Wesen ist gutmütig, hilfsbereit, mitleidig. Dieser Typus ist alles andere als ein Ellbogenmensch. Eher bleibt er im Hintergrund, läßt die Dinge auf sich zukommen: Sein Naturell neigt zu einer gewissen Passivität der Tat, die in großem Widerspruch zu der Aktivität der Wahrnehmung und der Geschwindigkeit der geistigen Verarbeitung steht. Eigentlich bräuchte dieser Typus etwas mehr Schwung, Begeisterungsfähigkeit, Willensantrieb, um seine Pläne besser, auf ihn zugeschnitten, realisieren zu können. Die Willensantriebskurve ist zunächst steil, hält sich kurze Zeit und flacht dann schnell wieder ab. Der labilere Vertreter dieses Zeichens ist anlehnungsbedürftig und sucht Hilfe, Halt, Schutz; er ist ein friedfertiger, regelrecht lieber Mensch; wenn es ihm selbst gutgeht, ist er zu nachgerade extremer Güte und Großzügigkeit in der Lage. Die Harmonie in der Gemeinschaft, der er angehört, bedeutet ihm sehr viel; Streit, Konflikte und Auseinandersetzungen machen ihn schnell unglücklich. Er ist der Typ des sich aufopfernden Menschen; wenn er liebt, stellt er keine Bedingungen und gibt. Sein Interessenradius ist groß, wird ihm aber bisweilen auch gefährlich:

Alkoholkranke und Drogensüchtige sind signifikant häufig vertreten unter diesem Zeichen. Einerseits keine Kämpfernatur, andererseits ein Mensch, der unter einer fast permanenten Existenzangst lebt, der sich sorgt und ängstigt, er könnte verarmen oder einem Unglück zum Opfer fallen, sucht er Schutz aller Art, oft, ohne es selbst formulieren zu können. Die psychischen Widerstandskräfte dieses Typus sind so gering, wie – vor allem wenn er unglücklich ist – seine Gesundheit anfällig, sein Immunsystem angegriffen ist.

Gegensätze, Polaritäten überbrückt der Horoskopeigner möglichst durch Anpassung, teilweise auch in vermittelnder Funktion – was ihm aber nicht angenehm ist. Denn er scheut es, frei und unbekümmert aus sich herauszugehen, weiß, daß er passiv, labil und furchtsam wirkt – und hält sich von daher erst recht im Hintergrund. Schade ist dies – vor allem, weil dieser Mensch zugleich ein lebhafte kreative Phantasie und tiefgehende intuitive Vorstellungskraft birgt, die andere bereichern könnte, statt dessen aber aufgrund der Kollisionen mit der rauhen, phantasiefeindlichen Wirklichkeit zu einer ausgebauten Traum- und Wunschwelt führt, in die der Betroffene sich oft flüchtet. Gefühle sind wichtiger als Taten, denn Neptun herrscht hier und belebt die Intuition, die Imagination, die Träume, die Wünsche, das Spekulative.

So kommt es auch, daß dieser Typus nicht danach trachtet, im Berufsleben eine führende Position zu übernehmen. Unter der Leitung anderer zu arbeiten ist ihm immer noch angenehmer, als mit Wort und Tat führen zu müssen. Gern ist er in Berufen tätig, wo er Gutes tun und geben kann: Pfleger, Betreuer, Seelsorger, Sanitätspersonal. Auch findet man ihn als Restaurateur, Weinhändler, Gastwirt, Barmann arbeitend, ebenso auffällig oft als Tabak- und Kaffeehändler. Sein ruheloser, phantasiegetriebener Geist bringt ihn auch zu Berufen, die mit dem Meer und der Schiffahrt in Verbindung stehen. Seine wissenschaftlichen/geistigen Interessen gelten der Philosophie, den Natur- und den Religionswissenschaften, aber auch der Mystik und der Mythologie. Erwähnenswert ist in diesem Zusammenhang, daß viele medial veranlagte Menschen, zahlreiche Astrologen, Chiromantiker, aber auch Psychologen sich aus Vertretern dieses Zeichens rekrutieren. Was Krankheiten betrifft, liegt oft eine Schwäche/Anfälligkeit der Füße vor, sehr labil ist auch der Darmtrakt. Verdauungs-, Erkältungsleiden, Dispositionen zu Neurosen- und späterer Psychosenbildung und eine stets vorhandene Tendenz zur Suchtentwicklung sind bezeichnend. Der Betreffende muß auch als der am heftigsten psychosomatisierende Typ betrachtet werden.

Die Schicksalslinie ist unstet; Schwankungen, die auf die im allgemeinen rasch nachlassende Begeisterung und das schnelle Aufgeben von Plänen zurückzuführen sind, kennzeichnen den Lebensweg des Horoskopeigners.

Aszendententafel

Feldertabelle, mittels derer sich anhand des Geburtsortes und der Geburtszeit die Aszendenten- und *Hausspitzen* (siehe dort) errechnen lassen.

Aszension, oblike

schiefe Aufsteigung eines Gestirns.

Atair

(Alpha Aquilae – 1°04' *Wassermann)* hellster Fixstern des Sternbilds Adler im Sternzeichen Wassermann, der, von Mars und Jupiter geprägt, auf höchste Ansprüche und Selbstüberschätzung hinweist.

Atmosphäre

äußere Hülle eines Gestirns.

Attribute

im Rahmen der Vorstellung von den Entsprechungen, welche der prognostischen Astrologie weitgehend zugrunde liegt, werden den im Zeichen eines Tierkreises Geborenen Eigenschaften zugeschrieben, die – verallgemeinert und quasi allgemeingültig – den Vertretern eines Zeichens gemeinsam sind. Diese Attribute, die von den Interpreten der Horoskope als Grundlage, Grundgerüst benutzt werden, sind – je nach Astrologe und Interpretationstechnik – mehr oder weniger weitgehend und spekulativ (siehe unten).

Die gängigen Attributzuordnungen

Aries/Widder – 21. März bis 20. April; vom Mars beherrscht; Kardinalzeichen, männlich, Analogon für Feuer; kopf- und geistorientiert; gibt nervösen Schmerzen, Depressionen und Geisteskrankheiten Vorschub; unter diesem Zeichen Geborene sind begeisterungsfähig, abenteuerlustig, aber auch leicht

reizbar; sie neigen zu Extremismus und Unbe-
herrschtheit.

Taurus/Stier – 21. April bis 21. Mai; von der Venus
beherrscht; Fixzeichen, weiblich, Analogon für
Erde; hals- und nackenorientiert; gibt Nierenpro-
blemen, Asthma und Rheuma Vorschub; unter diesem Zeichen Geborene sind ausgeglichen und reali-
tätsnah, treu und friedliebend, aber auch kalt und
grimmig; sie neigen gelegentlich zu Wutausbrüchen
und Brutalität.

Gemini/Zwillinge – 22. Mai bis 21. Juni; vom Merkur beherrscht; wechselhaftes beziehungsweise bewegliches Zeichen, männlich, Analogon für Luft;
schultern- und lungenorientiert; gibt Katarrhen,
Bronchitis und Hautkrankheiten Vorschub; unter
diesem Zeichen Geborene sind lebhaft, lebenslustig
und vielseitig, aber auch unzuverlässig, kompliziert
und ängstlich; sie neigen zu Wankelmut und Lau-
nen.

Cancer/Krebs – 22. Juni bis 22. Juli; vom Mond
beherrscht; Kardinalzeichen, weiblich, Analogon
für Wasser; brustkorb- und magenorientiert; gibt
Hämorrhoiden und Augenkrankheiten Vorschub;
unter diesem Zeichen Geborene sind empfindsam,
gemütstief und liebevoll, aber auch leicht beeinfluß-
bar und unsicher; sie neigen zu Stimmungsum-
schwüngen und Hysterie.

Leo/Löwe – 23. Juli bis 23. August; von der Sonne
beherrscht; Fixzeichen, männlich, Analogon für

Feuer; rücken-, herz- und handorientiert; gibt Blutkrankheiten und Wirbelsäulenleiden Vorschub;
unter diesem Zeichen Geborene sind idealistisch
und freiheitsliebend, aber auch stolz und selbstsüch-
tig; sie neigen zu Herrschsucht und Schulmeisterei.

Virgo/Jungfrau – 24. August bis 23. September; vom
Merkur beherrscht; wechselhaftes beziehungsweise
bewegliches Zeichen, weiblich, Analogon für Erde;
gedärm- und unterleibsorientiert; gibt Katarrhen
und Krankheiten der Atmungswege Vorschub;
unter diesem Zeichen Geborene sind intelligent,
integer und aufmerksam, aber auch naiv; sie neigen
zu Pedanterie.

Libra/Waage – 24. September bis 23. Oktober; von
der Venus beherrscht; Kardinalzeichen, männlich,
Analogon für Luft; rücken- und nierenorientiert;
gibt Übersäuerungen und Verdauungsbeschwerden
Vorschub; unter diesem Zeichen Geborene sind
ausgeglichen, geschickt und diplomatisch, aber auch
verschwenderisch; sie neigen zu ungehemmtem
Verhalten und Übervorteilung anderer.

Scorpio/Skorpion – 24. Oktober bis 22. November;
vom Mars beherrscht; Fixzeichen, böse, weil – wie
der Tod – das achte Haus, weiblich, Analogon für
Wasser; becken- und genitalienorientiert; gibt
Leber- und Nierenkrankheiten Vorschub; unter
diesem Zeichen Geborene sind leidenschaftlich und
draufgängerisch, aber auch genauso leicht reizbar,
triebhaft und extrem; sie neigen zu Übertreibung
und Laster.

Sagittarius/Schütze – 23. November bis 21. Dezember; vom Jupiter beherrscht; Kardinalzeichen, männlich, Analogon für Feuer; hüft- und schenkelorientiert; gibt Haut- und Mangelkrankheiten Vorschub; unter diesem Zeichen Geborene sind ehrlich, ausdauernd und beständig, aber auch rebellisch; sie neigen zu gelegentlicher Kopflosigkeit.

Capricorn/Steinbock – 22. Dezember bis 20 Januar; vom Saturn beherrscht; Kardinalzeichen, weiblich, Analogon für Erde; knie- und knochenorientiert; gibt Schwerhörigkeit, Rheumatismus und Nierenkrankheiten Vorschub; unter diesem Zeichen Geborene sind diszipliniert und diplomatisch, aber auch melancholisch und pessimistisch; sie neigen zu Verschlossenheit und Fluchtverhalten (Drogen/Alkohol).

Aquarius/Wassermann – 21. Januar bis 19. Februar; vom Saturn (und teilweise auch Uranus) beherrscht; Fixzeichen, männlich, Analogon für Luft; beine- und knöchelorientiert; gibt Wassersucht, Katarrhen und Magenkrankheiten Vorschub; unter diesem Zeichen Geborene sind begeisterungsfähig und gefühlvoll, aber auch leicht verschroben; sie neigen zu Verschlossenheit und Verträumtheit.

Pisces/Fische – 20. Februar bis 20. März; vom Jupiter (und teilweise auch vom Neptun) beherrscht; wechselhaftes beziehungsweise bewegliches Zeichen, weiblich, Analogon für Wasser; lymphsystem- und leberorientiert; gibt Blutarmut und Blutkrankheiten Vorschub; unter diesem Zeichen Geborene sind

empfindsam und gemütstief, aber auch leicht reizbar
und wankelmütig; sie neigen zu Ungerechtigkeit
und Fluchtverhalten (Alkohol/Drogen).

Aufgang
Erscheinen eines Gestirns über dem Osthorizont.

Aufgang, akronytischer
Erscheinen eines Gestirns bei Sonnenuntergang.

Aufgang, heliakischer
Erscheinen eines Gestirns kurz vor Sonnenaufgang.

Aufgang, kosmischer
Erscheinen eines Gestirns zusammen mit der Sonne.

Aufgang, scheinbar akronytischer
letztes sichtbares Erscheinen eines Gestirns in der
Abenddämmerung.

Aureole
a) sichtbarer Hof, der durch Lichtbrechung um Sonne
und Mond entstehen kann; *b)* kugelförmig angelegte
Sternsysteme.

Azimech
siehe *Spica.*

Azimut
in der Geodäsie und *Astronomie* (siehe dort) gebräuchli-
che Bezeichnung für den Winkel zwischen Höhen- und
Meridiankreis.

»Die Astrologie ist kein System von Fäden, an denen Menschengruppen willkürlich bewegt werden. Sie ist eine gültige Methode zu lernen, wie wir unser Leben besser beherrschen und wie wir seelische und geistige Erfüllung erlangen können.«

CHARLOTTE MCLEOD

Der arabische Astrologe Al Bumasar (siehe Seite 16) unterschied zwischen Einflüssen von Planeten und von Fixsternen.

Mittelalterliche Astrologenschule

B

Bacon, Roger

(um 1219–um 1294) astronomisch-astrologisch orientierter Theologe, Philosoph und Naturforscher, der in seinem Werk »*Speculum astronomiae*« (siehe dort) das Leben des Menschen als ein Wechselspiel des freien Willens und der Einflüsse der Gestirne beschreibt. Bacon, der für die Veröffentlichung des obengenannten Werkes kirchlicherseits mit gefängnisähnlichem Arrest bestraft wurde, war der berühmteste Schüler des magisch orientierten Naturphilosophen Robert Grosseteste und blieb, ganz in dessen Tradition, ein Leben lang interessiert an magischen und okkulten Vorgängen. Er ist für die heutige Astrologie – nicht nur weil er eine Art astrologische Renaissance einleitete – vor allem deshalb sehr wichtig, da seine geistige Haltung teilweise zu deren paradigmatischer Attitüde wurde: Bacon war der Ansicht, daß die Astrologie sich nicht mit Prophezeiungen und Prognosen beschäftigen, sondern statt dessen wissenschaftlich vorgehen und Grundlagen und Möglichkeiten errechnen sollte; auch teilte er nicht den Fatalismus, der bis dahin herrschte, sondern wies den Weg zum Bild eines innerhalb der Fremdbestimmung teilweise selbstbestimmend lebenden Menschen.

Bahn

der Weg eines Himmelskörpers, der ohne eigenen Antrieb von der Gravitation bestimmt wird.

Bahnbestimmung

die Berechnung der Bahn eines Himmelskörpers, wobei es die Elemente Neigung, Knotenabstand, Knotenlänge und Durchgangszeitpunkt (durch das *Perihel;* siehe dort) festzustellen gilt.

Bahnbewegung, rechtläufige

auch *direkte* (siehe dort) Bahnbewegung (Abkürzung D); von West nach Ost verlaufender Weg eines Himmelskörpers in seiner Bahn.

Bahnbewegung, rückläufige

auch retrograde Bewegung (Abkürzung R); sehr selten vorkommende, von Ost nach West verlaufende Bewegung eines Himmelskörpers.

Bedeckung

Unsichtbarkeit eines Himmelskörpers aufgrund von Verdeckung oder Verfinsterung durch ein oder mehrere andere Gestirne.

Bellatrix

(Gamma Orionis – 20°16' Zwillinge) heller Fixstern des Sternbilds Orion im Sternzeichen Zwillinge, der, von Mars und Merkur geprägt, Profit und Ehrung anzeigt, die aber weniger angenehme Folgen nach sich ziehen könnten.

Benefizplaneten

die glückbringenden Planeten *Venus* (siehe dort) und *Jupiter* (siehe dort); Gegenteil: die *Malefizplaneten* (siehe dort).

»Wir werden in einem vorausbestimmten Augenblick an einem vorausbestimmten Ort geboren, und wir haben, so wie der Jahrgang eines Weines, die Qualität des Jahres und der Jahreszeit, in der wir zu Welt kamen.

> Nicht mehr und nicht weniger behauptet die Astrologie.«
>
> CARL GUSTAV JUNG

Beta
Planet transplutonischer Art.

Beta Arietis
siehe *Sheratan.*

Beta Capricorni
siehe *Dabih.*

Beta Centauri
siehe *Agena.*

Beta Ceti
siehe *Deneb Kaitos.*

Beta Draconis
siehe *Rastaban.*

Beta Geminorum
siehe *Pollux.*

Beta Leonis
siehe *Denebola.*

Beta Orionis
siehe *Rigel.*

Beta Pegasi
siehe *Scheat.*

Beta Persei
siehe *Algol.*

Beta Scorpii
siehe *Aghrab.*

Beta Tauri
siehe *Al Nath.*

Betelgeuse
(Alpha Orionis – 28°04' Zwillinge) hellster Fixstern des
Sternbilds Orion im Sternzeichen Zwillinge, der, von
Mars und Merkur dominiert, auf Reichtum hinweist.

Bewegung, direkte
auch rechtsläufige Bewegung (Abkürzung D); Begriff für
die normale West-Ost-Bewegung eines Himmelskörpers
in seiner Bahn; astrologisch wird die direkte Bewegung
als wirkungverstärkend und -ergänzend ausgelegt.

Bewegung, parallaktische
Begriff für die Tatsache, daß die Sterne sich scheinbar
systematisch gegenläufig zur Bewegungsrichtung des
Sonnensystems bewegen, während sich dessen Bewegung
im Sternensystem spiegelt; siehe auch *Ungleichheit,
parallaktische.*

Bewegung, radiale
ist gegeben, wenn sich ein Gestirn in Sehrichtung des
Beobachters bewegt; im Falle radialer Bewegung muß
die Linienverkürzung, das heißt die Verschiebung der
Spektrallinien, mittels Dopplerschem Prinzip errechnet
werden.

Bewegung, rechtläufige
siehe *Bewegung, direkte*.

Bewegung, retrograde
auch rückläufige Bewegung (Abkürzung: R); Begriff für die (nur selten vorkommende) scheinbare Bewegung der Planeten von Ost nach Wert, also in abnehmender Länge.

Bewegung, rückläufige
siehe *Bewegung, retrograde*.

Bewegung, tägliche
die scheinbare Bewegung der Gestirne von Osten nach Westen, bedingt durch die tägliche Rotation der Erde um ihre eigene Achse.

Beziehungen, solar-terrestrische
a) alle irdischen Wechselwirkungen, die aufgrund solarer Teilchen- und Wellenstrahlung entstehen; *b)* Vorstellung, daß alles Irdische aufgrund von Geschehnissen auf der Sonne stattfindet und nur davon bedingt ist – als metaphorische Fortsetzung des Glaubens, daß die Sonne der Ursprung allen Lebens ist.

Big Bang
siehe *Urknall(-Theorie)*.

Bissextus
der 29. Februar im altrömischen Kalender.

Blockade
das als Bedrohung zu verstehende Eingeschlossensein eines Tierkreiszeichens durch zwei Aspekte oder mehrere

Planeten; die negativen Einflüsse können durch die positiven eines anderen Planeten aufgehoben werden.

Blumenstellung
die Lotos-Position von sieben Gestirnen wird in der buddhistischen Astrologie so genannt und als besonders verstärkend interpretiert; prinzipiell gilt jede Blumenstellung als zunächst einmal glücksbringend.

Bona Fortuna
(lateinisch für: das gute Glück) der 5. Ort im Horoskop.

Bonus Daemon
auch Bonus Genius (lateinisch für: der gute Geist); der 11. Ort im Horoskop.

Brahe, Tycho
(1546–1601) dänischer Astronom; seine präzisen Messungen von Planetenörtern ermöglichten JOHANNES KEPLER (siehe dort) – seinem Assistenten während Brahes Zeit als Astronom und Mathematiker am kaiserlichen Hof (1599) zu Prag – die Ableitung der Bewegungsgesetze der Planeten. Er lehnte das kopernikanische System ab und modifizierte das ptolemäische: Die Planeten umkreisen zwar die Sonne, diese aber die Erde. Astrologisch befaßte er sich besonders mit dem Einfluß der großen Konjunktionen auf die Naturkatastrophen, außerdem studierte er die Theorie der *Aspekte* (siehe dort).

Breite
astronomischer Begriff für den Winkelabstand eines Himmelskörpers, bezogen auf eine spezifische Ebene oder den galaktischen Äquator.

Brontoskopien
antiker Kalender zum Zweck astrologischer Wettervor-
hersage.

BS
Abkürzung für *Biseptil* (siehe unter *Aspekte*).

Der Tierkreis der chinesischen Astrologie (siehe Seite 32)

C

Campanus

eigentlich GIOVANNI CAMPANI; italienischer Mathematiker und Astronom (1233–1296); schuf die beste Häuserkonstruktion seiner Zeit.

Canopus

(Alpha Carinae – 14°16' *Krebs)* hellster Fixstern des Sternbilds Schiffskiel im Sternzeichen Krebs, der, von Saturn und Jupiter geprägt, auf kommende Gefahren hinweist.

Capella

(Alpha Aurigae – 21°10' *Zwillinge)* hellster Fixstern des Sternbilds Fuhrmann im Sternzeichen Zwillinge, der, unter dem Einfluß von Mars und Merkur stehend, auf Ehre und Glück hinweist.

Cardines Geniturae

die vier Wendepunkte des Horoskops; siehe *Aufgang* (Ortus), *Untergang* (Occasus), *Himmelsmitte* (Medium Coeli) und *Himmelstiefe* (Imum Coeli).

Castor

(Alpha Geminorum – 19°33' *Krebs)* Fixstern des Sternbilds Zwillinge im Sternzeichen Krebs, der, vom Merkur geprägt, auf List und Tücke hinweist.

Cazimi

Bezeichnung für eine bestimmte Position eines Planeten: Ist der Abstand eines Himmelskörpers weniger als 16 Bogenminuten vom Mittelpunkt der Sonne entfernt, so wird seine Wirkung erheblich verstärkt, eben weil dieser Planet dann in Cazimi steht.

CCAG

(Abkürzung für: Catalogus codicum astrologorum Graecorum) ein seit Anfang dieses Jahrhunderts zusammengetragener Katalog hellenistisch-griechischer Schriften zur Astrologie; gehört zu den umfangreichsten Sammlungen astrologischer Erkenntnisse.

Cecco

eigentlich CECCO D'ASCOLI; italienischer Astrologe (1257–1326), der einige Prinzipien des Geburtshoroskops definierte, die heute noch gelten.

Cenodromon

Mondleerlauf.

Chaldäer

eigentlich der Name der Angehörigen des semitisch-aramäischen Volksstammes; heute abwertender Begriff für astrologisch arbeitende Scharlatane.

Chirologie

Deutung des Charakters aufgrund der Linien des Handinnern.

Chiromantie

die auf Alchimie und/oder Astrologie beruhende, heute noch verbreitete Kunst, aus den Linien des Handinnern die Vergangenheit und die Zukunft zu lesen (siehe unten).

Die astrologischen Wurzeln der Chiromantie

Im Rahmen der in der Astrologie nachgerade paradigmatischen Vorstellung von den Entsprechungen, von den Analogien zwischen Makro- und Mikrokosmos, gibt es auch zahlreiche Entsprechungen zwischen einigen Linien der Handfläche und den Planeten. Die sogenannten Nebenlinien der Hohlhand heißen: Jupiterlinie, Sonnenlinie, Merkurlinie, Liebeslinie, Marslinie, Mondlinie, Uranuslinie, Gesundheitslinie, Via Lasciva, Neptunlinie, Raszetten, Saturnring, Venusgürtel und Plutolinie (siehe Abbildung Seite 88).

Choisnard, Paul
(1867–1930) französischer Astrologe und Astronom, dessen statistische Häufigkeitsmessungen und Theorien von den astralen Einflüssen auf den Menschen dazu beitrugen, der wissenschaftlichen Astrologie den Weg zu ebnen.

Chronokratoren
(griechisch für: Zeitregenten) bestimmten Zeitabschnitten zugeschriebene Sternzeichen und/oder Gestirne, wobei die Zeitabschnitte als von den entsprechenden Chronokratoren regiert verstanden werden.

Chronomantie
eine der Urformen astrologischer Prophezeiung, bei der verschiedenen Zeiträumen günstige und ungünstige Eigenschaften zugeschrieben werden.

Cluster
Zusammentreffen mehrerer Himmelskörper im Bereich des *Zodiak* (siehe dort).

Configuratio
veralteter Ausdruck für *Aspekt* (siehe dort).

Coniunctio aurea
die *Konjunktion* (siehe dort) von Jupiter und Saturn.

Coniunctio magna
die seltene *Konjunktion* (siehe dort) von Jupiter und Saturn in der Nähe des feurigen Dreiecks.

Coniunctio maxima
eine *Coniunctio magna* (siehe dort), bei der zusätzlich Mars in *Konjunktion* (siehe dort) zu beiden Planeten steht; gilt als maximal ergänzend/verstärkend.

Cor Leonis
(lateinisch für: das Herz des Löwen) Bezeichnung für den Fixstern *Regulus* (siehe dort).

Cor Scorpii
(lateinisch für: das Herz des Skorpions) Bezeichnung für den Fixstern *Antares* (siehe dort).

Crescens
wachsend.

Cursus vacuus
siehe *Leerlauf*.

Cuspidens domorum
Anfangspunkte der *Orte* (siehe dort) im Horoskop.

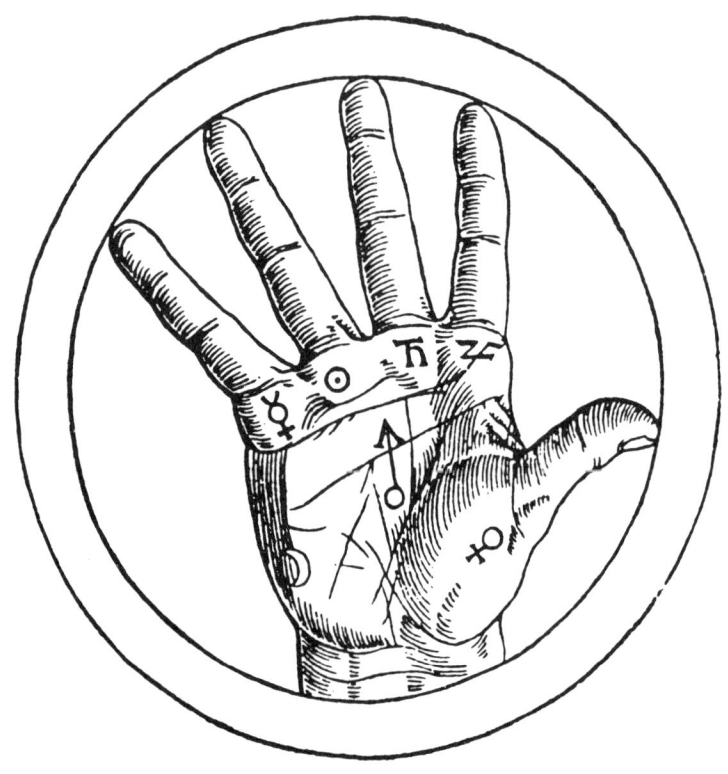

Die Chiromantie stellt Bezüge zwischen der Innenform der Hand und den Planeten in den Dienst der Weissagung.

D

Dabih
(Beta Capricorni – 3°21' *Wassermann)* Fixstern des Sternbilds Steinbock im Sternzeichen Wassermann, der, von
Venus und Jupiter beeinflußt, auf übertriebene Nachdenklichkeit und Schwermut hinweist.

Daimonion
das 11. Haus im Horoskop.

> »Der Wille des Menschen entscheidet; Astrologie
> kann ein Wegweiser sein.«   CARROLL RIGHTER

Dämmerung, astronomische
Bezeichnung für den Stand der Sonne achtzehn Grad
unter dem Horizont.

Dämmerung, bürgerliche
Bezeichnung für den Stand der Sonne sechseinhalb Grad
unter dem Horizont.

Dämmerung, nautische
Bezeichnung für den Stand der Sonne zwölf Grad unter
dem Horizont.

Datumsgrenze
Zeitunterschied infolge der Erdumdrehung, so daß bei
West-Ost-Überschreitungen des 180. Meridians das glei-
che Datum zweimal gezählt werden muß, während bei
Ost-West-Überschreitungen ein Tag übersprungen wird.

Dea
das dritte Feld im Horoskop.

Debilitates
astrologisch für Schwäche(n) eines Planeten.

Decumbitur-Horoskop
Stundenhoroskop, das sich auf einen Kranken und seine Krankheit bezieht, mit dem Zweck, das Wesen der Krankheit und ihren Verlauf besser zu erkennen; im Rahmen der astrologischen Vorstellung von den Entsprechungen werden auch bestimmte Krankheiten auf die Beeinflussung durch bestimmte Planeten zurückgeführt und/oder als mit ihnen in Korrespondenz stehend betrachtet.

Dee, John
englischer Alchimist (1527–1608), der als Hofastrologe unter ELISABETH I. zu großem Einfluß kam und dessen Erkenntnisse für die heutige Astrologie von wichtiger Bedeutung sind. Während der Regierungszeit von MARY TUDOR (Stuart) wurde DEE zu Kerker verurteilt, weil er für ihre Heirat prophezeit hatte, daß die Königin kinderlos sterben und Sorge, Unglück und Katastrophen über das Volk kommen würden. Nachdem er seine Prophezeiung zurückgezogen hatte, wurde er begnadigt und sogar eingeladen, den günstigsten Tag für die Krönung zu errechnen. Dennoch verlor er, alt und von dubiosen Scharlatanen umgeben, seine Stellung am Hofe, weil er durch seine Experimente in den Ruf gekommen war, mit dem Teufel im Bunde zu stehen.

Dejektion
(wörtlich: Erniedrigung, Fall; auch Tapeinoma genannt) Position eines Planeten, bei der seine Wirkung am niedrigsten ist.

Dekanat
Unterteilung des Tierkreises in 36 Abschnitte zu je zehn
Grad.

Dekane
infolge des *Dekanats* (siehe dort) hat jedes Tierkreiszeichen drei Dekane, die den zehn Grad breiten Tierkreis-
streifen beherrschen; ehedem für Prognosen aller Art
benutzt, dienen die Dekane heute als Feinabstufung der
Tierkreiszeichen.

Deklination
der Winkelabstand eines Gestirns vom Himmelsäquator;
wird längs des Stundenkreises des Gestirns in Grad
gemessen; in Richtung auf den Nordpol des Himmels
positiv, in Richtung auf den Südpol negativ.

Deklinationsaspekt
auch Parallelaspekt; Begriff für die Tatsache, daß eine
sich gegenseitig verstärkende Wirkung gegeben ist, wenn
zwei Planeten die gleiche nördliche und südliche Breite
(siehe *Deklination*) erreichen.

Deklinationskreis
ein durch die Himmelspole verlaufender, senkrecht auf
dem *Äquator* (siehe dort) stehender Großkreis an der
Himmelskugel.

Delta Cancri
siehe *Asellus australis.*

Delta Leonis
siehe *Zosma.*

Dendera

Tempel in Oberägypten mit heute noch gut sichtbaren Darstellungen der Tierkreise und der *Dekane* (siehe dort); vermutlich einst ein wichtiger Ort, vielleicht gar eine heilige Stätte in der ägyptischen Astrologie.

Deneb I

(Alpha Cygni – 4°46' *Fische)* hellster Fixstern des Sternbilds Schwan im Sternzeichen Fische, der, von Venus und Merkur geprägt, Wissens- und Machtdurst anzeigt.

Deneb II

(Zeta Aquilae – 19°07' *Steinbock)* heller Fixstern des Sternbilds Adler im Sternzeichen Steinbock, der, von Mars und Jupiter beeinflußt, auf Macht und Einfluß hinweist.

Deneb Kaitos

(Beta Ceti – 1°51' *Widder)* heller Fixstern des Sternbilds Walfisch im Sternzeichen Widder, der, von Saturn beeinflußt, seelische und körperliche Leiden bedeutet.

Denebola

(Beta Leonis – 20°57' *Jungfrau)* Fixstern des Sternbilds Löwe im Sternzeichen Jungfrau, der, von Uranus und Merkur beeinflußt, auf Unglück hinweist.

Depression

Bezeichnung für negative Höhe eines Himmelskörpers, die gegeben ist, wenn dieser unter dem Horizont steht.

Deszendent

(Abkürzung DSZ) derjenige Punkt der *Ekliptik* (siehe

dort), der bei Geburtsort und -zeit gerade am Westhorizont untergeht; siehe auch *Westpunkt*.

Determinismus
die Lehre von der Vorherbestimmtheit allen irdischen Seins und Tuns.

Detrimentum
Vernichtung der günstigen Kompetente eines Gestirns, etwa dadurch, daß es in einem Tierkreiszeichen steht, das seiner Natur und Wirkung zuwiderläuft.

Dexter
günstiger *Aspekt* (siehe dort), da im Sinne der Tierkreiszeichenfolge.

Dezil
veralteter Name für *Semiquinti* (siehe dort).

Diana
astrologischer Name des Mondes.

Differenz, aszensionale
Differenz zwischen *Rektaszension* (siehe dort) und schiefer Aufsteigung eines Gestirns.

Dignität
lateinisch für *Würde* (siehe dort) eines Planeten; aus der Stellung eines Planeten im Tierkreiszeichen werden das Haus mit fünf Stärken, die Erhöhung mit vier Stärken und die Mitherrschaft mit drei Stärken berechnet, um die Wirkung dieses Planeten am Maß der Normalstärke messen zu können.

Digression
Winkel zwischen dem Meridian und dem durch ein Gestirn gehenden Vertikalkreis.

direkt
die rechtläufige Bewegung der Gestirne, also gemäß der Folge der Tierkreiszeichen.

Direktion
die Basis aller astrologischen Prophezeiungen: Anhand der Konstellationen am Himmelszelt am Tage der Geburt werden Vorhersagen getroffen, die das gesamte weitere Leben betreffen.

Direktionen
Bezeichnung für astrologische Rechenvorgänge, mit denen eine Vorausschau auf Zukünftiges möglich ist; es sind verschiedene Methoden bekannt, man unterscheidet zwischen Primär-, Sekundär- und Sonnenbogendirektionen.

Direktion, primäre
astrologische Methode, die, von der täglichen Erdumgehung ausgehend, einen Direktionsbogen von einem Grad einem Lebensjahr gleichsetzt.

Direktionsschlüssel
Ausdruck dafür, daß bei der Umrechnung der Gradabstände im Horoskop vier Zeitminuten einer Drehung von einem Grad entsprechen.

Dissonanz
ungünstiger *Aspekt* (siehe dort).

Diurnalhoroskop
Tageshoroskop, errechnet anhand Geburtszeit und -ort.

Divination
die Gnade, Prophezeiungen treffen zu können.

Dodekaoros
Zwölferprinzip (Stunden, Monate, Tierkreiszeichen), wahrscheinlich aus dem alten Griechenland stammend.

Dodekatemorien
die zwölf Tierkreiszeichen als zwölf dreißig Grad breite Bogendreiecke.

Dodekatopos
(griechisch für: Zwölferreihe) Begriff für die Einteilung sowohl des Jahres- als auch des Himmelskreises beziehungsweise der Stunden des Tages und der Nacht in ein zwölfteiliges Schema; löste den *Oktatopos* (siehe dort) ab.

Dominante
das beherrschende Gestirn im Geburtshoroskop.

Domination
auch Zeichenherrschaft; aus dem Lateinischen stammender Ausdruck für die Position eines Gestirns in seinem Haus beziehungsweise *Domizil* (siehe dort).

dominieren
Vorherrschen eines bestimmten Planeten.

Domizil
Begriff, der verwendet wird, wenn ein Planet im arteige-

nen Tierkreiszeichen steht; in diesem Fall ist die Wirkung des Planeten als verstärkt zu erachten.

Domus
siehe *Ort.*

Domus coelestis
siehe *Haus.*

Doppelsterne
zwei Sterne mit gemeinsamem Gravitationszentrum.

Dorotheos von Sidon
römischer Astrologe (etwa erstes Jahrhundert n. Chr.), dessen Werk die arabische Astrologie nachhaltig beeinflußte.

Drache
das fünfte Tierkreiszeichen in der chinesischen Astrologie und somit die Entsprechung zu Löwe.

Drachenbauch
diejenigen Teile der Mondbahn, die den größten Abstand zur *Ekliptik* (siehe dort) aufweisen.

Drachenpunkte
die Knotenpunkte der Mondbahn, die als astrologisch sehr wirksam eingestuft werden, wobei der Drachenkopf (der vom Süden kommende Mond überschreitet die *Ekliptik* [siehe dort] nach Norden) als glücksbringend und der Drachenschwanz (der vom Norden kommende Mond überschreitet die Ekliptik nach Süden) als unglückverheißend gelten.

Drachenzeichen
zusammenfassender Begriff für den Drachenkopf, also
denjenigen Drachenpunkt, bei dem der von Süden kommende Mond die *Ekliptik* (siehe dort) nach Norden überschreitet – was als ausgesprochen glücksbringend interpretiert wird –, und dem Drachenschwanz, also demjenigen Drachenpunkt, bei dem der von Norden kommende Mond die Ekliptik nach Süden überschreitet –
was als ausgesprochen unglücksbringend angesehen
wird.

drakonistisch
die *Drachenpunkte* (siehe dort) betreffend, auf die Knotenpunkte der Mondbahn mit der *Ekliptik* (siehe dort)
bezogen.

»Der Mensch wird im Augenblick der Geburt in
die Rhythmik des Kosmos hineingeschleust. Sein
Stoffwechsel erhält eine Prägung, geprägt aber wird
hier die individuelle, durch das Keimplasma bedingte Konstitution. Für die Charakter- und
Schicksalsentwicklung sind die Erbfaktoren stärker
als die Umwelteinflüsse, aber die Frage, inwieweit
ein Mensch durch seine Vererbungsfaktoren in seinem Verhalten bestimmt wird und inwieweit
äußere, exogene Einflüsse eine Rolle spielen, vermochte die Wissenschaft bis heute nicht zu klären.«
                                        HEINZ FIDELSBERGER

Dreieck, nautisches
ein theoretisches Instrument im Dienste der astrono-
misch-astrologischen Ortsbestimmung: das Kugeldrei-

eck zwischen Zenit, Himmelspol und dem betreffenden Himmelskörper.

Dreieck, sphärisches
auch Kugeldreieck; Begriff für die Schnittfigur von drei Kreisen auf der Kugeloberfläche, deren Seitenlängen als Winkel gemessen werden.

Dreiung
auch Tripliktik beziehungsweise Triplizität; Ausdruck für die Vereinigung von drei Tierkreiszeichen zu vier Gruppen, Triangeln, die sich nach den *Elementen* (siehe dort) richten: Feuer-Triangel = Widder, Löwe, Schütze; Erd-Triangel = Stier, Jungfrau, Steinbock; Luft-Triangel = Zwillinge, Waage, Wassermann; Wasser-Triangel = Krebs, Skorpion, Fische. Die Triangeln unterliegen jeweils denselben tag- und nachtgebietenden Planeten.

Drittelschein
siehe *Trigonal.*

DSZ
Abkürzung für *Deszendent* (siehe dort).

Durchgang
a) das Besetzen der Position eines Gestirns durch ein anderes Gestirn; *b)* das Kreuzen des Meridians durch die Bewegung eines Himmelskörpers.

Tierkreisbilder nach der »Compilatio de astrorum scientia« von Leopoldus von Austria (1326)

E

Ebertin

bekannte deutsche Astrologenfamilie (siehe unten).

Die Ebertins

ELSBETH EBERTIN war ihrerzeit die bekannteste deutsche Astrologin, mit ihrem Namen ist auch eine historische Anekdote verbunden: 1923 schickte ihr jemand ADOLF HITLERS Geburtsdatum mit der Bitte um Analyse zu. Elsbeth Ebertin veröffentlichte dann in der ersten Ausgabe von ihrem *»Prophetischen Jahrbuch«* eine Charakterdeutung Hitlers und warnte ausdrücklich davor, »diesem Mann Glauben zu schenken oder gar die Führung zu überlassen, da sein Stern mit politischer Spaltung in Zusammenhang steht«. Schon im Spätherbst desselben Jahres deutete sich das Verhängnis in aller Deutlichkeit an, und bereits Ende 1923 kam Hitler wegen Putschversuchs ins Gefängnis. In bezug auf diesen Fall soll Hitler gesagt haben: »Was haben Frauen und Sterne mit mir zu tun?« Als Hitler schließlich 1933 an die Macht kam, ließ er astrologische Zeitschriften abschaffen und Astrologen beseitigen.

REINHOLD EBERTIN (geboren 1901), Elsbeths Sohn, Kosmobiologe, Gründer der Zeitschrift *»Kosmobiologie«* und der *Hamburger* (siehe *Schule, Hamburger*) wie auch der *Aalener Schule* (siehe *Aalen*) nahestehend, war so etwas wie ein Revolutionär der modernen Astrologie: Ihm unterstand eine Gruppe von Kosmobiologen, die »die Astrologie durch das Eliminieren unsinniger traditioneller Praktiken wiederakkreditieren« wollte. Reinhold

Ebertin berücksichtigte die Häuser und die Tierkreiszeichen nicht, sondern befaßte sich statt dessen mit planetarischen Aspekten und mit acht hypothetischen Trans-Neptun-Planeten, für die er auch die *Ephemeriden* (siehe dort) errechnete. Kurios und vielen Astrologen eine unbequeme Vorstellung: Ebertin und die sich auf ihn berufenden Schulen erstell(t)en – trotz der groben Mißachtung einiger als basial angesehener traditionell überlieferter Axiome – Horoskope von herausragender Präzision.

Eckhäuser
das 1., 4., 7. und 10. Haus im Horoskop.

Eckfelder
Synonym für *Eckhäuser* (siehe dort).

Edelsteine
zwischen Edelsteinen, denen magische Kräfte nachgesagt werden, und verschiedenen Planeten werden Korrespondenzen vermutet, die aber bislang nicht zufriedenstellend nachgewiesen werden konnten.

Eigenbewegung
eigene Bewegung der *Fixsterne* (siehe dort).

Einheit, astronomische
die durchschnittliche Entfernung zwischen Erde und Sonne (etwa 150 Millionen Kilometer).

Einheitszeit
siehe *Zonenzeit*.

Eklipse
Sonnen- und/oder Mondfinsternis.

Ekliptik
a) Schnittkreis der Erdbahnebene mit der Himmerlsku-
gel; diese ist in zwölf Abschnitte zu je dreißig Grad
unterteilt, benannt nach den Zeichen des Tierkreises; *b)*
derjenige Großkreis am Himmel, den die Sonne im Laufe
eines Jahres scheinbar durchwandert: Die Ekliptik
schneidet den Himmelsäquator in zwei einander gegenüberliegenden Punkten, *Äquinoktialpunkte* (siehe dort)
genannt, und zwar dem Frühlingspunkt und dem Herbstpunkt, in denen die Sonne am 21. März beziehungsweise
am 23. September steht. Die Äquinoktialpunkte beziehen, anders als es den Anschein haben mag, keine feste
Position am Himmel, sondern bewegen sich aufgrund
der *Präzessionsbewegung* (siehe dort) der Weltachse langsam rücklaufig. Der Winkel, unter dem die Ebene der
Ekliptik die des Äquators schneidet, beträgt 23,4 Grad
und wird »die Schiefe der Ekliptik« genannt. Die beiden
Punkte der Ekliptik, die vom Äquator am weitesten entfernt sind, werden als Solstitialpunkte oder auch Sonnen-
wendepunkte (siehe *Sonnenwende*) bezeichnet, da in
ihnen die Sonne am 21. Juni und am 21. Dezember an
der Wende steht.

Ekliptikalkarte
spezielle Sternkarte, die nur das Gebiet der *Ekliptik* (siehe
dort) darstellt.

Elektion
eine Methode der Stundenastrologie (siehe dort), die günstigste Zeit für ein Vorhaben zu errechnen.

Elementargeister

dienstbare Wesen, die laut Mythologie in den Elementen leben – Gnome in der Erde, Undinen im Wasser, Sylphen in der Luft und Salamander im Feuer – und in der Astrologie als schützende Geister interpretiert werden, wenn sie im Geburtshoroskop vorkommen.

Elemente

Erde, Feuer, Wasser und Luft gelten als die vier klassischen Grundelemente; in die Astrologie wurden sie von PTOLEMÄUS (siehe dort) eingebracht, der jedem Element drei Tierkreiszeichen zuordnete: Wasser für Krebs, Skorpion und Fische; Feuer für Schütze, Löwe und Widder; Erde für Jungfrau, Steinbock und Stier; Luft für Waage, Wassermann und Zwilling (siehe auch unten).

Die Symbolik der Elemente

Sieht man das übliche Kreishoroskop als eine Spirale, dann fallen die Tierkreiszeichen in das ihnen entsprechende Element zurück, dann wird auch optisch ersichtlich:

Widder, Löwe, Schütze: Feuer-Element
Stier, Jungfrau, Steinbock: Erd-Element
Zwillinge, Waage, Wassermann: Luft-Element
Krebs, Skorpion, Fische: Wasser-Element

Diese Spirale wird häufig als Grundmuster für ein *Mandala* (siehe dort) benutzt.

Nun sollten wir einen Blick auf die uralte Symbolik der Elemente werfen, denn sie ist es zunächst ein-

mal, die die Astrologie in die Richtung weist, aufgrund des Horoskops ein Psychogramm zu sehen
und zu erstellen: Diese Symbolik ist der erste Schritt
der Astrologie hin zum Erkennen (und dann
Beschreiben) eines psychologischen Modells und
eines psychischen Profils. Die Symbole der Elemente sind

Feuer: Vitalität, Kraft, Gesundheit, Wille, Ich
Erde: Körperlichkeit, Realitätssicht und Erd-
         verbundenheit
Luft: Geist, Bewußtsein, ordnende Kraft,
         Schöpfertum
Wasser: Seele, Nirwana, Lösung, das Unbegreif-
         liche

Aus ihrem Wechselspiel, aus dem wechselwirkenden Miteinander dieser Bedeutungen, aufgesplittet
in einzelne Eigenschaften, Charakterzüge, Persönlichkeitsvariablen und dergleichen, können so zahl-
los viele Psychogramme komponiert werden, wie
es Menschen gegeben hat und geben wird.

Elementenhäufigkeit
Zahl der Atome pro Elementort als Ergebnis einer Serie
von Kernreaktionen.

Elementensymbolik
siehe Kasten oben.

Elevation
die Höhe eines Himmelkörpers.

Elongation
der Unterschied in der ekliptikalen Länge zwischen einem Planeten und der Sonne beziehungsweise dem Mond; dieser Winkelabstand kann bis zu 180 Grad betragen.

Empfängnis-Lunar
ein Horoskop, das die Prognose über die Zukunft eines Menschen aus der Zeit seiner Empfängnis ermittelt.

Endfelder
der 3., 4. und 12. *Ort* (siehe dort) im Horoskop.

Enuma Anu Enlil
heute als Grundlage der hellenistischen Astrologie betrachtet; eine etwa viertausend Jahre alte Sammlung von Keilschriften, die in ihrer Gesamtheit eine Art Kompilation astrologischer Kenntnisse ihrer Zeit darstellt.

Entsprechung
die in der Astrologie nahezu paradigmatische Vorstellung, daß es a) zwischen der äußeren Gestalt eines Objekts oder lebenden Körpers und seinen Qualitäten ersichtliche Zusammenhänge gibt, daß b) zwischen allen Dingen und Sachverhalten im Kosmos Analogien bestehen, die wie ein exaktes Räderwerk ineinandergreifen und – von den Einflüssen der Gestirne dirigiert – alles Sein und Tun bestimmen und lenken.

Ephemeriden
Gestirnstandtabellen, die die Vorausberechnungen der täglichen Bewegung der Gestirne auflisten und sowohl in der *Astronomie* (siehe dort) als auch in der *Astrologie*

(siehe dort) zwecks Bestimmung der Positionen der Planeten gebraucht werden. Die meisten Ephemeriden-Sammlungen enthalten auch Häusertabellen. Dem Leser dieses Lexikons empfiehlt sich, falls er die Astrologie selbst zu praktizieren wünscht, die Anschaffung der vollständigen Ephemeriden.

Epsilon Orionis
siehe *Al Nilam.*

Epsilon Virginis
siehe *Vindemiatrix.*

Equinox
Synonym für *Äquinoktium* (siehe dort).

Erak
legendärer babylonischer Hohepriester und Astrologe.

Erde
a) abgeplattetes Rotationsellipsoid mit ungleicher Massenverteilung; Erdachse und Äquator bilden die Koordinaten eines Gradnetzes aus Breiten- beziehungsweise Parallelkreisen und Längenkreisen beziehungsweise Meridianen. Der Erdkern besteht vermutlich aus Nife, flüssigem Nickeleisen. Die Erde führt viele Bewegungen zugleich aus: Sie dreht sich innerhalb der Zeitspanne von 23 Stunden, 56 Minuten und 4 Sekunden von Westen nach Osten um die eigene Achse, was als Erdrotation bezeichnet wird und wodurch sich der ständige Wechsel von Tag und Nacht bedingt; dann beschreibt sie eine elliptische Bahn, in deren einem Brennpunkt die Sonne steht. Diese Erdrevolution genannte Bewegung besteht

darin, daß die Erde eine Strecke von 936 Millionen Kilometern in 365 Tagen, 5 Stunden, 48 Minuten und 46 Sekunden, also mit einer Geschwindigkeit von 29,9 Kilometern pro Sekunde durchläuft, wobei der sonnenfernste Punkt Apohel und der sonnennächste Perihel genannt werden – an ihnen ist am besten beobachtbar, wie die Erde an der Raumbewegung der Sonne teilnimmt. Im geozentrischen System der Astrologie steht die Erde im Mittelpunkt des Horoskops, umgeben vom System der Felder oder auch *Orte* (siehe dort). *b)* eines der vier *Elemente* (siehe dort), dem im Rahmen des astrologischen Prinzips von den Entsprechungen die Tierkreiszeichen Stier, Jungfrau und Steinbock zugeordnet werden.

Erdlicht
Sonnenlicht, das von der Erdoberfläche so reflektiert wird, daß unbeleuchtete Teile des Mondes davon erhellt werden.

Erdstrahlung
umstrittene Theorie, die besagt, daß von der Erde Strahlen ausgehen, die die Ursache für viele Krankheiten und Unfälle sind.

Erdzeichen
zentrierte, grenzhafte Zeichen.

Erhöhung
deutscher Name für den lateinischen Begriff *Exaltation* (siehe dort); bezeichnet den Zustand der stärksten Wirkung eines Planeten.

Eruption
nur in der Chromosphäre beobachtbarer Strahlungsaus-

bruch, der elektrische Störungen der Ionosphäre und des Magnetfelds der Erde bewirkt.

Eruption, solare
blitzartige Reaktionen im solaren Aktivitätszentrum, zurückzuführen auf Instabilitäten des magnetischen Plasmas.

Evektion
Abweichung des wahren vom mittleren Mondort.

Exaltation
(lateinisch für: Erhöhung) auch Hypsoma; Planetenposition mit der intensivsten Wirkung.

Exil
auch Verbannung; negative Wirkung eines Planeten dadurch, daß seine positiven Wirkungen behindert sind; abhängig von der Differenz der *Stärken* (siehe dort) und *Schwächen* (siehe dort) des betreffenden Planeten.

Exobiologie
astrologische Schule, die sich mit der Möglichkeit extraterrestrischen Lebens beschäftigt.

Exosphäre
äußere Schicht der Atmosphäre.

Expansionstheorie
vertritt im Gegensatz zur *Kontraktionstheorie* (siehe dort) die Hypothese, daß die Erdkugel durch die zeitliche Änderung der Gravitationskonstanten einer ständigen Volumenvergrößerung unterliegt.

extragalaktisch
außerhalb der Galaxis, jenseits des Milchstraßensystems.

extraterrestrisch
außerhalb des Planeten Erde (Terra).

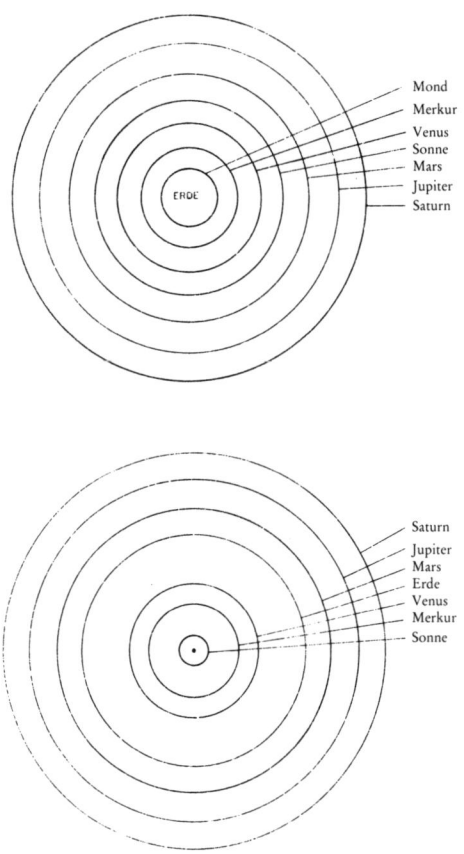

Die Erde und ihr unterschiedlicher Standort im geozentrischen (Ptolemäus; oben) und heliozentrischen (Kopernikus; unten) Weltsystem

Das Zeichen Fische

F

Facies
siehe Gesichter.

Fall
siehe Dejektion.

Farben
Begriff für die umstrittene Theorie, nach der jedem Tier-kreiszeichen eine oder mehrere Farbe(n) zugeordnet ist (sind): Widder Blau und Hellrot, Stier Grün, Zwillinge Grau, Krebs Weiß und Hellblau, Löwe Gelb und Gold, Jungfrau Grau und Violett, Waage Hellblau, Gelb und Grün, Skorpion Dunkelrot und Braun, Schütze Violett, Steinbock Schwarz, Wassermann Blau und Fische Indigo.

Fatalismus
in der Astrologie teilweise vorausgesetzter Glaube an das Vorherbestimmtsein des menschlichen Schicksals (siehe auch Kasten unten).

Fatum
(lateinisch für: Schicksal) *a)* in den wichtigsten Grundzü-gen vorherbestimmtes und somit auch im vorhinein vor-aussagbares Schicksal eines Menschen; *b)* verkündetes Orakel, Schicksalsspruch.

Zum Fatumbegriff der Astrologie

Es ist eine Tatsache, daß jedes Lebewesen, somit auch der Mensch, sich zunächst einmal nach keim-plasmatischen Gesetzmäßigkeiten entwickelt. Be-reits in den ersten Schwangerschaftsmonaten empfängt der sich entwickelnde Embryo auch schon erste Signale, die seine Entwicklung mit der Biosphäre in Verbindung bringen. Mit der Geburt taucht das Wesen dann in eine regelrechte Symphonie von Rhythmen, Schwingungen und deren Zyklen ein, die ab sofort seinen gesamten Lebensrhythmus einschließlich aller in ihm mitbeinhalteten Rhythmen prägen werden. Aus der Sicht der Astrologie bedeutet das nichts anderes, als daß in einem Geburtshoroskop die Himmelssituation der kosmischen Landschaft zur Zeit der Geburt eines bestimmten Menschen dargestellt ist – eine sphärische Topographie, die wesentlich als Rhythmusgeber fungiert.

Feld
siehe *Ort*.

Feldertabelle
siehe *Aszendententafel*.

Felder, innere
die Felder II, III, V, VI, VIII, IX, XI und XII.

Fenster, astronomische
zusammenfassende Bezeichnung für die Wellenlängenbereiche optisches Fenster und Radiofenster, innerhalb deren Rahmen von der Erde aus die wichtigsten astronomischen Beobachtungen angestellt werden können.

Feralis
Zustand eines Planeten, wenn er zu keinem anderen im *Aspekt* (siehe dort) steht.

Feuer-Zeichen
Widder, Löwe und Schütze.

Finalität
im Gegensatz zu *Kausalität* (siehe dort) eine Theorie, die annimmt, daß das Sein von seinem Ende bestimmt und von Zielstrebigkeit geprägt ist.

Finsternis
Unsichtbarkeit eines Himmelskörpers aufgrund von Verdeckung durch andere; deutet im Horoskop auf negative Einflüsse hin.

Firmicus Maternus
römischer Politiker und Astrologe (etwa Anfang des vierten Jahrhunderts); Verfasser des *Thema mundi* (siehe dort).

Fische
(lateinisch Pisces) letztes Zeichen des Tierkreises, weiblich-passives Wasserzeichen, worin die Venus erhöht ist und Jupiter sein Haus hat, beherrscht von Neptun und von melancholischem Temperament. Der unter dem Tierkreis Fische Geborene repräsentiert den Typus des gläubigen und mystischen Menschen, er hat einen Hang zur Einsamkeit und ein kurioses Interesse für ungewöhnliche Dinge und Zusammenhänge, obschon er eher phlegmatischen Temperaments ist. Sein Auftreten ist still, feierlich, in sich versunken und oft rätselhaft, sein Denken abstrakt, phantasievoll, träumerisch, ja utopisch. Sein Handeln ist selbstlos, uneigennützig und oft versehen mit einem eigenartigen Akzent. Mit Fische in Entsprechung stehen von den Künsten Musik, Malerei und Medi-

zin; von den Wissenschaften Pharmazie und Parapsychologie; von den Tieren alle Wassertiere, Chamäleon und Eidechse; von den Pflanzen Trauerweide, Pilze, alle intoxikativen Pflanzen (Tabak, Hanf, Mohn); von den Edelsteinen Opal, Topas und Perlmutt; von den Metallen Platin; von den Farben alle, die schillern, irisieren, phosphorisieren und lumineszieren; von den Gegenständen Instrumente aller Art; von den Gegenden Strände, Sümpfe und alles Unterirdische; von den Ländern Brasilien, Malta, Nubien, Portugal, Normandie, Ceylon, Kalabrien, Java, Iran und Galizien; von den Städten Worms, Alexandria, Braunschweig, Regensburg, Leicester, Basel, Sevilla, Ulm, Sankt Gallen, Rio de Janeiro, São Paulo. Physiologische Entsprechungen zu Fische sind: Füße, Sehnen, Knöchel, Gelenke, Magen-Darm-Trakt, Lymphsystem und Nerven.

Prominente Personen, geboren im Zeichen Fische: Marlon Brando, Enrico Caruso, Frédéric Chopin, Gottlieb Daimler, Joseph von Eichendorff, Albert Einstein, Galileo Galilei, Georg Friedrich Händel, Victor Hugo, Karl Jaspers, Oskar Kokoschka, Zarah Leander, Karl May, Rudolf Nurejew, Heinz Rühmann, Arthur Schopenhauer, Rudolf Steiner, Elizabeth Taylor.

Fischezeitalter
derzeit herrschendes Zeitalter, geprägt vom Charakter des Sternzeichens Fische.

Fixsterne
im Gegensatz zu den Planeten oder Wandelsternen scheinen für das bloße Auge alle übrigen Sterne ihre Abstände zueinander stets unverändert beizubehalten. Die Menschen im Altertum, denen diverse Erkenntnisse, über die

wir heute mit großer Selbstverständlichkeit verfügen, nicht gegeben waren, empfanden jene Sterne als fix/feststehend – und nannten sie Fixsterne, also feststehende Sterne. Heute wissen wir, daß diese Gestirne im Laufe der Zeit ihren Abstand zueinander und ihre Position insgesamt geringfügig verändern, also eine Bewegung vollziehen, die als Eigenbewegung bezeichnet wird. Die Fixsterne, die also keine feststehenden sind, werden umgangssprachlich, aber auch in der Astrologie als Sterne bezeichnet; etwa sechstausend von ihnen können wir auf der südlichen und nördlichen Halbkugel mit bloßem Auge sehen.

Flucht
Bewegung der Sterne weg vom Beobachter.

Fragen
Interrogationen (siehe dort und Kasten unten).

All die Fragen ans All

Die Materie, also auch der Mensch, jede Zelle, die unseren Organismus mitaufbaut, ist nichts als geballte Energie, die sich zu Stoff verdichtet hat. Die Materie ist – so wie auch ihre Vorstufe, die Energie – einem bestimmten Schwingungsrhythmus verhaftet, der heute so und morgen anders sein kann. Veränderte Schwingungen, die aus dem Kosmos kommen, bedeuten Änderungen aller Materie und somit auch Änderungen in uns. Gelingt es, die Einflüsse zu errechnen, die zu den Schwingungen führen, die in uns wirken, dann sind wir unter

Umständen in der Lage, die Situation des einzelnen, somit auch seiner selbst, zu erfassen und zu erkunden. Sieht man die verborgenen Hinweise und lernt man ihre Sprache verstehen, beachtet man diese Zeichen und begibt sich in Zeiten disharmonischer Konstellationen nicht in Gefahr, kann man ungünstigen Momenten entgehen oder aber besser mit ihnen umgehen.

Frühling
diejenige Jahreszeit, die mit dem Durchgang der Sonne durch den Frühlingspunkt beginnt und mit dem Sommer-Solstitium endet.

Frühlingsvollmond
der erste Vollmond nach Frühjahrsanfang; vom Frühlingsmond ausgehend wird *Ostern* (siehe dort) berechnet.

Frühlingszeichen
Widder, Stier und Zwillinge.

Fundamentalsterne
eine Gruppe von Sternen, deren Position mit maximaler Genauigkeit errechnet worden ist und die als *Fundamentalsystem* (siehe dort) gelten.

Fundamentalsystem
astronomisches Koordinatensystem, dessen Pole die *Fundamentalsterne* (siehe dort) bilden.

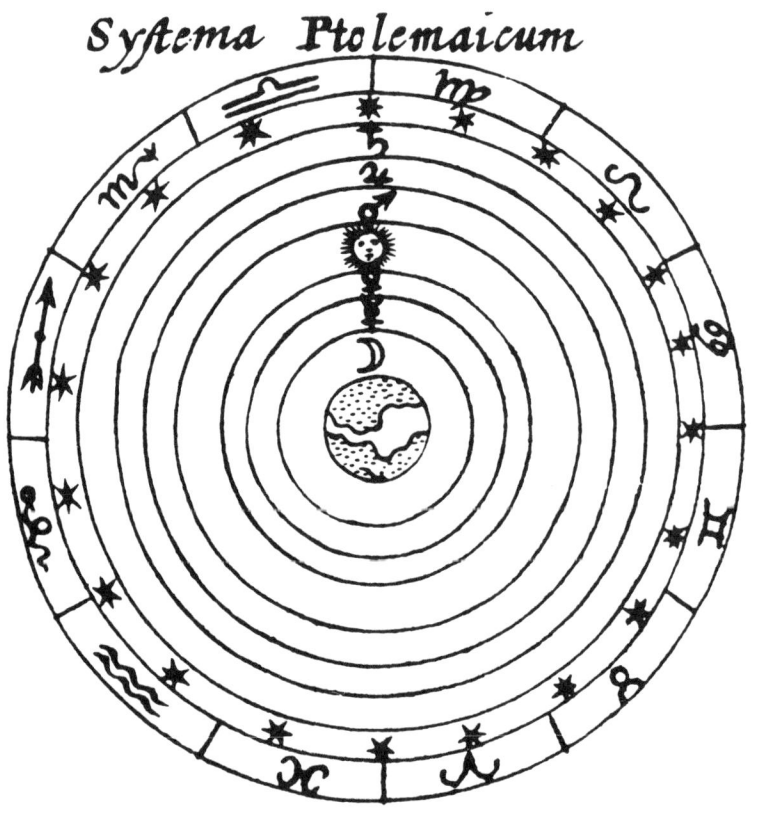

Das geozentrische Weltsystem (siehe auch Seiten 111 und 127)

G

galaktisch
zur Galaxie gehörend.

Galaxie
das Milchstraßensystem.

Galaxis
um ein gemeinsames Zentrum rotierende Anhäufung von
mehreren Milliarden Sternen und interstellarer Materie,
unterteilt in mehrere elliptische Riesensternsysteme und
einige unregelmäßige Zwergsysteme.

Galilei, Galileo
siehe unten.

Galileo Galilei und die Astrologie

Der 1564 geborene und 1642 verstorbene italienische Mathematiker und Astronom GALIEO GALILEI
setzte 1610 das gerade entwickelte Teleskop ein –
und machte mit seinen Beobachtungen und seinen
Schlußfolgerungen daraus einige wichtige Annah-
men der Astrologie zunichte und brachte zuerst
diese und dann sich selbst in Verruf: Galileo, Professor der Mathematik an der Universität Pisa, stellte
fest und gab bekannt, daß es unzählig mehr Fixsterne gab, als Astronomie und Astrologie bis dahin
vermutet hatten. (Unter anderem verbreitete er die
Kunde von der Existenz vier »neuer« Planeten, die
aber in Wirklichkeit Jupiters Satelliten waren.) Der
Glaube an die Astrologie kam durch diese Aufdek-
kung ihres Unwissens sehr ins Schwanken, vor

allem nachdem schon JOHANNES KEPLER einige Jahre zuvor harsche, aber profunde Kritik formuliert hatte. Galileo selbst aber kam als Ketzer ins Gefängnis; denn er hatte indirekt auch bewiesen, daß die Theorien des KOPERNIKUS denen des PTOLEMÄUS überlegen waren. Obschon Galileo zeit seines Lebens nicht müde wurde zu betonen, wie wenig er von Astrologie halte – letztlich beschäftigte er sich doch sehr intensiv mit ihr, und vor allem: Seine Lebensgeschichte ist auf immer und ewig mit der Geschichte der Astrologie verknüpft.

Gamma Orionis
siehe *Bellatrix.*

Gammapunkt
auch Frühlingspunkt; siehe auch *Widderpunkt.*

Ganzheitssicht
Betrachtung des Horoskops als Gesamtheit, ohne Gewicht auf einzelne Phänomene zu legen.

Gas, interplanetares
Synonym für interplanetares Plasma beziehungsweise interplanetare Materie (siehe *Materie, interplanetare*).

Gas, interstellares
die Hauptkomponente (99 Prozent und mehr) der interstellaren Materie (siehe *Materie, interstellare*).

Gauricus, Lucas
auch Luc Gaurice; italienischer Geistlicher, Mathemati-

ker und Astrologe (1476–1558), der unter anderem der
astrologische Berater von Papst PAUL III. war (siehe auch
unten).

Gauricus und die Herrschaft

Der Lebensweg des LUCAS GAURICUS, hier nur in
groben Zügen nacherzählt, mag als Beispiel dafür
dienen, wie verquickt bisweilen Astrologie und
Politik waren und welch hohe Stellungen dementsprechend die Astrologen genossen.

Die Frau HEINRICHS II. von Frankreich, die als
grausam und skrupellos bekannt gewordene KATHA-
rina von Medici, beschäftigte sich mit allen Arten
des Wissens und der Wissenssuche, vor allem aber
interessierte sie sich für die okkulten Wissenschaften. Sie hielt sehr viel von Astrologie, was nicht
verwunderlich ist, wenn man weiß, wie sehr alle
Medicis schon immer von der Astrologie beeinflußt
waren. Der erste Astrologe, der seine Dienste der
später so machtlüsternen Dame zur Verfügung
stellte, war Lucas Gauricus, von den Franzosen Luc
Gaurice genannt. Er entwarf Horoskope für sie und
sagte voraus, daß die heranwachsende Katharina
Königin von Frankreich werden würde. Von da an,
vor allem aber nachdem sie tatsächlich den Thronfolger geehelicht hatte, arbeitete sie sehr eng mit
Gauricus. Dieser war bald auch der astrologische
Berater von Heinrich II. und vermochte ihm gar
durch eine Vorausschau das Leben zu retten. Jahre
später, als Katharina und ihr Gatte die Konsultationen mit dem Gelehrten NOSTRADAMUS (siehe dort)

> für lehrreicher hielten, verabschiedete sich Gauricus
> höflich – und trat in den astrologischen Dienst von
> Papst Paul III. Luc Gaurice führte ein Leben lang
> das Dasein eines reichen, einflußreichen Menschen.

Geburtsastrologie

Vorstellung, daß das ganze Leben des Menschen vorher-
bestimmt ist von der Konstellation der Gestirne zu der
Zeit und an dem Ort seiner Geburt; was Geburtshoro-
skope und Geburtsmomente betrifft, herrscht seit zwei-
tausend Jahren Uneinigkeit darüber, ob der Geburts-
oder der Empfängnismoment ausschlaggebend ist.

Geburtsgebieter

bei der Aufstellung eines Horoskops wird die Stellung
der Himmelskörper in den verschiedenen Häusern und
Tierkreiszeichen beachtet; die Gestirne, die sich im ersten
Haus des Horoskops aufhalten und somit die Persönlichkeit und den Schicksalslauf wesentlich mitbestimmen,
werden als Geburtsgebieter bezeichnet.

Geburtsproblem

die in der Astrologie schon immer vehement diskutierte
Frage, ob für die planetarische Prägung eines Menschen
der Moment seiner Geburt oder der seiner Zeugung
wesentlich ist; nun lassen sich mit Hilfe der *Trutina Her-
metis* (siehe dort) sowohl der Zeugungs- als auch der
Geburtsmoment errechnen, so daß sich – je nach Vorstellung – sowohl Zeugungs- und Geburtshoroskop anferti-
gen lassen. In der altäyptischen Astrologie wurden gar
von vornherein beide Horoskope erstellt. Mit dem Geburtsproblem verbunden ist auch die Frage, inwiefern

sich planetarische Einflüsse während der Schwanger-
schaft berechnen lassen und man schon vor der Geburt
Prognosen über Leben und Schicksal des Ungeborenen
postulieren kann. Das Geburtsproblem gehört zu jenen
Grundsatzfragen, die das Feld der Astrologie in so viele
konkurrierende Lager teilt.

Geburtszeit

wird zur Erstellung eines individuellen Horoskops beziehungsweise eines Geburtshoroskops möglichst auf die
Minute genau benötigt, da schon ein Zeitunterschied von
fünf Minuten wesentliche Verzerrungen des Charakter-
und Schicksalsbildes bewirken kann.

Gegenschein

auch Opposition; Bezeichnung für einen (sich meist
ungünstig manifestierenden) *Aspekt* (siehe dort) mit
einem Winkel von 180 Grad.

Gemini

lateinischer Name für *Zwillinge* (siehe dort).

Gemma

Synonym für *Alphecca* (siehe dort).

Genethlealogie

siehe *Geburtsastrologie*.

»Die Sterne regieren das Schicksal, doch der Weise
beherrscht die Sterne.«
                    Überlieferte astrologische Weisheit

Geomantie
Vorhersageverfahren, das darin besteht, in Strichen und Punkten auf der Erdoberfläche Figuren zu sehen und anhand derer Prognosen zu treffen.

Geopsychologie
Wissenschaft, die die Einflüsse von Klima und Geologie auf Persönlichkeitsstrukturen beschreibt.

Geozentrik
die Haltung der Astrologie, nach der die Erde den Mittelpunkt des Universums bildet (siehe Seite 111).

Gesetze, Keplersche
die von JOHANNES KEPLER errechneten beziehungsweise dem NEWTONschen Gravitationsgesetz abgeleiteten Gesetze über die Bewegung von Punktkörpern um ein Anziehungszentrum: *a)* Planeten bewegen sich auf elliptischen Bahnen beziehungsweise Kegelschnitten, wenn deren einer Brennpunkt von der Sonne beherrscht ist; *b)* der Planet bewegt sich schneller, je näher er sich zur Sonne befindet; *c)* die zweiten Potenzen der Planetenumlaufzeit verhalten sich wie die dritten Potenzen ihrer mittleren Entfernungen von der Sonne.

Gesichter
auch Facies oder Prosopon; mystische Spekulationen über die prognostische Bedeutung der *Dekane* (siehe dort).

Gesichtskreis
von den Einschränkungen menschlicher Sicht bedingte scheinbare Begrenzung des Horizonts.

Gestirne
alle Körper und Punkte an der Himmelskugel.

Gestirne, bedeckte
Jupiter, Mars, Merkur, Saturn und Venus, wenn sie in Konjunktion mit der Sonne von dieser überstrahlt werden.

Gestirne, elevierte
solche Gestirne, die dem *Medium Coeli* (siehe dort) näher stehen als andere.

Gestirnsort
auch Sternort; Begriff für die aufgrund von zwei Koordinaten spezifizierte Lage eines Gestirns an der Himmelskugel, wobei eine Ortsangabe vom Standpunkt des Beobachters abhängig ist, da aufgrund von *Aberration* (siehe dort) und Refraktion der Gestirnsort nicht dort gesehen wird, wo er wirklich ist, sondern leicht versetzt. Daher müssen Messungen verschiedener Zeiten um den sogenannten *Präzession*sbetrag (siehe dort) korrigiert werden, wenn sie miteinander verglichen werden sollen.

Gezeiten
gesetzmäßig wiederkehrende Schwankungen des Niveaus fester, flüssiger und gasförmiger Körper, bedingt durch die Anziehungskräfte von Sonne und Mond.

Glazialkosmognomie
sehr umstrittene Theorie vom Welteis als wichtigem kosmologischen Baustoff.

Gleichung, Keplersche
Verknüpfung der mittleren und der exzentrischen An-

omalie zwecks Errechnung der Bahnbestimmung von Planeten. Siehe auch *Gesetze, Keplersche.*

Glückselemente
alle glückbringenden Objekte und Abstrakta, die mit einem Tierkreiszeichen einhergehen.

Glücksorte
einem Tierkreiszeichen entsprechende Orte, an denen der Betroffene günstige Einflüsse durch die Gestirne empfängt (siehe auch unten).

Tierkreiszeichen und ihre Glücksorte

Widder: große Gebäude, große Hallen; *Stier:* Gärten, Hallen, Theater; *Zwillinge:* Schulen, Märkte, Berge; *Krebs:* Wälder, Strände, Meer; *Löwe:* Märkte, Kirchen; *Jungfrau:* Märkte, Theater, Restaurants; *Waage:* Festsäle, Theater, Hallen; *Skorpion:* Brunnen, Bäder, Quellen; *Schütze:* Paläste, ferne Länder, öffentliche Plätze; *Steinbock:* Wüsten, Ruinen, Katakomben; *Wassermann:* Kinos, Häfen, Bahnhöfe; *Fische:* Flüsse, Strände, Mühlen.

Glückstage
einem Tierkreiszeichen entsprechende beziehungsweise zugeordnete Tage, an denen der Betroffene günstige Einflüsse durch die Gestirne empfängt.

Glückszahlen
einem Tierkreiszeichen entsprechende beziehungsweise

zugeordnete Zahlen, durch die der Betroffene günstige
Einflüsse von den Gestirnen empfängt; die den Tierkreiszeichen zugeordneten Glückszahlen sind: Widder: 7, 47,
87; Stier: 5, 25, 75; Zwillinge: 3, 13, 33; Krebs: 2, 12, 72;
Löwe: 1, 81, 91; Jungfrau: 3, 23, 33; Waage: 5, 25, 35;
Skorpion: 7, 47, 87; Schütze: 4, 14, 24; Steinbock: 8, 18,
28; Wassermann: 9, 39, 49; Fische: 4, 14, 24.

Gradnetz
Geflecht der Längenkreise und Breitenparallelen auf der
Erdoberfläche.

Graphologie
die Fertigkeit, aus der Handschrift eines Menschen auf
seine Charaktereigenschaften und Persönlichkeitsvariablen zu schließen (siehe auch unten).

Schrift und Mensch

Die Graphologie – die letztlich immer wieder als
astrologische Unterdisziplin betrachtet und zu
Hilfe genommen wird, da ihre Basis, das Prinzip
der Entsprechungen, mit der der Astrologie quasi
identisch ist – diese Graphologie ist eine Sammlung
von Analogien zwischen Strich und Charakter,
Schrift und Mensch, mittels derer aus der im Schriftbild fixierten Schreibbewegung Schlüsse auf psychologische Gegebenheiten beim Schreiber gezogen
werden. Hierbei wird das Schriftbild, von dem es
möglichst mehrere Proben aus verschiedenen Zeiten
geben sollte, beurteilt nach Rhythmus und Eben-
maß, Bindung und Lösung beziehungsweise Ver-

bundenheit und Unverbundenheit der einzelnen Zeichen, Gliederung und Ungegliedertheit der Satzteile und Absätze, Magerkeit und Völle, Schärfe und Teigigkeit des Strichs, Kleinheit und Größe einzelner Lettern sowie Langsamkeit oder Eile des Gesamtbilds. Mittels dieser Variablen wird geschlossen auf Verstand und Motivation, Haltung und Handlungsbereitschaft, aber auch auf Neigung zu Neurosen, Krankheiten und dergleichen. Je nachdem, wie argumentativ und schlüssig die Folgerungen sind oder nicht sind, je nachdem wieviel oder wie wenig Instinkt, aber auch Erfahrung der Graphologe hat, so unterschiedlich präzise oder unpräzise können graphologische Urteile ausfallen.

Gredi
(*Alpha Capricorni* – 3°10' *Wassermann*) heller Fixstern des Sternbilds Steinbock im Sternzeichen Wassermann, der, von Venus und Mars geprägt, auf die Notwendigkeit von Verzicht und Opfer hinweist.

Greenwichzeit, Mittlere
Abkürzung MGZ; Bezeichnung für die über dem Meridian von Greenwich (Großbritannien) geltende mittlere Ortszeit.

Grenzwissenschaften
Oberbegriff für alle Wissenschaften, die von den epistemologischen Wissenschaften (Schulwissenschaften) nicht als solche anerkannt werden; hierzu wird auch die *Astrologie* (siehe dort) gerechnet (siehe auch nachfolgende Seiten).

Von Wissenschaften und Grenzwissenschaften

Wissenschaft und Philosophie, Kunst und Religion,
aber auch Metaphysik und allerlei Okkulta bemü-
hen sich seit Menschengedenken, mit den Mitteln
der Schlußfolgerung, der Logik, aber auch der Intuition wie auch – immer wieder – des Glaubens um
nichts anderes als um die Lösung der Welträtsel.
Doch nur Zeiten des Geblendetseins, Epochen der
Verflachung und Veräußerlichung konnten zu der
irrigen Annahme führen, daß wir und unser Verstand kurz davor seien, diese Welträtsel zu lösen
oder sie gar bereits gelöst haben. Gerade die letzten
hundert Jahre haben – keineswegs zum erstenmal,
sondern vielmehr wiederum – eine fast erdrückende,
zumindest extrem schwierig in Zusammenhang zu
bringende und nachzuvollziehende Fülle von Erkenntnissen und Einsichten auf allen Gebieten des
Wissens gebracht.

Unser Denken ist so etwas wie einem permanenten, schleichenden Paradigmenwechsel unterworfen. Mehr als ein halbes Jahrhundert lang feiern wir
die Psychowissenschaften wie eine neue Religion,
gestehen ihr höchste Werte und höchsten Stand in
unserem (individuellen wie auch kollektiven) Denken und Handeln zu, um sie dann, sobald es uns
aus irgendwelchen Gründen in den Sinn kommt,
kurzerhand als moderne Variante von Aberglaube
und Mythologiesucht abzutun – und ersatzlos zu
streichen: Da kann einem schon einmal die Idee
kommen, daß Beliebtheit und Unbeliebtheit, Serio-
sität oder Dubiosität einer Wissenschaft mehr oder

weniger willkürlich, oder besser: zeitzeichenbedingt, festgelegt werden. Und man kann sich in solchem Zusammenhang schon einmal fragen, warum die Grenzwissenschaften so heißen.

Je gründlicher die Methoden und je umfassender das Gesamtgebiet der Forschungen wurden, desto bescheidener mußten wir – von den jeweils als neu deklarierten »Fakten« gezwungen – in der Synthese unserer Ergebnisse werden. Auch wenn wir endlich das alte Ideal von der Universitas, einer Zusammenfassung und gegenseitigen Durchdringung aller Disziplinen, erreichen sollten, bleiben die letzten Fragen nach dem Wesen der Welt und unseres eigenen Seins doch noch ungelöst. Und gerade die jüngsten Erkenntnisse der Biologie, der Psychologie, der Anthropologie wie auch der Physik und der Chemie besagen nur eines übereinstimmend: daß nämlich das bislang Erreichte und Erkannte weit hinter dem zurückliegt, was wir noch nicht wissen – und eventuell auch niemals erkennen werden. Wir stehen in den Anfängen und Ansätzen wirklicher Erkenntnisse – und im gleichen Maße müssen wir einsehen, daß man den Ergebnissen einzelner Schulen und Blickrichtungen nicht vertrauen darf, sondern eine engvernetzt-greifende Synthese aller Disziplinen erarbeiten muß. Das, was man landläufig das Okkulte nennt, könnte durchaus Bestandteil der zu kombinierenden Annäherungen sein. Vor allem die Astrologie, die den erkenntnisbezogenen Zusammenhang zwischen Gestirn und Leben, zwischen Makro- und Mikrokosmos untersucht – namentlich die symbolistische in der Tradition CARL GUSTAV JUNGS –, könnte zu den wichtigsten der als unwis-

senschaftlich und im Ursprung abergläubisch ver-
schrienen sogenannten Grenzwissenschaften zählen. Siehe auch *Astrologie, symbolistische.*

Großkreis
Schnittlinie einer durch den Kugelmittelpunkt gehenden
Ebene mit der Kugeloberfläche.

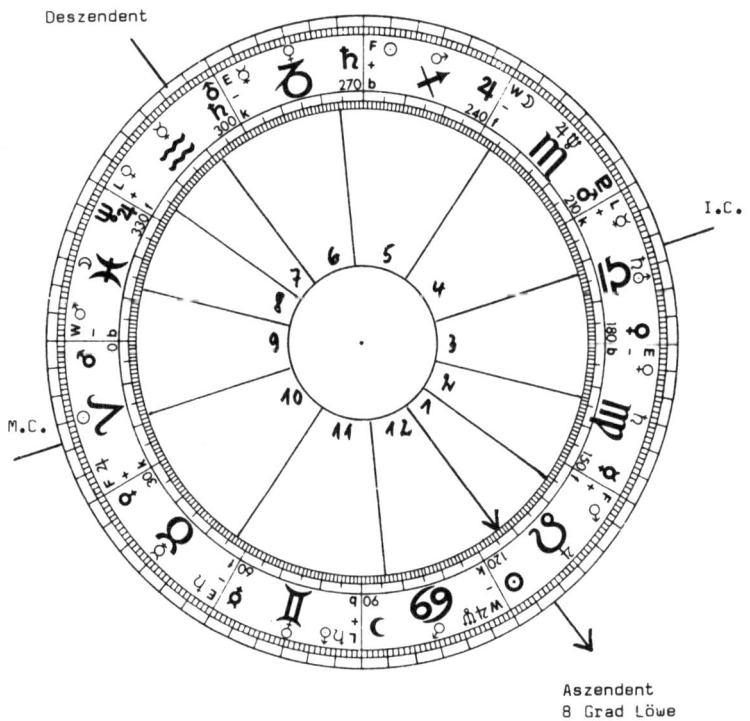

Eintragung des Aszendenten (Ostpunkt),
Deszendenten (Westpunkt), des Medium coeli (MC) =
Himmelsmitte und des Imum coeli (IC) = Himmelstiefe
und damit auch der anderen Häuserspitzen

H

Hades

hypothetischer Planet, der sich als Wirkpunkt in der *Ekliptik* (siehe dort) bewegt und die Wirkung anderer Planeten ergänzt beziehungsweise verstärkt.

Halbmond

Quadraturphase des Mondes.

Hamal

(*Alpha Arietis* – 6°59' *Stier*) hellster Fixstern des Sternbilds Widder im Sternzeichen Stier, der, vom Mars und Saturn geprägt, Unbarmherzigkeit anzeigt.

Harzlehre

magische Vorstellung, daß bestimmte Harze bestimmten Planeten zuzuordnen sind: Galbanum – Mars, Storax – Saturn, Weihrauch – Sonne, Myrrhe – Mond, Sandelholz – Venus und dergleichen.

Hauptlichter

Bezeichnung für Sonne und Mond in der prognostischen Astrologie; die *Aspekte* (siehe dort) zwischen den Hauptlichtern sind mehr als alle anderen Faktoren bestimmend für die psychologische Entwicklung.

Hauptplaneten

die großen Planeten – Mars, Merkur, Uranus, Jupiter, Saturn, Neptun –; im Gegensatz zu den Planetoiden.

Haus

auch Ort beziehungsweise Feld; Bezeichnung für das jeweilige Tierkreiszeichen, das einem Planeten zugeordnet ist; im Haus übt der Planet verstärkte Wirkung aus.

Häuser

die Erde dreht sich alle 24 Stunden um ihre eigene Achse; da aus unserer Sicht die Sterne am Himmel entlangzuziehen scheinen, betrachtet die Astrologie einen Tag als kleine Entsprechung zu einem Jahr und unterteilt die tägliche (scheinbare) Bewegung der Sterne in zwölf Häuser als Entsprechung zu den zwölf Monden/Monaten. Diese Häuser werden in entgegengesetzter Richtung zur Bewegung der Planeten gezählt, wobei das erste Haus sich am *Aszendenten* (siehe dort) befindet. Während die Häuser konstant bleiben, bewegen sich die Tierkreiszeichen (die *Ekliptik* [siehe dort] wird bisweilen auch mit dem Bild einer Uhr verglichen: die Zeichen bewegen sich ständig wie die Zeiger, die Häuser sind statisch wie das Ziffernblatt). So wird also ein Horoskop aufgrund der Geburtszeit in zwölf verschiedene Abschnitte unterteilt, die Häuser oder Felder beziehungsweise Orte genannt werden. Jedes Haus hat seine eigene Bedeutung, da es Erlebnissphären, Haltungen und Lebensweisen entspricht (siehe auch unten).

	Die Planeten und ihre	
	Tag- und Nachthäuser	
	Taghaus	*Nachthaus*
Sonne:	Löwe	–
Mond:	–	Krebs
Saturn:	Steinbock	Wassermann
Jupiter:	Schütze	Fische
Mars:	Skorpion	Widder
Venus:	Waage	Stier
Merkur:	Jungfrau	Zwillinge

Häuser, absteigende
die Häuser 9 bis 4.

Häuser, aufsteigende
die Häuser 1, 2, 3, 10, 11, 12.

Häuser, fallende
der 3., 6., 9. und 12. Ort des Horoskops.

Häuser, nachfolgende
das 2., 5., 8. und 11. Haus des Horoskops.

Hausspitze
derjenige Punkt der *Ekliptik* (siehe dort), mit dem der
Ort des Horoskops beginnt; die Wirkung des betreffenden Planeten ist bei der Horoskoperstellung als verstärkt
in Betracht zu ziehen.

Hayz
aus dem Arabischen stammender und von der arabischen
Astrologie erdachter Begriff für die Position eines männlichen Tagplaneten in einem männlichen Tierkreiszeichen beziehungsweise die Position eines weiblichen
Nachtplaneten in einem weiblichen Tierkreiszeichen;
prognostisch-interpretativ wird der Zustand Hayz als
verstärkend und von großer *Würde* (siehe dort) berücksichtigt.

Hekate
ungünstiger Neumond.

heliakisch
zur Sonne gehörend.

Helios
griechischer Sonnengott; somit Herr über den Tages- und Jahresablauf in der griechischen Mythologie.

heliozentrisch
die Sonne als Zentrum habend (siehe Seite 111).

Helligkeit
Maßangabe für die Lichtstärke eines Gestirns, unterschieden in absolute und scheinbare Helligkeit.

Henoch
neben ABRAHAM (siehe dort), NIMROD (siehe dort) und SETH einer der Väter der Astrologie.

Herbalastrologie
iatromathematischer Forschungsbereich: Lehre von den durch die Planeten beeinflußten Kräften in Kräutern.

Herbst
diejenige Jahreszeit, die mit dem Durchgang der Sonne durch den Herbstpunkt beginnt und mit dem Wintersolstitium endet.

Herbstzeichen
die Tierkreiszeichen Waage, Skorpion und Schütze.

Herkules
siehe *Pollux*.

Hermes
griechischer Gott der Weisheit, dem zahlreiche alchimistisch-astrologische Schriften zugeschrieben werden.

Herschel
früherer Name des Planeten *Uranus* (siehe dort); siehe auch HERSCHEL, WILLIAM.

Herschel, William
(1738–1822) englischer Mathematiker und Astronom, der Ende des achtzehnten Jahrhunderts (1781) den Planeten Uranus entdeckte.

Hertzsprung-Russell-Diagramm
in den ersten Jahren der »neuen« Wissenschaft Astrophysik entstandene, heute noch anerkannte und angewandte Theorie der Sternenentwicklung (Hertzsprung 1905, Russell 1913): statistische Relationsanalyse von Helligkeit, Temperatur und Radius der Sterne.

Hesperos
griechischer Name der *Venus* (siehe dort) als Abendstern.

Himmelsatlas
Sammlung von Sternkarten.

Himmelsglobus
Sternenglobus: Kugel, deren Oberfläche die Sterne, Sternbilder, Koordinatenkreise und Sphären darstellt.

Himmelskarte
analog zu geographischen Projektionsmethoden vorgehende kartographische Wiedergabe des Himmels: Sterne, Sternbilder, Koordinatenkreise und Sphären.

Himmelskörper
alle von der *Astronomie* (siehe dort) beobachteten und

beschriebenen außerirdischen Körper; technische Weltraumgeräte, Sonden und Satelliten, finden dabei keine Berücksichtigung.

Himmelskugel
eigentlich eine vom Horizont begrenzte Halbkugel, die sich aber aus menschlicher Perspektive zu einer Kugel ergänzt, in deren Mittelpunkt sich der Beobachter glaubt, und an deren Innenseite die Gestirne befestigt zu sein scheinen.

Himmelsmechanik
Fakultät der *Astronomie* (siehe dort), die sich mit Bewegungs- und Bahnbestimmungsbedingungen von Himmelskörpern im Rahmen ihrer wechselwirkenden Anziehungen beschäftigt.

Himmelsrichtungen
aufgrund der Unterteilung des Himmelszelts anhand des Nord-Süd-Meridians und des ersten Ost-Wert-Vertikals entstehende Himmelsgegenden: Norden, Süden, Osten, Westen.

Himmelsüberwachung
photographische Beobachtung des Himmels zum Zweck der Erforschung.

Hintergrundstrahlung
auch kosmische Hintergrundstrahlung; eine intensive, isotope Strahlung, nachweisbar auf 0,5 bis 60 Zentimeter Wellenlänge, die wahrscheinlich auf die Infrarot- und Mikrowellenstrahlung mancher Sternsysteme zurückzuführen ist.

Höhe
Abstand der Winkel eines Gestirns vom Horizont.

Höhenkreis
senkrecht auf dem *Horizont* (siehe dort) stehender, *Zenit* (siehe dort) und *Nadir* (siehe dort) durchschneidender Großkreis.

Hohlwelttheorie
nie anerkannte Vorstellung von der Welt als belebte Innenfläche einer hohlen Kugel.

Horizont
leicht gerundete Linie, die die optische Grenze zwischen Erde und Himmel darstellt: Gesichtskreis; Schnittlinie einer Ebene, der Horizontebene, senkrecht zur Richtung des Lots an einem Beobachtungsort mit der als unendlich groß sich vorgestellten Himmelskugel. Der natürliche Horizont verkörpert die Grenzlinie zwischen Erde und Himmel, deren Verlauf von den örtlichen Bedingungen abhängt.

Horologie
veralteter Begriff für *Stundenastrologie* (siehe dort).

Horoskop
a) nach bestimmten Axiomen erstellte Himmelskarte, welche die Gestirnkonstellation im Moment der Geburt (teilweise auch im Moment der vermuteten Empfängnis) eines Menschen darstellt, so daß anhand der vorliegenden Daten Prognosen über seinen Charakter wie auch über seine Zukunft getroffen werden können; *b)* eine Karte des Himmels, die den Stand von Sonne, Mond und Plane-

ten zu einer bestimmten Zeit an einem bestimmten Punkt der Erde darstellt. In ein Horoskopformular werden die Positionen der Gestirne, die den *Ephemeriden* (siehe dort) zu entnehmen sind, eingetragen.

»Aus dem Horoskop kann man kritische und günstige Zeitpunkte herauslesen, es liegt aber an dem betreffenden Menschen, ob sie verstanden wird oder nicht. Die unbewußte Reaktion des Menschen auf solche Zeitpunkte aber ist es, die den Mechanismus eines Ereignisses auslöst. Astrologische Prophezeiungen, die nicht zutreffen, haben ihre Erklärung nicht in einem Versagen der Gestirne, sondern vielmehr in voreiliger oder sachunkundiger Deutung.«
WOLFGANG AUREUS

Horoskopastrologie
Basis der heute gebräuchlichen Geburtshoroskopie; zarathustranische Methode der Horoskopauswertung.

Horoskopdarstellungen
verschlüsselt-vereinfachte, dennoch jenseits der Oberfläche tiefschürfende, sinnträchtige Darstellung des Himmels; vermutlich auf einfache geometrische Symbolik zurückzuführende Form der Horoskopgestaltung: die acht- und zwölfteiligen symmetrischen Konstruktionen der Tierkreise und Häusersysteme als äußere Form des Geburtsbildschemas wie auch als graphische Beschreibung eines kosmischen Zustands beziehungsweise als Ausdruck tiefer astrologisch-semiotischer Bedeutungszusammenhänge und Sinndeutung.

»So wie wir auf Gott hoffen und auf unsere eigene Kraft bauen sollen, so sollen wir auch wissen, daß unser Weg zwar vorgezeichnet und doch von uns noch Schritt für Schritt zu begehen ist. Ich kann einem jeden denkenden Menschen nur empfehlen, sich mit den Grundlagen der Astrologie vertraut zu machen.«

MARTIN LUTHER

Horoskopie
veralteter, Anfang des neunzehnten Jahrhunderts kursierender synonymer Begriff für *Astrologie* (siehe dort).

Huhn
zehntes Sonnentierkreiszeichen in der chinesischen Astrologie; die Entsprechung zu *Steinbock* (siehe dort).

Humoralanatomie/Humoralpathologie
prämedizinische, bis in den Beginn der Neuzeit reichende Vorstellung vom wechselwirkenden, psychovegetativ verhaltens- und lebensprägenden Miteinander der vier (Ur-)Säfte im Organismus des Menschen. Es hat einige wenig anerkannte Versuche gegeben, die Humoralanatomie auf Umwegen der Vorstellung von den Entsprechungen in das System der *Astrologie* (siehe dort) zu integrieren.

Hund
elftes Sonnentierkreiszeichen in der chinesischen Astrologie; die Entsprechung zu *Wassermann* (siehe dort).

Hyaden

Fixsterngruppe im Sternbild *Stier* und Sternzeichen *Zwillinge* (siehe dort); von Mars und Neptun dominiert und ausgeprägte Triebhaftigkeit anzeigend.

Hyleg

der über das Leben eines Menschen entscheidende Planet: Neben dem *Geburtsgebieter* (siehe dort) berücksichtigt der interpretierende Astrologe noch den Hyleg als Leben- und Kraftspender, als Motivator. Hyleg wird als für die Lebensfähigkeit, für Ausdauer und Beständigkeit und somit auch prägend für Verlauf und Ausgang des Lebens wesentlich erachtet. Die Sonne ist bei einer Taggeburt Hyleg, wenn sie im 1., 7., 9., 10. oder 11. Haus steht. Entspricht sie nicht den Angaben, dann wird der Mond Hyleg, sofern er in einem der obengenannten *Häuser* (siehe dort) steht. Entspricht der Mond bei einer Nachtgeburt nicht den Angaben, so wird die Sonne Hyleg, sofern sie in einem der obengenannten Häuser steht. Wenn weder Sonne noch Mond den Anforderungen entsprechen, um Hyleg zu sein, so wird der *Aszendent* (siehe dort) als solcher erachtet.

Hypsoma

auf uralte astrologische Vorstellungen zurückgehende *Erhöhung* (siehe dort und *Exaltation*): Zustand eines Planeten, bei dem seine Wirkung am stärksten ist.

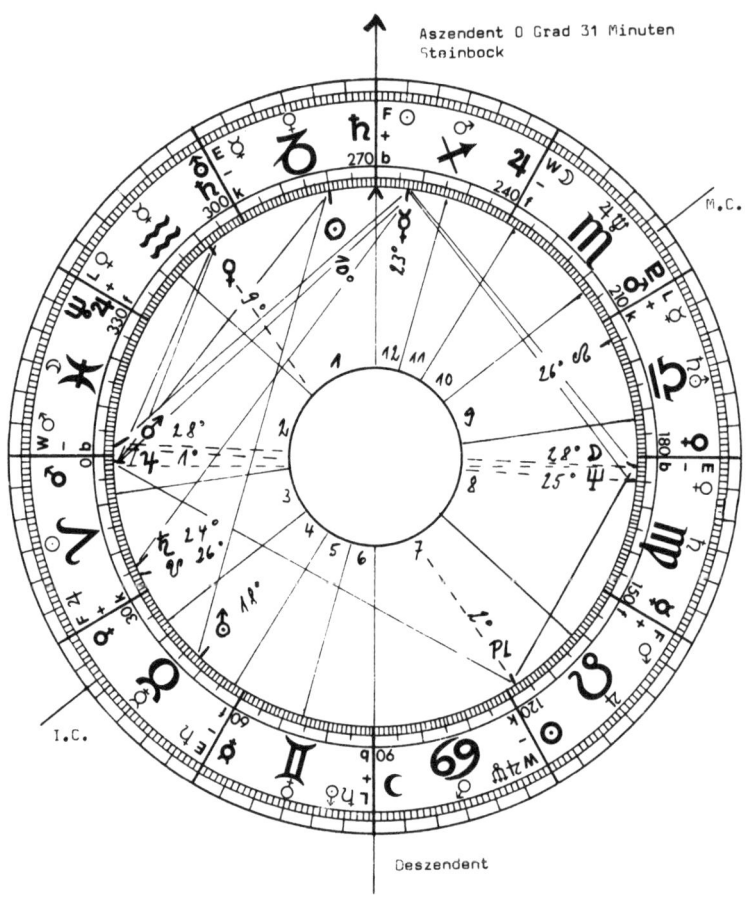

Horoskop-Einzeichnungen für Beispielfall:
Geburt am 1. Januar 1940, 8 Uhr (MEZ), in Hamburg

I

Iatromathematik

Zweig der astrologischen Medizin; die Organe des Menschen werden in Übereinstimmung mit der Lehre von den Körpersäften Tierkreiszeichen zugeordnet, so daß sich aufgrund astrologischer Interpretation Diagnosen erstellen und entsprechende Heilverfahren errechnen lassen. Die modernen Schulen der Iatromathematik orientieren sich am Zusammenhang zwischen Drüsensekretionen und Planetenkonstellationen (siehe auch nachfolgende Aufstellung).

Iatromathematische Zuordnung der Drüsen und Organe zu den Planeten

Sonne:	Thymusdrüse
Mond:	Bauchspeicheldrüse/Geschlechtsteile
Jupiter:	Hypophysenhinterlappen/Leber
Mars:	Solarplexus/Galle
Merkur:	Schilddrüse/Lunge
Neptun:	Epiphyse/unbekannt, wahrscheinlich innenliegende Geschlechtsteile
Pluto:	unbekannt, vermutlich Hypothalamus/ unbekannt, vermutlich Magen
Saturn:	Hypophysenvorderlappen/Milz
Uranus:	Keimdrüsen/unbekannt, vermutlich Blut
Venus:	Nebenschilddrüse/Nieren

Imum coeli

Abkürzung IC; Begriff für den Mitternachtspunkt, die Himmelstiefe, das genaue Gegenüber zum *Medium coeli* (siehe dort), der Himmelsmitte. Eine Linie, die Imum coeli und Medium coeli verbindet, schneidet in rechten Winkeln die waagrechte Linie, die den *Aszendenten* (siehe dort) im Osten und den *Deszendenten* (siehe dort) im Westen verbindet: Dieses Kreuz stellt die Ecken dar, die Spitzen der *Eckhäuser* (siehe dort). Planeten auf oder auch nur in der Nähe dieser Linien sind als verstärkt wirksam zu erachten.

Infortuna maior
lateinisch für: das große Unglück; Saturn.

Infortuna minor
lateinisch für: das kleine Unglück; Mars.

Ingressus
das Eintreten eines Planeten in ein Sternzeichen oder Sternbild.

Initiativen
auch Stundenwahl; stundenastrologische Technik, die für ein Vorhaben günstigste Zeit aus der Sternkonstellation zu errechnen. Siehe auch *Stundenastrologie.*

Inklinatur
Winkel zwischen *Ekliptik* (siehe dort) und Bahnebene.

Inkongruenz
Bezeichnung, die fachspezifisch ausdrückt, daß astronomische und astrologische Tierkreiszeichen nicht nur nicht deckungsgleich sind, sondern als Folge der *Präzessionsbewegung* (siehe dort) immer weiter auseinandergehen; die Inkongruenz ist einer der häufigsten Einwände gegen die Astrologie.

»Im Geburtsaugenblick wird der Mensch eingebettet in die zahllosen Wechselwirkungen kosmischer Kräfte und planetarer Konstellation – und zwar als ein Stück Natur: Seinem Wesenskern, seinen Anlagen, seinem Körper und somit seinem Sein wird der Stempel dieser kosmischen Schwingungen und Strömungen aufgeprägt.«

HERBERT A. LÖHLEIN

Inquilinen
Planeten im Zeichen anderer Planeten.

Intelligentia
Begriff für die mittelalterliche Vorstellung, daß die Gestirne beseelt seien und von intelligenten Geistern bewegt würden.

intergalaktisch
zwischen den Galaxien.

Interlunium
Neumondzeit.

interplanetar
zwischen den Planeten.

Interpretation
Entschlüsselung, Auslegung von Horoskopen; ernstgemeinte Interpretationen bedürfen großer Kenntnisse der astrologischen Axiome wie auch großer *Intuition* (siehe dort).

Interrogationen
auch Fragen; Teil der *Stundenastrologie* (siehe dort): Es
werden Fragen formuliert und die herrschenden Gestirn-
stände zum Zeitpunkt der Fragestellung befragt; dabei
geht es meist um sogenannte *Initiativen* (siehe dort).

interstellar
zwischen den (Fix-)Sternen.

Intervention
tritt ein, wenn zwei *Aspekte* (siehe dort) oder mehrere
Planeten ein Tierzeichen einschließen – so daß eine Blok-
kade mit negativer Wirkung entsteht – und sodann ein
günstiger Planet dazwischentritt und die Blockade positiv
kompensiert.

Intuition
wesentliche, bei einem praktizierenden Astrologen vor-
ausgesetzte, sensitive und geschulte instinktive Potenz
zur Durchdringung von Oberflächen zum Zweck der
Wahrheitsschau in den sonst verborgenen Tiefen.

Ischtar
babylonische Fruchtbarkeitsgöttin, die als im Dienste der
Venus stehend betrachtet wurde.

Isis
altägyptische Universalgöttin.

Islam
siehe *Astrologie, islamische.*

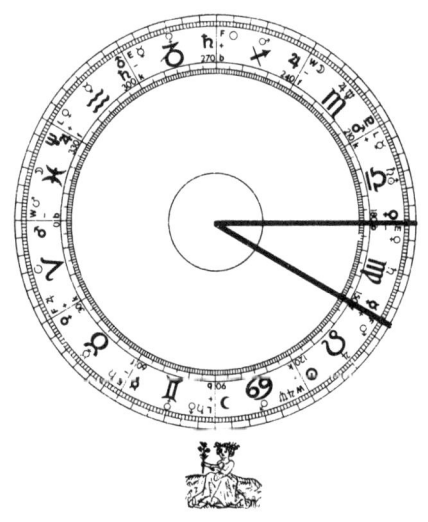

Das Zeichen Jungfrau

J

Jahr
Abkürzung a; Zeitdauer eines Umlaufs der Erde um die Sonne; je nach Ausgangspunkt der Zählung werden das anomalistische, das siderische und das tropische Jahr unterschieden.

Jahr, astronomisches
außerhalb irdischer Gesetzmäßigkeiten verlaufende Umlaufzeit von *Fixsternen* (siehe dort).

Jahrbücher
tabellarische Auflistungen der *Ephemeriden* (siehe dort) und anderer astronomischer Daten.

Jahr, großes
auch Platonisches Jahr; Bezeichnung für einen Zeitraum von etwa 25 850 Jahren.

Jahreshoroskop
schon im Altertum bekannte und geübte Methode, eine auf dem ersten Neumond nach dem Frühlingsäquinoktium basierende Jahresprognose zu erstellen.

Jahresregent
nicht unbedingt in Analogie zum *Tagesregenten* (siehe dort) derjenige Planet, dessen Nummer sich in der chaldäischen Reihe (siehe *Reihe, chaldäische*) bei der Division der um vier verminderten Jahreszahl durch sieben als Rest ergibt.

Judicium
(lateinisch für: Urteil) Nativitätsorakel, Ergebnis einer astrologischen *Interpretation* (siehe dort).

Jahreszeiten aus
astronomischer Betrachtungsweise

Nordhalbkugel:

Frühling	21. 03.–22. 06.	92,8 Tage
Sommer	22. 06.–23. 09.	93,6 Tage
Herbst	23. 09.–22. 12.	89,8 Tage
Winter	22. 12.–21. 03.	89,0 Tage

Südhalbkugel:

Herbst	21. 03.–22. 06.	92,8 Tage
Winter	22. 06.–23. 09.	93,6 Tage
Frühling	23. 09.–22. 12.	89,8 Tage
Sommer	22. 12.–21. 03.	89,0 Tage

Junctinus
eigentlich Francesco Giuntini (1523–1580); stellte – dem Verbot aller Veröffentlichungen über prognostische Astrologie zum Trotz – 1573 die von ihm zusammengestellten Tafeln »*Speculum astrologicum*« zur Horoskopberechnung vor.

Jung, Carl Gustav
(1875–1961) Freud-Schüler und Mitbegründer der Psychoanalyse; brachte die Begriffe *Archetyp* (siehe dort) und kollektives Unbewußtes, aber auch zahlreiche Prinzipien der Astrologie in die Tiefenpsychologie ein. Jung gilt heute als Vater der auf seine Erkenntnisse bauenden astrologischen *Synchronizität* (siehe dort und folgende Seiten).

C. G. Jung und die Astrologie

Der mehr oder weniger abtrünnige FREUD-Schüler
CARL GUSTAV JUNG war der berühmteste Psychologe, der sich mit den Fragestellungen und der Phä-
nomenologie der Astrologie auseinandersetzte. In
diesem Rahmen entwickelte er Anfang der fünfziger
Jahre unseres Jahrhunderts die Theorie von der
Sychronizität beziehungsweise Gleichzeitigkeit.
Diese ist eine eher beschreibende denn erklärende
Abhandlung, was der Grund dafür sein mag, daß
sie – anders als Jungs frühere Theorien – keine rechte
Anerkennung von seiten der formal-logischen Wissenschaften erfuhr. Das nichtkausale, sondern vielmehr auf Analogien, Metaphern und Metonymien
basierende Sychronizitätsprinzip ist eine Methode
zur Untersuchung anscheinend bedeutsamer Verwandtschaften zwischen bestimmten Ereignissen
und Begebenheiten des physikalischen Universums.
Die Annäherungsweise ist dabei zunächst einmal
introspektiv, intuitiv und instinktiv, die Interpreta-
tionsweise hat die Jungsche Theorie von den Archetypen, von den identischen kollektiven Bewußt-
seinsinhalten und Symboliken als Grundlage.
   Sehr viele seriöse Astrologen begeisterten sich für
die Idee von der Gleichzeitigkeit, die quasi zufällig
erscheint, ohne es notwendigermaßen sein zu müssen; auch bedienten sie sich recht einheitlich der
Jungschen Terminologie, um konkreter über ihre
Arbeit diskutieren zu können, wie auch, um die
philosophischen beziehungsweise intellektuellen
Grundlagen für ihre Arbeit zu formulieren und vor-

anzutreiben. Während Jung die Anwendung der Astrologie und ihren Nutzen für den Menschen als verlockend genug anerkannte, nichtkausale Gründe als gegeben zu respektieren und diese auch solchermaßen anzuerkennen anregte, konnte er nicht glauben, daß kausale Verbindungen zwischen den Lebensbildern einzelner Menschen auf der Erde und Milliarden von Lichtjahren entfernten Sternen bestehen könnten. Nach Jung hat »die einfache Mentalität die Gleichzeitigkeit immer als magische Kausalität bis in unsere eigene Zeit hinein erklärt, und auf der anderen Seite nahm die Philosophie eine geheime Übereinstimmung oder bedeutungsvolle Verbindung zwischen Naturereignissen bis ins 18. Jahrhundert an«. Er zog die neue Hypothese vor und pries die Vorstellung, daß, was auch immer in einem gegebenen Augenblick geschieht, unvermeidlich die für diesen Moment charakteristischen Eigenschaften besitzt.

Jung kam auf dem Umweg über seine Experimente in Sachen bedeutungsvolle Beziehungen zur Astrologie. Seine Annäherungen an diese waren denn auch geprägt von psychologischer Methodenlehre: Er führte – beispielsweise mit Ehepaaren und Unverheirateten als Versuchspersonen – Tests durch, mit denen er nach den Prinzipien psychotechnischer Statistik astrologische Deutungen wertete. Alles in allem war Jungs Liaison mit der Astrologie nur kurz: Zwar inspirierte er die Astrologie zu mehr Wissenschaftlichkeit, mehr Axiomatik, und »schenkte« ihr auch seine Vorstellungen von der Gleichzeitigkeit, die später zur Lehre der Synchronizität wurde, aber er selbst war von der

Astrologie in der praktizierten Form enttäuscht;
denn seine statischen Meßverfahren zeigten ihm,
daß »diese praktizierte Prognostik ein eher irratio-
nales Phänomen« sei. »Hätten die Astrologen die
Genauigkeit ihrer Vorhersagen mit Statistik zu bele-
gen versucht, hätten sie schon längst einsehen müssen, daß ihre Äußerungen häufiger nicht zutreffen
und auf falschen Voraussetzungen und falschen
Deutungsmethoden beruhen.«

Ihm lag es fern, die Astrologie anzuprangern;
auch betonte er, daß einige Astrologen »über einen
erstaunlichen intuitiven Blick verfügen«, ebenso
interessierte er sich sehr für die Tierkreiszeichen
der verschiedenen Astrologien, da er sie in Verbindung mit seiner Archetypenlehre als wichtig befand
– aber die Grundaxiome der Astrologie, die Vorstellungen von den Einflüssen astraler Gestirne, waren
nie die des Carl Gustav Jung.

Jungfrau

(lateinisch Virgo) das sechste Zeichen im Tierkreis (23.
August bis 22. September) und somit von Merkur
geprägt. Jungfrau, ein Erd-Zeichen, ist weiblich, negativ
und beweglich und hat *Spica* (siehe dort) als Hauptstern;
von phlegmatischem Temperament. Unter dem Tierkeis
Jungfrau Geborene repräsentieren den Typus des dienen-
den und methodischen Menschen, mit einem Hang zu
Egoismus, Kritik und Schulmeisterei. Ihr Auftreten ist
eher nachlässig, schlicht, zurückhaltend; bisweilen wirken sie gehemmt, schüchtern, ja ängstlich. Ihr Denken
ist logisch, verständig, vernünftig, ab und zu aber auch
grüblerisch und altklug, ihr Handeln anpassungsfähig,

arbeitsam und oft versehen mit einem sachlich-pädagogischen Akzent. Mit Jungfrau in Entsprechung stehen von den Künsten die Malerei, vor allem aber die Heilkunst; von den Wissenschaften alle exakten, vor allem Mathematik, aber auch Medizin und Pädagogik; von den Tieren Hund und Katze; von den Pflanzen Hafer, Efeu, Fenchel, Haselnuß und Petersilie; von den Edelsteinen Achat, Topas und alle Halbedelsteine; von den Metallen Quecksilber; von den Farben Violett; von den Gegenständen alles im Zusammenhang mit Körperpflege, ärztliche Instrumente und Eßbesteck; von den Gegenden Industriegebiete und Getreidefelder; von den Ländern Schweiz, Türkei, Elsaß, Griechenland, Syrien, Irak, Kurdistan, Westindien und Brasilien; von den Städten Kassel, Fulda, Eschwege, Jerusalem, Heidelberg, Paris, Lyon, Bagdad, Boston, Los Angeles, Toulouse, Basel, Rhodos, Worbis und Erfurt. Physiologische Entsprechungen zur Jungfrau sind: Bauchregion: Nabel und Därme, Drüsen, Leber, vegetatives Nervensystem.

Prominente Personen, geboren im Zeichen Jungfrau: Hans Albers, Ingrid Bergmann, Leonard Bernstein, Agatha Christie, Greta Garbo, Johann Wolfgang von Goethe, Elia Kazan, David Herbert Lawrence, Sophia Loren, Aristoteles Onassis, J. B. Priestley, Romy Schneider, Peter Sellers, Theodor Storm, Franz Josef Strauß, Leo Tolstoi und Albrecht von Wallenstein.

Jupiter

alle Sterne in seiner Umgebung überstrahlender, infolge seiner Rotationsgeschwindigkeit stark abgeplatteter Planet mit einem Sichtbarkeitszyklus ähnlich dem des *Mars* (siehe dort) und des *Saturn* (siehe dort). Im heliozentrischen System ist Jupiter ein äußerer Planet und nach der

Sonne der massenreichste und größte Körper des Sonnensystems; sein Äquatordurchmesser beträgt 142 700
Kilometer. Die Oberflächenbeschaffenheit Jupiters ist
noch unbekannt; die Atmosphäre besteht aus Wasser,
Eis, Ammoniak, Wasserstoff, Helium und Methan. Er
verfügt über ein herausragend starkes Magnetfeld, das
verantwortlich ist für die nichtthermische Radiostrahlung. Als ein Wohltäter und lebensbeherrschender Königsplanet ist Jupiter außer Mars allen Planeten freundlich gesonnen. Er regiert die Reife des Menschen,
reguliert den Blutstrom und die Leberfunktion; auf der
weniger sympathischen Seite vermag er Geiz und Vergeßlichkeit zu bedingen. Die unter Jupiter Geborenen
haben in aller Regel sowohl zu Menschen als auch zu
Tieren und Pflanzen große Zuneigung und ein gutes Verhältnis; sie erfreuen sich aller Prachtentfaltung, sowohl
weltlicher als auch geistiger Art. Jupiter wird in Verbindung gebracht mit Ordnung, Reichtum, Luxus, Ruhm,
Erfolg und Sicherheit. Unter einem guten *Aspekt* (siehe
dort) bedeutet er Glauben und Weisheit, Gerechtigkeit
und Ehrlichkeit. Unter einem schlechten Aspekt bringt
er Unvorsicht und Unverständnis, Unbesonnenheit und
Tyrannei. Mit Jupiter stehen in Verbindung Saphir, Karneol und Amethyst.

K

Kabbala
jüdische Geheimlehre, die im zwölften Jahrhundert in Spanien entstand und nach der Vertreibung der Juden aus Spanien zu einem mystischen Volksglauben wurde; die Kabbala widmet sich der Erforschung der Numerologie und der Buchstabenmagie, der Seelenwanderung und des Lebens nach dem Tode. Siehe auch *Astrologie, jüdische.*

Kalb
veraltete Bezeichnung für Alpha Leonis beziehungsweise *Regulus* (siehe dort).

Kalender
arithmetisch-astronomisch angelegtes Prinzip zur Einteilung der Zeit nach Jahren, Monaten, Wochen und Tagen. Je nach Ansatzpunkt (etwa 1. Januar oder 21. März als erster Tag des Jahres) sind verschiedene kalendarische Einteilungen, beispielsweise solarer und lunarer Kalender, möglich und entsprechend auch unterschiedliche Kalender nebeneinander gültig. Als die im astrologischen Sinne wichtigsten Kalender gelten der altägyptische (solar), der altgriechische (lunar, später lunisolar), der altrömische (lunar), der altpersische beziehungsweise parsische (lunar, später lunisolar), der jüdische (lunisolar), der islamische (lunar), der chinesische (lunisolar), der japanische (lunisolar), der der Maya (solar) wie auch der der Französischen Revolution (solar).

Kalender, Hundertjähriger
Sammlung astrologischer Wettervorhersagen auf der Grundlage siebenjähriger Beobachtungsreihen; Mitte des 17. Jahrhunderts entwickelt von MAURITIUS KNAUER und C. VON HELLWIG.

Kalender, immerwährender
zusammenfassender Begriff für sehr viele Versuche seit der Urzeit der Astrologie bis heute, kalendarische Techniken beziehungsweise Einteilungs- und Zuordnungskriterien zu schaffen, mittels derer die wichtigsten planetenkonstellatorischen Werte möglichst vieler Einzeldaten möglichst auf einen Blick ersichtlich sind. Fast alle immerwährenden Kalender müssen mit zu vielen Ausnahmen und Sonderregeln operieren und sind dennoch von beschränkter Geltung.

Kalenderjahr
die Zeitspanne vom 1. Januar bis zum 31. Dezember.

Kalenderzeichen
die im Kalender vorkommenden astronomischen und astrologischen Zeichen.

Kant-Laplace-Hypothese
zwei voneinander verschiedene, sich aber ergänzende Theorien, nämlich die Nebularhypothese von IMMANUEL KANT (1755) und die Rotationshypothese von PIERRE SIMON MARQUIS DE LAPLACE (1796).

Karma
auch Karman; in der buddhistischen Astrologie eine Vergeltungsinstanz, die sowohl die Wiedergeburt als auch die Art und Weise der *Reinkarnation* (siehe dort) bestimmt.

Katapher
auch Kataphora; veralteter Begriff für fallende Häuser (siehe *Häuser, fallende*).

Katarchologie
ein eher als abseitig umstittenes Teilgebiet der Astrologie, das die Entsprechungen zwischen herrschenden Planeten sowie Hirnmassen und -stellung des unter dem Zeichen Geborenen studiert.

Kausalität
Gesetzmäßigkeitsprinzip von Ursache und Wirkung als fortlaufende Kette, die von der Vergangenheit über die Gegenwart bis in die Zukunft reicht und als Abfolge nicht unterbrechbar ist; die möglichen Annäherungsweisen an die Astrologie können mehr oder weniger kausalitätsorientiert sein.

Kelly, Edward
Alchimist und Magier, Zeitgenosse von JOHN DEE (siehe dort).

Kepler, Johannes
auch Johannis Keppleri genannt; siehe unten.

Der weise Vater und die närrische Tochter

Eine wichtige Figur in der Astrologie und eine charismatische und doch seltsam anmutende historische Erscheinung war der Deutsche JOHANNES KEPLER (1571–1630), Astronom und Astrologe, Mathematiker und Begründer der geometrischen Optik. Kepler, eine kuriose Mischung aus Skepsis und Mystik in einer Person, wurde neben ISAAC NEWTON und GALILEO GALILEI zu einem der wichtigsten Naturforscher der Neuzeit. Als Assistent des

dänischen Astrologen TYCHO BRAHE (siehe dort)
arbeitete er sich durch die Archive gesammelten
astrologischen Wissens aus allen Zeiten – und avan-
cierte zum Vater der modernen Astrologie. Zwar
bezeichnete er diese gern als »das närrische Töchter-
lein der achtenswerten Mutter Astronomie«, arbeitete aber trotzdem sehr intensiv mit ihr, weil er
durch sie das Geld verdiente, womit er seine wissenschaftlichen Experimente finanzierte.

Keplers Grundhaltung zur Astrologie läßt sich
vielleicht am besten mit einem Zitat von ihm selbst
darlegen: »Meiner Meinung nach gibt es keinen
unheilbringenden Stern am Himmel. Es entspricht
der Natur des Menschen schlechthin, daß planetarische Ausstrahlungen in ihr wirksam werden können, genauso wie sie den Gehörorganen die Möglichkeit schenkt, Tonintervalle unterscheiden zu
können, und der Musik die Kraft verleiht, die den
Menschen zum Tanze anregt, wenn er sie hört.«
Weder die Öffentlichkeit noch die Astrologen-
Kollegen hielten – es herrschten noch lange hohe
Zeiten des magischen Denkens! – etwas von Keplers
mystischer, philosophischer Sicht der Astrologie.
Seine Prophezeiungen waren politischer Natur –
und es ist wahrscheinlich, daß die Genauigkeit seiner Prophezeiungen mehr mit seinem scharfsinni-
gen Geist und den vertraulichen Informationen,
über die er wegen guter Kontakte zum Hof verfügte,
zu tun hatten als mit der Kunst, die Sterne zu deuten.
Sowenig er von der völkisch angewandten Variante
der Astrologie hielt, sosehr wirkten seine anfangs
so kurios scheinenden Gedanken mit seinen Büchern
»Mysterium Cosmographicum« (1596), »Astrono-

mia Nova« (1609) und »Harmonices mundi« (1619)
nach.

Kiffa australis
der Fixstern *Zuban Al Genubi* (siehe dort).

Kiffa borealis
der Fixstern *Zuban Al Shomali* (siehe dort).

Kimmberechnung
Berechnung der auf den Erdmittelpunkt bezogenen wahren Höhe eines Gestirns mittels der Faktoren Kimm-
abstand und Kimmtiefe.

Kleinkreis
auch Nebenkreis; jener Kreis auf der Kugel, dessen Mittelpunkt nicht mit dem der Kugel identisch ist (etwa alle
Breitenkreise des Planeten Erde außer dem Äquator).

Klima
die Luftfeuchtigkeit und Temperatur einer bestimmten
Zone der Erdoberfläche, astronomisch und astrologisch
deshalb ein zu beachtender Aspekt, da Tageslänge und
somit die Dauer der Temporalstunde mit dem Klima in
Wechselwirkung stehen.

Knoten
Bahnschnittpunkt eines Planeten mit der Grundebene;
da sich die Knoten der Planetenbahnen pro 100 Jahre
weniger als ein Grad verschieben, sind für die Astrologie
lediglich die *Mondknoten* (siehe dort) beziehungsweise
Drachenpunkte (siehe dort) von Interesse.

Knoten, aufsteigende
siehe *Mondknoten* beziehungsweise *Drachenpunkte*.

Körper, platonische
Bezeichnung für konvexe und von regelmäßigen Vielekken gleicher Art begrenzte Körper (die fünf Polyeder): Tetraeder, Kubus, Oktaeder, Dodekaeder und Ikosaeder; sie spielten eine wichtige Rolle bei JOHANNES KEPLERS (siehe dort) Errechnung der Planetenbahngesetze.

Körper, reguläre
synonymer Begriff für platonische Körper (siehe *Körper, platonische*).

Kometen
(griechisch-lateinisch für: Haarsterne beziehungsweise Schweifsterne) Kometen sind Himmelskörper unseres Systems, die bei Beobachtung durch das Fernrohr meist wie verwaschene Sterne aussehen: Dem bloßen Auge sind nur die wenigsten der jährlich fünf bis sechs neuentdeckten und der fünf bis sechs wiederkehrenden Kometen sichtbar – wenn doch, dann auffällig, da sie bei Annäherung an die Sonne mit zunehmender Helligkeit einen Kopf und einen regelrechten Schweif bilden und mit sich tragen. Im Kopfkern vereinigt sich fast die gesamte Masse des Kometen, er besteht aus meteoritähnlichen Brocken, die durch Eis, gefrorenes Ammoniak und Methan mehr oder weniger zusammengehalten werden. Letztere verdampfen und zersetzen sich in Sonnennähe und bilden die sogenannte Koma, eine leuchtend-nebelartige Umhüllung des Kerns. Die sogenannten repulsiven Kräfte, durch Teilchenstrahlung und Strahlungsdruck der Sonne getrieben, bewegen den Schweif, der eine Länge bis zu

zehn Millionen Kilometer haben kann, entgegen der Richtung zur Sonne aus dem Koma. Kometen bestehen also aus Kern, Koma und Schweif, wobei der Kern zunächst inaktiv ist, dann, durch die solare Aufheizung aktiviert, Koma und Schweif bildet. Die Gesamtzahl der zirkumsolaren Kometen wird auf über zehn Milliarden geschätzt.

Konditionarius
Bezeichnung für Mond, Mars und Venus, wenn sie am Tage über dem Horizont stehen.

Konfiguration
die Gesamtheit, das Miteinander der *Aspekte* (siehe dort) und Sternbilder.

Königsaspekt
siehe *Zusammenkunft, große.*

Konjunktion
auch Zusammenschein; bei gleicher Länge der Gestirne werden je nach deren Prägung das Gute wie auch das Böse in seiner jeweiligen Natur verstärkt.

Konfuzius
Kong Fu Zi; chinesischer Philosoph und Gelehrter (um 551–479 v. Chr.), der als Begründer der chinesischen Kosmologie gilt und erheblichen Einfluß auf die Astrologie (siehe *Astrologie, chinesische*) des Reichs der Mitte ausübte.

Konstellation
die Struktur, die Anordnung, die Position der Sterne, woraus sich die Sternbilder ergeben.

Kontraktionstheorie

vertritt im Gegensatz zur *Expansionstheorie* (siehe dort)
die Hypothese, daß die Erdkugel durch ständige Abgabe
von Wärme schrumpft.

Koordinatensystem

graphische Anordnung von durch Grundkreis und Pol
definierten Systemen von verschiedenen Kreisen zur
räumlichen Repräsentation der äquatorialen, horizonta-
len und ekliptikalen Koordinatensysteme.

Kopernikus, Nikolaus

eigentlich Nikolaus Koppernigk (1473–1543); aus
Schlesien stammender Geistlicher, Doktor der Theologie
und der Jurisprudenz, der sich spät erst mit den Bewegungen der Planeten zu beschäftigen begann. Er erarbei-
tete ein Modell zur Erläuterung des Planetensystems, mit
dem er die geozentrischen Theorien von Ptolemäus
(siehe dort) ad absurdum führte und die heliozentrische
Vorstellung an deren Stelle setzte. Allerdings wurde seinen Erklärungen kaum Glauben geschenkt, bis Johannes Kepler (siehe dort) ihre Richtigkeit beweisen
konnte: Ab dann nämlich galt nicht nur, daß die Sonne
den Mittelpunkt des Planetensystems bildet, sondern
infolgedessen auch, daß der tägliche Umschwung des
Himmels nur ein Schein und durch die Rotation der Erde
um ihre eigene Achse verursacht ist. Kopernikus, der erst
nach seinem Tode durch sein Werk »De revolutionibus
orbium coelestium« wirklich bekannt wurde, war von
großem Einfluß auf Tycho Brahe (siehe dort), Kepler
und somit auf die moderne Astrologie (siehe auch folgende Seite).

Das kopernikanische Weltsystem

Nach den Erkenntnissen Kopernikus' ruht die Sonne in der Mitte der Planetenwelt; um sie herum bewegen sich in immer größeren Kreisen zunächst Merkur, Venus, Erde, Mars, Jupiter und Saturn (die anderen Planeten waren damals noch unbekannt). Die Erde, die sich im Laufe eines Jahres einmal um die Sonne bewegt, wodurch – aus irdischer Perspektive – die scheinbare jährliche Bewegung der Sonne entsteht, wird in ihrer Bahn von dem sie in 27 Tagen umkreisenden Mond begleitet und dreht sich, ebenfalls von West nach Ost, um eine gegen ihre Bahnebene schiefgestellte Achse.

Das ptolemäische beziehungsweise geozentrische Weltsystem sah die kugelförmige Erde im Mittelpunkt von elf Kreisen/Sphären stillstehen, während sich Planeten und Gestirne auf diesen Kreisen um sie bewegen.

kosmisch
den Kosmos betreffend.

Kosmobiologie
Lehre von den biologischen Wirkungen, die auf kosmische Begebenheiten zurückzuführen sind (zum Beispiel der Zusammenhang zwischen den Mondphasen und der Periode der Frau beziehungsweise der einsetzenden Geschlechtsreife einiger Tiere); führend in Kosmobiologie, die ihren Ursprung bei CARL GUSTAV JUNG (siehe dort) und Ansätzen der Individualpsychologie fand, ist die *Aalener Schule* (siehe *Aalen*, EBERTIN).

Kosmogonie
Lehre von der Entstehung und der Entwicklung der Himmelskörper, die ihre zentrale Frage im Alter des Planeten Erde sieht; zwischen Kosmogonie und Astrologie hat es immer Verbindungen gegeben, die auf teilweise identische Untersuchungsgegenstände zurückzuführen sind.

Kosmogramm
veralteter Ausdruck für Horoskop.

Kosmologie
astronomischer Teilbereich, der die physikalische Beschaffenheit der Welt (in ihrer Gesamtheit) zu erforschen sucht.

Kosmos
Weltall.

Krafft, Karl Ernst
(1900–1945) Schweizer Astrologe, der als bereitwilliger astrologischer Berater für die Nazis tätig war und – je nach Bedarf – Horoskope erstellte und interpretierte, wie es ihm und dem Regime gerade paßte.

Krebs
(lateinisch Cancer) ist das vierte Zeichen im Tierkreis (22. Juni bis 22. Juli) und somit vom Mond und von Jupiter geprägt. Krebs, ein Wasser-Zeichen, ist weiblich, negativ und ein kardinales Zeichen, von melancholischem Temperament. Unter dem Tierkreis Fische Geborene repräsentieren den Typus des humorvollen Gemütsmenschen, des träumenden Romantikers; sie neigen zur

Schwärmerei und auf kuriose Art zur Sentimentalität.
Ihr Auftreten ist zurückhaltend, behäbig, verträumt und
schwärmerisch, das Denken gefühlsorientiert, vielseitig
und immer phantasievoll. Ihr Handeln ist gefällig und
hilfsbereit, mitleidvoll und barmherzig. Mit Krebs in
Entsprechung stehen von den Künsten Musik, Koch-
und Verwandlungskunst; von den Wissenschaften Botanik, Geschichte und Geologie; von den Tieren Ziege,
Kuh, Ente, Gans, Schwein, Vögel, Wespen, Mücken,
Krebse und Frösche; von den Pflanzen alle Wasserge-
wächse, Gänseblümchen, Kartoffeln, Kürbis, Gurke und
Melone; von den Edelsteinen Kristall, Mondstein, Perlen
und alle milchiggrünen Halbedelsteine; von den Metallen
Silber; von den Farben Weiß, Silber, Grau, Grün und
alle wäßrig-verschwimmenden Farben; von den Gegenständen Möbel, Nahrungsmittel und Flüssigkeiten; von
den Gegenden wasserreiche und fruchtbare Landstriche,
Quellen, Flüsse, Seen, Meer und Sumpfgebiete; von den
Ländern Paraguay, Nord- und Westafrika, Anatolien,
Holland, Schottland, Neuseeland, Burgund und Mauritius; von den Städten Aachen, Trier, Magdeburg, Goslar,
Göttingen, Amsterdam, Stockholm, Manchester, Venedig, Genua, Istanbul, Bern, New York, Tunis und Mailand. Physiologische Entsprechungen zum Krebs sind:
Magen- und Verdauungssystem, Brust, Schleimhäute
und Leber, Speiseröhre und Drüsen, hier in erster Linie
die lymphatischen.
Prominente Personen, geboren im Zeichen Krebs: Louis
Armstrong, Yul Brynner, Gajus Julius Cäsar, Jean Coc-
teau, Ernest Hemingway, Käthe Kollwitz, Gina Lollo-
brigida, Erich Maria Remarque, Rembrandt, Peter Paul
Rubens, Vittorio de Sica, Soraya, Barbara Stanwyck,
Natalie Wood und Ferdinand Graf von Zeppelin.

Kreis, azimutaler
Bezeichnung für den parallel zum Horizont verlaufenden Kreis gleicher Höhe.

Kreis, großer
Schnittlinie der Kugeloberfläche mit einer durch den Kugelmittelpunkt führenden Ebene.

Kreis, vertikaler
geometrisches Instrument zwecks astronomischer Berechnung von Gestirndeklinationen.

Kreuz
unterschieden werden *bewegliches* (siehe dort), *gewöhnliches* (siehe dort) und *kardinales* (siehe dort beziehungsweise *Zodiak*) Kreuz.

Kreuz, bewegliches
Kreuz im *Zodiak* (siehe dort), gebildet aus den vier beweglichen Zeichen (siehe *Zeichen, bewegliche*).

Kreuz, gewöhnliches
Kreuz im *Zodiak* (siehe dort), gebildet aus den vier beweglichen Zeichen (siehe *Zeichen, bewegliche*).

Kreuz, kardinales
das Kreuz im *Zodiak* (siehe dort).

Krönungsmantel
im Diözesanmuseum von Bamberg aufbewahrtes Bekleidungsstück KAISER HEINRICHS II., auf dem gestickte Sternenbilder und astrologische Symbole ein lebhaftes assoziatives Wechselspiel entfalten.

> »Auf einer Reise durch ein fremdes Land ist es immer sinnvoll, Landkarten, Reiseführer und ein einfaches Wörterbuch zur Hand zu haben: Ungefähr genauso verhält es sich mit dem Leben als Reise und der Astrologie als hilfeleistendem Weggefährten.«
>
> SANDRA SHULMAN

Kronos

ein hypothetischer Planet, der sich als Wirkpunkt in der *Ekliptik* (siehe dort) bewegt und die Wirkung anderer Planeten verstärkt; Kronos selbst werden Herrschafts- und Führungsqualitäten zugeschrieben.

Kugeldreieck

siehe *Dreieck, sphärisches.*

Kulmination

(lateinisch Culmen = Gipfel) *a)* der Zeitpunkt, an dem ein Gestirn bei seiner täglichen scheinbaren Bewegung am Himmel seine größte Höhe über oder unter dem Horizont eines Beobachtungsorts erreicht, dann befindet es sich – je nach Fall – im oberen oder unteren Kulminationspunkt; *b)* das Ankommen eines Planeten am *Medium coeli* (siehe dort) oder an der Spitze des 10. Hauses (siehe *Häuser*).

L

Landschaftszuordnung

seit PTOLEMÄUS (siehe dort) sind jedem Tierkreiszeichen
auf der Basis der *Aszendenten* (siehe dort) Landschaften,
Länder und Städte zugeordnet; siehe *Länderzuordnung,
Städtezuordnung;* Kasten unten.

Länderzuordnung

Zuordnung von Ländern zu Tierkreiszeichen im Rahmen
der astrologischen Vorstellung der Entsprechungen und
der konsequenten Einflüsse (siehe unten). Die Zuteilung
der Länder zum *Zodiak* (siehe dort) erlangt eine gewisse
Bedeutung in der mundanen und der politischen Astrologie. Hinsichtlich Leben und Reisen rieten die Astrologen
schon in Urzeiten, Wohnsitze ausschließlich in solchen
Ländern zu nehmen und/oder nur in solche Länder zu
reisen, in deren Zeichen ein glücklicher und gut aspektierter Planet im Horoskop befindlich ist – dagegen
waren jene Länder zu meiden, in deren Zeichen ein *Übeltäter* (siehe dort) konstelliert ist; siehe auch Städtezuordnung.

Zuordnung von Ländern zu den Tierkreiszeichen

Widder:
Albanien, Australien, Borneo, Dänemark, Deutsch-
land, England, Frankreich, Japan, Korea, Palästina,
Syrien, Venezuela

Stier:
Argentinien, Estland, Griechenland (Festland),
Iran, Irland, Kaukasus, Litauen, Lothringen, Polen,
Rußland, Schweden, Schweiz, Türkei, Zypern

Zwillinge:
Armenien, Belgien, Flandern, gallische Länder, Lombardei, Sardinien, Südägypten, USA, Wales, Westengland

Krebs:
China, Holland, Indien, Mauritius, Neuseeland, Paraguay, Schottland, Westafrika

Löwe:
Böhmen, Frankreich, Italien und Sizilien, Kalifornien, Nordrumänien, Österreich

Jungfrau:
Brasilien, Elsaß, Irak, Griechenland, Kärnten, Kreta, Kroatien, Kurdistan, Niederschlesien, Schweiz, Syrien, Türkei, Westindien

Waage:
Argentinien, Äthiopien, Birma, China, Indochina, Japan, Katalonien, Nordägypten, Österreich, Tibet

Skorpion:
Algerien, Bayern, Jütland, Katalonien, Kuba, Lappland, Marokko, Mexiko, Norwegen, Transvaal

Schütze:
Äthiopien, Finnland, Madagaskar, Portugal, Rußland, Saudi-Arabien, Schweden, Spanien, Ungarn, Walachei, Westfalen

Steinbock:
Albanien, Afghanistan, Bolivien, Bulgarien, ehema-

lige DDR, griechische Inseln, Indien, Island, Jugoslawien, Litauen, Mexiko, Sibirien, Tibet

Wassermann:
Arabien, Äthiopien, Chile, Finnland, Neuseeland,
Nicaragua, Piemont, Rußland, Schweden, Walachei

Fische:
Brasilien, Galizien, Island, Java, Malta, Normandie,
Nubien, Portugal, Sahara, Sri Lanka

Länge

um den Ort einer Stadt oder auch die Position eines
Schiffs auf der Erdoberfläche feststellen und benennen
zu können, gibt man die geographische *Breite* (siehe dort)
und die geographische Länge des betreffenden Orts an.
Hierbei ist die Breite der Abstand vom Äquator, die
Länge der Abstand vom Nullmeridian, der durch die
Sternwarte von Greenwich verläuft. Breite und Länge
gelten als die geographischen Koordinaten eines Orts. In
Analogie zu diesem Prinzip hat man auch auf der Himmelskugel die Orte der Sterne festgestellt, also mit Hilfe
zweier Koordinaten ortbar gemacht. Gibt dabei – analog
zu der geographischen Positionierung – die eine Koordi-
nate den Abstand des Sterns vom Himmelsäquator an,
so nennt man das das *Koordinatensystem* (siehe dort) des
Äquators.

Länge, astronomische

Winkel zwischen Frühlingspunkt und dem Längenkreis
des Gestirns im ekliptischen *Koordinatensystem* (siehe
dort) wie auch zwischen dem Schnittpunkt des galakti-

schen und Himmelsäquators im galaktischen Koordinatensystem.

Längenkreis
senkrecht auf dem Äquator stehender Großkreis.

Laster
ungünstige Eigenschaften von Planeten; Einflüsse, die verantwortlich sind für Eifersucht, Neid, Mißgunst, Rivalität, Jähzorn, Hochmut und dergleichen.

Latitudo
Winkelabstand in bezug auf eine spezifische Bezugsebene; siehe auch *Länge*.

Lebensalter
veraltete astrologische Vorstellung, daß jedes Lebensalter von einem bestimmten Planeten beherrscht wird.

Lebensspender
auch Lebengeber/Vitae dator, Dimissor oder auch *Hyleg* (siehe dort) genannt; der über das Leben des Betroffenen entscheidende Planet.

Lebensort
das 1. Haus des Horoskops.

Leberfleckendeutung
umstrittener Teil der Physiognomik: Lehre von der Entsprechung von Lebeflecken oder Warzen zu Planeten.

Leerlauf
Ausdruck für die Situation, wenn ein Gestirn im Halb-

kreis keinem anderen Himmelskörper begegnet; im
Horoskop wird Leerlauf als Insignium für Einsamkeit
gewertet.

Leo
lateinischer Name des Tierkreiszeichens *Löwe* (siehe
dort).

Leo, Alan
(1860–1917) führender englischer Astrologe seiner Zeit,
dessen Methoden der Horoskopinterpretation heute
noch Verwendung finden; Alan Leo schlug ein Brücke
von der Hinduastrologie zur Blavatzkyschen Theosophie, der er sehr verbunden war (siehe auch unten).

Astrologie unter Strafe

Das Ausüben von Astrologie ist zu allen Zeiten
immer wieder unter Strafe gestellt worden. Die Bei-
spiele reichen bis in unser Jahrhundert hinein: 1917
wurde Alan Leo mit einer Geldbuße von 30 Pfund
»wegen Vorgabe und Ausübung der Wahrsagerei«
belangt. Er war 1914 schon einmal wegen Ausübung
astrologischer Prognosetechniken strafrechtlich
verfolgt worden, jedoch wurde das Strafverfahren
gegen ihn eingestellt. Diesmal aber zeigte der Richter Strenge und ließ sich nicht von der Verteidigung
beeindrucken, die vortrug, daß Leo lediglich etwas
ausgeübt habe, woran er und seine Klienten fest
glaubten, wie auch daß seine Kundschaft aus gutsi-
tuierten und gebildeten Herrschaften bestand.

Le Verrier, Urban Jean Joseph

(1811–1877) französischer Astronom; seine (theoretischen) Untersuchungen deuteten schon 1846 an, daß da noch ein wichtiger weiterer Planet vorhanden sein müsse, der bislang unentdeckt geblieben war. Diesen bezeichnete Le Verrier als Neptun und ernannte ihn zum Wächter der Ozeane. Als drei Jahrzehnte später das Teleskop erfunden worden war, bestätigten sich seine Berechnungen aufs präziseste: Neptun existierte; die Astrologie erhob den Planeten zum Herrscher über die Fische.

Leviathan

veralteter Name des Sternbilds Großer Himmelsdrachen, vermutlich dem Alten Testament entnommen.

Libra

lateinischer Name des Sternzeichens *Waage* (siehe dort).

Libration

das Sichtbarwerden der von der Erde abgewandten Seite des Mondes infolge einer Drehung des Mondes um die mittlere Lage; es werden Längen- und Breitenlibrationen unterschieden.

Licht

a) auf langer Welle infrarote, auf kurzer Welle ultraviolette Strahlung; *b)* das gestreute und polarisierte Sonnenlicht, das den Himmel blau erscheinen läßt; ist der Himmel weiß, liegt das an einer größeren Partikelstreuung (Staub, Dunst, Einzelmoleküle).

Lichtablenkung

Beweis für die Richtigkeit der Relativitätslehre: die

Abweichung des Lichts von seiner eigentlichen Bahn
infolge ablenkender Einflüsse durch Schwerebahnen;
Lichtablenkung wird im Sinne der prognostischen Astrologie mitgerechnet.

Lichter
astrologischer Ausdruck für Sonne und Mond.

Lichtenberger, Johannes
(um 1445–um 1503) deutscher Astrologe, der seinerzeit
zu den führenden Vertretern prognostischer Astrologie
gehörte; seine Arbeiten, vor allem die »Prognosticatio in
Latino«, in der er von der »schrecklichen Konjunktion«
(Jupiter in Stier und Saturn unter dem Skorpion) warnt,
hatte erheblichen Einfluß auf die Thesenbildungen des
PARACELSUS (siehe dort).

Lichtgeschwindigkeit
die Fortpflanzungsgeschwindigkeit elektromagnetischer
Strahlung: knapp 300 000 Kilometer pro Sekunde; die
schnellste aller Signalgeschwindigkeiten.

Lichtjahr
Abkürzung Lj; astronomisches Maß: ein Lichtjahr beträgt 9,4605 Billionen Kilometer.

Lichtzeit
astronomisches Maß: die Zeitspanne, in der ein Photon/
Lichtsignal die Distanz zwischen Sonne und Erde durchläuft.

Licht, zodiakales
eine Erscheinung aus ringförmig um die Sonne angeord-

neten Lichtstrahlen, deren Symmetrieebene der Tierkreis ist, hervorgerufen durch Streuung von Sonnenlicht an freien Elektronen und Staubpartikeln.

Licht, zunehmendes
die Zeitspanne zwischen Neu- und Vollmond sowie die parallel dazu verlaufende Intensitätszunahme des Mondlichts.

Lilith
siehe *Mond, schwarzer.*

Lilly, William
(1602–1682) einflußreicher englischer Astrologe; siehe auch unten.

Eine Anekdote vom Wandel der Astrologie zum völkischen Ritus

Gegen Ende der ersten Hälfte des 16. Jahrhunderts etwa, als zum Beispiel Doktor JOHN DEE (siehe dort) sich vom Hofastrologen zum Kleinalchimisten degradierte, fand auch ansonsten so etwas wie ein sozialer Sturz der Astrologie statt: nämlich weg vom Hofe und der Herrschaft und hin zum Volk und zu den Knechten – ein Fall, der leider auch mit einer gewissen inhaltlichen Verflachung und axiomatischen Verkürzung einherging. Ja, zu jener Zeit verließen die Astrologen wohl oder übel die Höfe und gingen zum Volk, wenn auch weiterhin mit dem Ziel, Ruhm und Reichtum zu erlangen. Die Konkurrenz zwischen ihnen muß immens gewesen

sein, denn zu jener Zeit wurde kaum geforscht und
archiviert, weil die Astrologen vielmehr damit
beschäftigt waren, sich gegenseitig schlecht zu
machen.

Einer der bekanntesten und ein besonders volks-
tümlicher Astrologe war WILLIAM LILLY. Er verfügte schon von Haus aus über Vermögen und vermochte sich über Jahre sehr intensiv dem Studium
der bestehenden astrologischen Literatur zu wid-
men, da sein Lebensunterhalt mehr als nur gesichert
war. Erst 1644, nach etwa zwanzig Jahren des Selbst-
studiums der Astrologie, veröffentlichte Lilly die
Bücher »*Merlinus Angelicus Junior*« und »*Eine Prophezeiung des weißen Königs und Erklärungen des
furchterregenden Todesboten*«. Von da an war sein
Name ein Begriff in astrologischen Zirkeln – und
er publizierte regelmäßig seinen Almanach zur
Astrologie. An dieser Stelle ist betonend darauf hin-
zuweisen, daß diese Almanach-Reihe – die stetig
reißenden Absatz fand, Lilly zur Berühmtheit und
Astrologie zum völkischen Ritus machte – als Lizenzausgabe der »Stationers' Company« erschien:
Dieses Verlagshaus gab Lillys Publikationen in
ehrenhaftem Geschäftsgebaren heraus, war aber
zugleich Publikator vulgärastrologischer Pam-
phlete, die kenntnislos und als Phantasieprodukte
von brotlosen Schreibern angefertigt wurden. Die
Verbreitung, welche die Bücher aus diesem Hause
fanden, führte ganz erheblich dazu, daß Qualität
mit Quantität verwechselt wurde und die Astrologie
in ihrer praktizierten Form großenteils zum Humbug verkam.

Doch wollen wir auch Lillys Geschichte zu Ende

führen: Dessen Anspruch auf Ruhm geht darauf hinaus, daß er den großen Brand in London (1648) vorausgesehen hatte, wie auch darauf, daß er als gut verdienender und verkaufender Astrologie-Autor die Feindschaft vieler Kollegen »genoß«, die so viel Skandalöses über ihn publizierten, daß Lilly zur Berühmtheit werden mußte. Der Ruhm stieg Lilly denn auch bald zu Kopf, denn den Rest seines Lebens verbrachte er mit größenwahnsinnigen Auftritten und dem Formulieren von schwülstig-dramatischen, aber gutbezahlten Prophezeiungen, die nie wahr wurden.

Lj
gängige Abkürzung für *Lichtjahr* (siehe dort).

Locus pecuniae
der zweite Ort des Horoskops, entscheidend über pekuniäres und merkantiles Geschick des Horoskopeigners.

Loci
die zwölf Felder des Horoskops.

Löwe
(lateinisch Leo) ist das fünfte Zeichen im Tierkreis (23. Juli bis 22. August) und somit von der Sonne geprägt. Löwe, ein festes und Feuer-Zeichen, ist männlich, positiv und von cholerischem Temperament. Unter dem Tierkreis Löwe Geborene repräsentieren den Typus des Tatmenschen und Lebenskünstlers; sie haben einen Hang zum Herrenmenschen und eine kuriose Neigung zur Aufschneiderei. Ihr Auftreten ist würdevoll, feierlich, ja

autoritär und autoritätsgläubig, das Denken kraftvoll, schöpferisch-phantasievoll und gezielt. Ihr Handeln ist selbständig, entschlossen, zielstrebig und gerecht. Mit Löwe in Entsprechung stehen von den Künsten Goldschmiede-, Liebes- und Lebenskunst; von den Wissenschaften Pädagogik und (Lebens-)Philosophie; von den Tieren Löwe, Adler, Pfau, Fasan und Phönix; von den Pflanzen Esche, Lorbeer, Palme, Rosen und Löwenzahn; von den Edelsteinen Rubin, Diamant, Heliotrop und Sonnenstein; von den Metallen Gold; von den Farben Goldbraun, Goldgelb und Orange; von den Gegenständen Fahnen, Zepter, Orden und alles aus Gold Gefertigte; von den Gegenden Hochebenen, Wüsten und alle sonnenreichen Gebiete; von den Ländern Sizilien, Frankreich, Rumänien, Böhmen und alle Alpenländer; von den Städten Rom, Bristol, Prag, Chicago, Linz, Damaskus, Zell, Karlsruhe, Koblenz, Wetzlar, Sankt Goar, Villingen, Philadelphia, Antwerpen, Bombay, Ravenna. Physiologische Entsprechungen zu Löwe sind: Rücken(-mark), Wirbelsäule, Herz, Blutsystem und Bandscheiben.
Prominente Personen, geboren im Zeichen Löwe: Fidel Castro, Henry Ford, Knut Hamsun, Mata Hari, Alfred Hitchcock, Carl Gustav Jung, Jacqueline Kennedy, Hans Moser, Napoleon I. und Joachim Ringelnatz.

Lowell, Percival

(1855–1916) amerikanischer Astronom, der 1930 *Pluto* (siehe dort) entdeckte.

Luft

neben Feuer, Erde und Wasser eins der vier Elemente; astrologisch sind diesem Zeichen Zwillinge, Waage und Wassermann zugeordnet; Luft-Zeichen sind männlich.

Luna
Mondgöttin in der römischen Mythologie; auch der lateinische Name des *Mondes* (siehe dort).

lunar
mondbezogen, den Mond betreffend.

Lunarkalender
auch lunare Kalender, richten sich nach den Mondphasen.

Lunarjahr
die an der Abfolge der Mondphasen sich orientierende kalendarische Zeiteinteilung.

Lunarperiodik
siehe *Mondperiodik*.

Lunation
die Abfolge der Mondphasen.

Lunisolarjahr
das gängige Kalenderjahr, das sich sowohl nach den Mond- als auch nach den Sonnenphasen richtet; siehe auch *Lunarjahr*.

Luzifer
der *Abendstern* (siehe dort).

Luther, Martin
(1483–1546) Reformator, Bibelübersetzer, auch Autor einiger Vor- und Nachworte zu astrologischen Büchern; soll sein Leben lang sehr interessiert an astrologischen Belangen und Erkenntnissen gewesen sein.

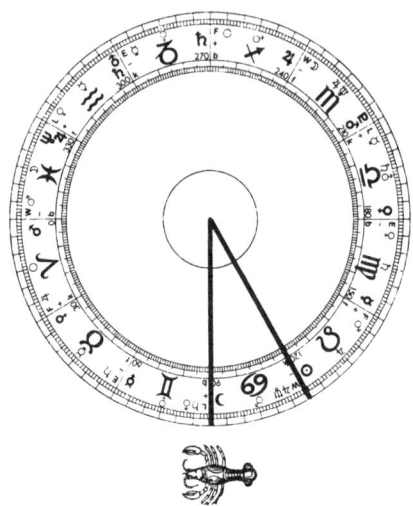

Das Zeichen Krebs

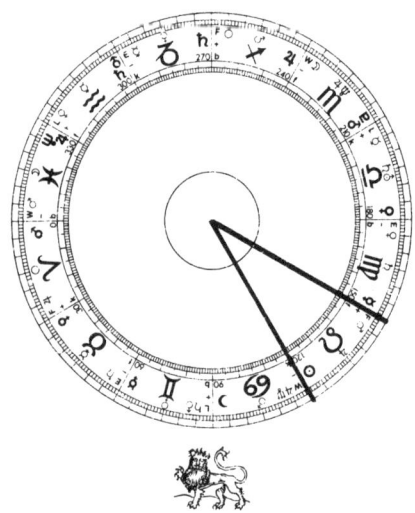

Das Zeichen Löwe

M

Magie

die Lehre vom Kontaktaufnehmen zu guten und bösen
Geistern (Astralgeister). Weiße Magie stellt den Kontakt
zu diesen her, schwarze Magie dient dazu, sie zu verban-
nen. Die Magie ist ein Nachbargebiet der Astrologie:
Viele Lehren sind sich sehr ähnlich, auch bedient sich
jede der beiden Wissenschaften einiger Erkenntnisse der
anderen (siehe unten).

Im Dickicht der Irratio

Magie – Begriff und Verruf.
Eine Begriffsbestimmung für die Moderne

Bei den meisten modernen Menschen erweckt der
Begriff Magie das Bild eines Zwangs durch unbere-
chenbare und zauberhaft-ferngelenkte Einflüsse.
Und daß die Magie innerhalb der Wissenschaften
verpönt ist, geht auf diesen und auf ähnliche Gründe
zurück. Auch ist es leicht, was sich logisch nicht
erklären läßt, als Aberglaube zu apostrophieren.
Und doch hat jeder von uns schon mehr als einmal
Erfahrungen gemacht, die unleugbar eine magische
Dimension hatten. Zudem: Sehr viele sehr ernst zu
nehmende Persönlichkeiten haben sich für Magie
interessiert und sich in der einen oder anderen Form
mit ihr beschäftigt.
Hier soll nun nicht gewertet und nicht Partei ergrif-
fen und nicht geschlichtet werden. Hier soll primär
interessieren, klarzustellen, daß es durchaus etwas
gibt, das man moderne Magie nennen muß – und
wie die moderne Magie aussieht.

Daß heute neben den Gesetzen der Logik, der Vernunft und der reinen Naturwissenschaft auch die Forschung nach den geheimnisvollen Urgründen der menschlichen Seele das Interesse der Wissenschaftler erregt, macht den Weg frei für ein Verstehen der Magie. In der Primitivperson liegen nicht nur die Quellen der geheimen Mächte, sondern es öffnet sich hier auch die Stelle, auf die sie wirken. Es kommt sehr darauf an, daß man den Mut hat, in die nebligen Dämmerungen und diffusen Dickichte der Irratio hinabzusteigen. Schon ein Lächeln, ein Blick kann magisch sein: Ist nicht die Tatsache, daß wir mit Worten und Handlungen in anderen Menschen Gefühle und Gedanken erwekken können, schon teilweise magisch? Wie steht es mit Redewendungen wie »jemanden mit Worten einlullen«? Haben nicht schon unsere Alltagssymbole – rote Ampel, Alarmsignal, radioaktives Dreieck – teilweise signalhaft-magische Qualitäten? Dann erkennt man aber, daß sogar von der modernen Technik regelrechte magische Strömungen und Strahlungen ausgehen: Es lohnt, sich einmal drei Minuten lang Gedanken über die vielen magischen Qualitäten des Automobils zu machen. Oder denken wir eine einzige Minute an das Verhältnis eines typischen Teenagers zur neuen Platte seines Lieblingsmusikers.

Auf den merkwürdigsten Wegen – und sei es das Prinzip der sich selbst erfüllenden Prophezeiung, sei es die Macht der Fixation – kommen auch viele moderne Menschen dazu, an Maskottchen, Schutztieren, Talismanen zu hängen, Kult zu treiben um Siegestrophäen, Lorbeerkränze, Pokale, Medaillen

und Trikots. Und in dem Maße, wie sie daran glauben, haben diese Dinge dann auch ihre magische
Realität, ob der Leser dieser Zeilen nun pro oder
contra Magie eingestellt sein mag.

Moderne Magie – das muß kein Neomagismus
sein über dampfenden Töpfen, in denen eine Mixtur
aus Stierhoden und Eisenkraut gerührt wird. Moderne Magie zeigt sich zum Beispiel in den Vorlie-
ben, die die moderne Kunst für das Primitive, das
Archaische beweist, die Tatsache, daß unsere bil-
dende Kunst heute mit Motiven und Inhalten altchi-
nesischer und altperuanischer, indischer und afrika-
nischer Mythologie und Magie arbeitet. Und ist
nicht das ablehnende Unverständnis, das der modernen Kunst entgegengebracht wird, recht ähnlich
der zurückweisenden Ignoranz, die der Magie ent-
gegenschlägt?

Ein weiteres Beispiel für moderne Magie? Das,
was heute unter moderner Werbepsychologie zu-
sammengefaßt wird, ist zwar auf anderen Wegen
als die der Magie, aber letztlich doch genau dahin
gekommen, mittels Beeinflussungen im Bereich nie-
derer, also sehr alter Regionen des Hirns die Primitivperson im Menschen anzusprechen: Bei der Sug-
gestion auf dieser primitiven Ebene werden Vorstellungen ins Bewußtsein projiziert, womit das Ich
bewogen wird, sich den von den Primitivinstinkten
vorgegebenen Wünschen und Neigungen hinzuge-
ben. Das funktioniert, weil die Primitivvorstellun-
gen als immens gefühls- und instinktbesetzte Bilder
im Ichbewußtsein mit steuernden Affekten zusam-
menkommen. Das Ganze ist also ein fragiles Jon-
gleursgerüst aus Wunsch-, Trieb- und Angstvorstel-

> lungen, das jemanden dahin bringt, eine Ware zu
> konsumieren oder konsumieren zu wollen. Ist das
> nicht magisch?

Magier
ursprünglich Bezeichnung für Wahrsager und Wunder-
ärzte; heute meist abwertend für Zauberer und Taschen-
spieler.

Makrokosmos
im Gegensatz zum *Mikrokosmos* (siehe dort) die Welt
und das All im großen und ganzen. Daß Makro- und
Mikrokosmos miteinander verbunden sind und sich im
Rahmen von Entsprechungen und Zuordnungen wech-
selseitig reflektieren und beeinflussen, ist eine axiomatische Grundvorstellung der Astrologie.

Mala fortuna
(lateinisch für: Unglück, Pech) der 3. *Ort* (siehe dort)
des Horoskops.

Malefizplaneten
im Gegensatz zu den *Benefizplaneten* (siehe dort) die
unglückbringenden Planeten (Mars und Saturn).

malus daemon
(lateinisch für: böser Geist) der 12. *Ort* (siehe dort) des
Horoskops.

Mandala
eigentlich aus dem Buddhismus kommender Begriff für
runde oder mehreckige Schaubilder, die aus verschiede-

nen symbolischen Zeichen zusammengesetzt sind und als
Meditationshilfe, aber auch als bedeutungsvoller Wand-
schmuck benutzt werden; in der Astrologie Ausdruck für
die Tatsache, daß die psychologisch orientierte Astrologie
(vor allem die Nachfolge von C. G. JUNG) der Horoskop-
darstellung selbst den Charakter des Mandala zuschreibt,
womit – sehr vereinfacht ausgedrückt – gemeint ist, daß
das Horoskop bedacht und meditiert werden muß, und
zwar nach Regeln und Gesetzmäßigkeiten, die ebendiese
psychologische Astrologie untersucht.

> »Wer sich nicht über die Wirklichkeit hinauswagt,
> der wird nie die Wahrheit sehen.«
>
> FRIEDRICH VON SCHILLER

Manetho
um 275 vor Christus schreibender ägyptischer Denker
und Chronist; studierte im Zweistromland und beschrieb
in seinen langen, sehr kunstvoll erarbeiteten Gedichten
die Prophezeiungskünste der Babylonier.

Manilius, Marcus
unter dem Pseudonym AUGUSTUS publizierender römischer Verfasser eines Gedichts, das eine intelligente Einführung in die Astrologie darstellt und, gewissermaßen
nebenbei, eine eigene Theorie der Zuordnungen und Entsprechungen von Körperteilen zu den Tierkreiszeichen
entwickelt.

Mantik
die Kunst der Weissagung, beruhend auf magisch-gelehr-
ter Überlieferung und/oder Ekstase.

Markab

(Alpha Pegasis – 22°49' *Fische)* hellster Fixstern des Sternbilds Pegasus im Sternzeichen Fische, der, von Merkur
und Mars geprägt, zu Vorsicht vor unsichtbaren Gefahren und Erhaltung der Gesundheit rät.

Mars

a) astronomisch: in etwa zweijährigen Intervallen den
Nachthimmel beherrschender Planet, der zur Erde die
größten Entfernungs- und somit auch die größten Hellig-
keitsschwankungen aufweist. Die Bahnbewegungen dieses Planeten gelten als die kompliziertesten. Es wird vermutet, daß es auf dem Mars kein organisches Leben gibt.
Seine Oberfläche zeigt eine Morphologie, die sowohl
Ähnlichkeiten zu der der Erde als auch zu jener der
Sonne aufzeigt: ausgetrocknete Flußfelder, Krater, Lava-
felder, Vulkane und Sanddünen. Als marstypische For-
mation gilt der Vulkan Mons Olympus mit einer Höhe
von über 20000 Metern und einem Durchmesser von
mindestens sechshundert Kilometern. *b) astrologisch*
(siehe unten):

Mars – Malefizplanet und Meister des Bösen

Mars ist der Planet des Geschlechts, aber auch der
Gewalt! (Und Geschlecht und Gewalt können sich
leicht vereinigen und alle Formen der Vergewalti-
gung ergeben.) So verhält er sich auch zu allen Himmelskörpern negativ, außer zur Venus, dem Planeten der Sinnlichkeit. In gewisser Hinsicht ist Mars
das männliche Gegenstück zur Venus. Traditionell
als Malefizplanet, als Übeltäter gesehen, wird seine

Wirkung heute doch etwas positiver gewertet: Mars vermag bisweilen auch ausgleichende, ergänzende Wirkung auszuüben. Ansonsten bedingt er ein männlich-aggressives Wesen, das einerseits furchtlos, andererseits aber auch anmaßend bis tyrannisch sein kann. So ist Mars unter anderem auch der Herrscher der unkontrollierten und/oder extremen Verhaltensweisen. Weiterhin regiert er: Streit, Konflikte, Feindseligkeiten, Unfälle, Verluste aller Art und gefährliche Reisen.

Steht er in einem positiven/günstigen Aspekt, so verhilft Mars zu Furchtlosigkeit, Unbeugsamkeit und klugem Verhalten; verhält er aber unter einem negativen/ungünstigen Aspekt, so bedingt er verschärfte Aggressivität bis hin zur Lust an der Schlägerei (bei intellektuelleren Typen: Lust an der Verletzung mittels Worten). Insgesamt regiert Mars eine gewaltige Triebsphäre, eine unersättliche Sexualität, die bisweilen zügellose Formen anzunehmen vermag. Vielleicht ist es nur gut, daß andere Planeten die Eigenschaften, die Mars kontrolliert, teilweise entschärfen. Mars ist der Dominator der Kriege, der Herrscher auch des Feuers und der Klinge. Er leitet Haß, Hoffnungslosigkeit (Depression!) und mordlustige Rachsucht. (Als Entsprechung dazu, daß Mars ein rötlich schimmernder Planet ist, gelten rötliche und rote, in Eisen gefaßte Steine als Mars-Talisman.)

Marsoppositionen

sind gegeben, wenn Sonne, Erde und Mars auf einer Linie stehen, wobei die Entfernung zwischen Erde und Mars aufgrund der immensen Exzentrizität der Marsbahn innerhalb von 16 Jahren um 55 bis 400 Millionen Kilometer schwanken kann.

Materie, intergalaktische
Staubpartikel und Gase im Umkreis sowie zwischen benachbarten Sternsystemen.

Materie, interplanetare
Gase, aber auch Staubpartikel, die von den Sonnenwinden ergänzt werden und in interstellare Materie (siehe *Materie, interstellare*) übergehen.

Materie, interstellare
auch interstellares Medium; wolkenartig verdichtete Gase, die zwischen den (Fix-)Sternen liegen und mit diesen Materien austauschen; die interstellare Materie ist auf die Ebene der Milchstraße und der Spiralnebel konzentriert (siehe auch *Materie, zirkumstellare*).

Materie, zirkumstellare
gas-, aber auch staubförmige Materie, die, räumlich mit einem Stern benachbart, in kosmognomischem Verhältnis zu jenem steht.

Maternus
Pseudonym des JULIUS FIRMICUS, eines sizilianischen Senators, der im Auftrag Kaiser KONSTANTINS DES GROSSEN das achtbändige Werk »*Mathesis*« (siehe dort) schrieb: eine Kompilation der astrologischen Erkenntnisse jener Zeit. Allerdings hatte Maternus einiges falsch verstanden und/oder beschrieben, so daß sich über Jahrhunderte hinweg in der astrologischen Welt immer wie-

der Mißverständnisse ergaben, die auf diese Niederschrift zurückzuführen waren.

Mathesis
das Werk des römischen Intellektuellen und Aristokraten JULIUS FIRMICUS, genannt *Maternus* (siehe dort). »Mathesis« ist ein Klassiker in seiner Art: Maternus glaubte und predigte, daß der Astrologe als Vermittler zwischen den Sternen und den Seelen ein reines Leben führen müßte, um seine Qualitäten beibehalten und noch verbessern zu können. Die menschliche Seele sei ein Funke des göttlichen Geistes, der seine Kräfte über die planetarischen Einflüsse dirigiere. Ansonsten war einiges, was in der »Mathesis« besprochen wird, falsch – und führte zu Mißverständnissen, die sich jahrhundertelang hielten.

matutinal
in der Astrologie der Zustand, wenn ein Gestirn vor dem Sonnenaufgang aufgeht.

MC
Abkürzung für *Medium coeli* (siehe dort).

Medaillen, astrologische
Glücksbringer, deren Material mit dem Planeten, unter dessen Einfluß der Träger steht, übereinstimmt.

Medici
Florentiner Adelsdynastie mit engem Bezug zur Astrologie (siehe folgende Seiten).

Medium coeli
Abkürzung MC; *a)* Himmeismitte; der Moment, wenn

Die Medici und die Astrologie

I

Nicht nur weltliche Herrscher sahen ratsuchend zu den Sternen auf. Wie auch immer die ursprünglichen Standpunkte der römisch-katholischen Kirche in bezug auf die Astrologie waren – die Päpste des 15. und 16. Jahrhunderts beschäftigten ihre Hofastrologen, deren Rat sie sehr ernst nahmen und die sie entsprechend in Ehren hielten. Mehr noch als alle anderen Päpste beriet sich LEO X. mit seinem astrologischen Mentor, wann auch immer er die günstige Stunde oder die geeignete Strategie für ein Vorhaben ausfindig machen wollte. Dies erstaunt nicht weiter, wenn man weiß, daß Leo X. eigentlich GIOVANNI DE MEDICI hieß, bevor er auf den päpstlichen Thron kam – und er und sein ganzes Leben davon geprägt waren, daß man ihm als kleinem Jungen astrologisch prophezeit hatte, daß er dereinst einmal Papst werden würde.

II

Zwei wichtige politische Führer ihrer Zeit, COSIMO DE MEDICI und sein Enkel LORENZO, beschäftigten zur Unterstützung ihrer sozialpolitischen wie auch privaten Belange mehrere führende Astrologen. Im Jahre 1478 kam es zu einer historischen Stunde der Astrologie, als die Florentiner Regierung, geleitet von LORENZO DE MEDICI, einen Kreis von wichtigen Astrologen, unter ihnen auch die verfeindeten MARSILIO FICINO und PICCO DELLA MIRANDOLA, versammelte (später platonistische Gruppe genannt)

mit dem Auftrag, sich Zeit zu nehmen und in aller
Muße auszudiskutieren, welche der zu jener Zeit
praktizierten Schulen der Astrologie die vielver-
sprechendste und in welcher Form diese zu unterstützen und zu entwickeln sei.

III
Die Frau Heinrichs II. von Frankreich, die als grausam und skrupellos bekannt gewordene KATHA-
RINA VON MEDICI, beschäftigte sich mit allen Arten
des Wissens und der Wissenssuche, vor allem aber
interessierte sie sich für die okkulten Wissenschaften. Sie hielt sehr viel von Astrologie – was nicht
verwunderlich ist, wenn man weiß, wie sehr alle
Medicis schon immer von der Astrologie beeinflußt
waren. Der erste Astrologe, der im Dienste der später so machtlüsternen Dame, zu der Zeit eine
Jugendliche, tätig war, hieß LUCAS GAURICUS (siehe
dort), von den Franzosen Luc Gaurice genannt. Er
entwarf Horoskope für sie und sagte voraus, daß
die heranwachsende Katharina Königin von Frankreich werden würde. Von da an, vor allem aber
nachdem sie tatsächlich den Thronfolger Dauphin
geehelicht hatte, arbeitete sie sehr eng mit Gauricus.
Dieser war bald auch der astrologische Berater von
Heinrich II. und vermochte ihm gar durch eine Vorausschau das Leben zu retten. Jahre später, als
Katharina und ihr Gatte die Konsultationen mit
dem Gelehrten NOSTRADAMUS (siehe dort) als ergie-
biger erachteten, verabschiedete sich Gauricus höflich – und trat in den astrologischen Dienst für
PAPST PAUL III.

vom Standort des Beobachters aus die Sonne mittags auf ihrem *Meridian* (siehe dort) erscheint; siehe auch *Imum coeli;* b) der 10. *Ort* (siehe dort) des Horoskops.

Medium, interstellares
Bezeichnung für die Gaskomponente der interstellaren Materie (siehe *Materie, interstellare*).

Melothesie
Teilgebiet der Mikro-Makro-Kosmos-Theorie (siehe *Makrokosmos, Mikrokosmos* beziehungsweise *Mikro-Makro-Kosmos*): Glieder und Organe des menschlichen Körpers werden als mit den Planeten und Tierkreiszeichen in analoger Relation stehend betrachtet; weitere Analogien und Entsprechungen werden zwischen Pflanzen, Tieren, Metallen, Harzen, Düften und so fort gesehen.

Menkar
(Alpha Ceti – 13°38' *Stier)* hellster Fixstern des Sternbilds Walfisch im Sternzeichen Stier, der, vom *Malefizplaneten* (siehe dort) Saturn dominiert, auf Krankheit und Mißerfolg deutet.

Meridian
a) jeder die geographischen Pole der Erde verbindende Halbkreis auf der Erdoberfläche: Von einem sogenannten Nullmeridian aus, seit 1911 aufgrund internationaler Vereinbarungen der Ortsmeridian von Greenwich, wird die geographische Länge, eine der geographischen Koordinaten, gezählt. b) astronomischer Begriff für den sowohl durch die beiden Himmelspole als auch *Zenit* (siehe dort) und *Nadir* (siehe dort) führenden Großkreis, der auch Mittagskreis genannt wird, weil er die Verbin-

dung zwischen den beiden Mittagslinien darstellt, und
der den Horizont in Südpunkt und Nordpunkt schneidet. Im Meridian beziehen die Sterne die Meridianhöhe,
ihren höchsten Stand über dem Horizont. Bei ihrer täglichen scheinbaren Bewegung erreichen die Himmelskörper im Himmelsmeridian ihre größte oder kleinste Höhe
über oder unter dem Horizont. In diesem Fall spricht
man vom Kulminieren im Meridian; siehe auch unten.

Meridian und Aszendent –
Die wichtigsten Punkte des Horoskops

Der am Ostpunkt des Horizonts aufsteigende Grad
oder *Aszendent* (siehe dort) ist so etwas wie das
individuellste Merkmal des Horoskops. Durch die
Umdrehung der Erde um ihre eigene Achse steigt
alle zwei Stunden ein neues Tierkreiszeichen auf –
genauer: In jeder vierten Minute einer Stunde steigt
ein neuer Grad (der insgesamt dreißig Grade) eines
Zeichens auf. Deswegen ist die Angabe der genauen
Geburtszeit zwecks präziser Errechnung des
Aszendenten unerläßlich. Und daran wird auch
ersichtlich, warum kaum zwei Menschen, die am
selben Ort und am selben Tag geboren würden, das
gleiche Horoskop hätten.

Es ist keineswegs gleichgültig, welches Tierkreiszeichen am Ostpunkt des Horoskops aufsteigt und
damit zum Aszendenten wird, denn dieses Zeichen
prägt zum Großteil das Ich. Der Typus entsteht
durch den Aszendenten. So spricht man auch etwa
von einem Schütze-Typ, wenn der Betroffene
Schütze nicht etwa als Tierkreiszeichen, sondern als

Aszendenten hat. Der Aszendent symbolisiert in einem Horoskop den Menschen selbst, sein Ich und seine körperliche Gestalt. Aus dem Aszendentenzeichen kann man gewisse Rückschlüsse ziehen auf die Temperamentsanlage und die elementaren Charakterzüge eines Menschen. Umgekehrt kann ein erfahrener Astrologe aus der Erscheinung und der Wesensart den Aszendenten erraten.

Der zweitwichtigste Punkt in einem Horoskop ist neben dem Aszendenten der kulminierende Punkt oder der obere Meridian, auch Himmelsmitte, Medium coeli, abgekürzt MC genannt. Von der Spitze begrenzt (Feld X), bildet er den oberen Teil der sogenannten Vertikalachse des Horoskops. Horizontal- und Vertikalachsen ergeben somit das Achsenkreuz und lassen wertvolle Schlüsse auf Wesenskern und Handlungsweise eines Menschen zu. Verrät der Aszendent das eigene Ich, die Persönlichkeit, den Körper und die nähere Umwelt des Horoskopeigners, so zeigt der Meridian die Individualität eines Menschen auf sowie seine Stellung innerhalb der Öffentlichkeit und somit auch seine soziale, berufliche Position und die Möglichkeiten des Aufstiegs im Leben.

Im folgenden eine knappe Zusammenfassung der Wirkungen des Meridians in den zwölf Tierkreiszeichen:

Meridian im Zeichen Widder
Das persönliche Streben richtet sich auf die Eroberung der Umwelt, ist bedacht auf Leitung, Führung, Durchsetzung der Persönlichkeit, wobei das Errei-

chen der persönlichen Ziele unter anderem auch mit
Rücksichtslosigkeit und Aggressivität verbunden
sein kann. Mars ist hier Herrscher, so sind auch die
Energien kriegerisch gefärbt. Man ist auf Ansehen,
Geltung und gesellschaftliche Erhöhung bedacht,
wobei das Erreichen der beruflichen Ziele meist mit
Kampf verbunden ist. Das Motiv der Energie, der
unternehmenden Tat, wird immer vorhanden sein,
bisweilen gewinnen Impulsivität, Übersteigerung,
Voreiligkeit und Aggressivität gegenüber der Mit-
und Umwelt die Oberhand.

Meridian im Zeichen Stier
Hier zeigt sich die Realitätsnähe der beruflichen
und persönlichen Gesichtspunkte, indem sich die
Ideale oder inneren Neigungen und Werte der materiellen Sicherheit und dem Verlangen nach Bestän-
digkcit unterordnen müssen. Es wird geplant und
maßvoll kalkuliert und der Blick auf das Praktische
und Verwertbare gerichtet. Venus als Herrscherin
verleiht der Persönlichkeit eine künstlerische Note
oder eine Vorliebe zu genußvollem Leben. Doch
werden auch diese Züge viel mehr von der Realistik
des Denkens und Handelns in den Griff bekommen,
als daß ihnen nachgegeben würde. Ziele sind dazu
da, mit Ausdauer und Beharrlichkeit verfolgt zu
werden – und es herrscht auch ansonsten konserva-
tives Denken vor. Hier werden Geldstandpunkt
und Ertrag einer Sache im Auge behalten.

Meridian im Zeichen Zwillinge
Das Berufsschicksal gestaltet sich unruhig, denn der
Meridian repräsentiert in diesem Zeichen die Viel-

seitigkeit und Zerrissenheit, den Zwiespalt und die innere Unruhe. Es wird öfter der Beruf gewechselt oder vielseitigen Neigungen, Anlagen und Wünschen durch immer neue Erfahrungen und neue Gesichtspunkte nachgegeben. Die Durchsetzung, der soziale Aufstieg zeigen daher unterschiedliche Tendenzen, wobei Aufstieg und Rückschläge oft periodisch wechseln. Die soziale Lage leidet durch innere Unzufriedenheit mit dem Geschaffenen oder Erreichten. Zersplitterung und Unentschlossenheit sind die wahren (Hinter-)Gründe der beruflichen Kämpfe. Lieblingsbeschäftigungen und immer wieder neue verlockende Ziele erschüttern die äußere Stabilität. Das Leben auf einen einheitlichen Nenner zu bringen, ist das Schwierigste, denn Merkur ist hier Herrscher.

Meridian im Zeichen Krebs
Die finanzielle Lage und die wirtschaftliche Sicherung zeigen ein gelegentliches Schwanken und lassen bisweilen einen deutlichen Auf-und-ab-Rhythmus beziehungsweise ein Vor und Zurück erkennen. Mehrmals kommen Neu- und Wiederanfänge vor, denn der Mond als Herrscher nimmt hier Einfluß auf den Beruf und die soziale Geltung. Die Ziele sind größtenteils gefühlsorientiert, und ihr Durchsetzen wird oft mit Diplomatie und/oder Anpassung an die gegebenen Verhältnisse zu erreichen versucht. Trotz innerer Nachgiebigkeit ersehnt man aber Selbständigkeit und Unabhängigkeit. Hier hängt viel vom Wollen ab. Wenn der Wille da ist, ist auch Beständigkeit gegeben. Eine Gefahr liegt – immer wieder – im schnellen Nachlas-

sen der Kräfte, im Abfallen der Energiekurve. Um
das eigentliche Ziel herum entsteht oft ein langes,
intensives Suchen. Das Streben nach wirtschaftlicher Sicherung ist groß, findet aber nicht immer
seine Erfüllung.

Meridian im Zeichen Löwe
Das Verlangen nach Ansehen, Geltung, Einfluß
oder gar Macht tritt hier deutlich in den Vorder-
grund. Die Persönlichkeit will innerhalb ihrer
Sphäre zur Beachtung kommen, und man versucht,
über Protektionen, Beziehungen und Verbindungen
den Aufstieg zu beschleunigen. Die Gesichtspunkte
sind großzügig; mit der Sonne als Herrscherin lassen
sich hohe Ziele auch erreichen. Das Streben ist bisweilen egozentrisch – auf das eigene Ich und das
Vorkommen fixiert – und die Persönlichkeit lechzt
nach Anerkennung, Lob und Bestätigung. Die
Ansprüche an das Leben sind groß und voll Leidenschaft. Werden sie vom Schicksal nicht erfüllt, so
zeigen sich schnell Überkompensation, Übertreibung und – sehr oft – Angeberei.

Meridian im Zeichen Jungfrau
Mit Gewissenhaftigkeit, Genauigkeit und Methodik
lassen sich die Ziele aus kleinsten Anfängen heraus
systematisch entwickeln, wobei Vorsicht und kritische Einstellung des Denkens selten zu großen Ver-
lusten führen können. Das Augenmerk wird hauptsächlich auf die wirtschaftliche Sicherheit gelegt,
und die festen Stellungen werden – selbst bei kleine-
rem Radius der Persönlichkeitsentfaltung – mehr
ersehnt als etwa die freie Linie. Beruflich gibt es

kaum Sprünge, das Ganze geht mehr den Weg des Organisierens, des Nützens vorhandener Möglichkeiten. Lebenspläne und Einteilungssysteme spielen eine große Rolle. Berechnung ist das Hauptmotiv. Hier herrscht Merkur, und er fördert das Denken und unterdrückt Gefühle bisweilen.

Meridian im Zeichen Waage

Beruf und gesellschaftliche Stellung im Sinne des Repräsentierens und der Popularität sind hier maßgebende Faktoren. Der persönliche Ehrgeiz mischt sich in die beruflichen Pläne; Geldstandpunkte, Einkommen, Vermögen, Beziehungen und deren Nutzung sind Mittler des Aufstiegs. Die Persönlichkeit liebt es, ihren Einfluß zu vergrößern, gern auch durch Anschluß an einflußreiche Personen. Gesucht wird Teilhabe durch Partnerschaft, auch die Heirat erfolgt bisweilen aufgrund beruflicher Erwägungen. Die Konzilianz des Wesens und das gewinnende Verhalten ermöglichen die Erfüllung ehrgeiziger Pläne, die auch einmal spekulativer Art sein können. Diplomatie und schlaue Berechnung fördern die eigenen Ziele. Herzlichkeit und ein freundliches Wesen, das dem Meridian in diesem Zeichen innewohnt, sind nicht immer echt, sondern oft auch Umgangsformen im Dienste der Strategie. Hier herrscht Venus, und sie ist auch die Ursache für eine große Liebe zu den Künsten.

Meridian im Zeichen Skorpion

Beharrlichkeit, Energie, Aufstieg aus eigener Kraft, Erfolg durch Zähigkeit sind die hier ausschlaggebenden Faktoren. Der Aufstieg erfolgt oft aufgrund

enormer Leistungseinsätze, mit großer, impulsiver
Energie – und nicht immer rücksichtsvoll. Der Ehrgeiz ist anhaltend, stetig, ja fast zunehmend. Die
Berufsinteressen sind nie oberflächlich, vielmehr
leidenschaftlich, ernsthaft und tiefschürfend. Auch
wird keine Arbeit gescheut – mehr noch, der Betroffene neigt zur Überarbeitung unter Einsatz seiner
Gesundheit. Und immer steht das Ego im Zentrum.
Mars herrscht und bedingt die Bestrebungen, mit
denen die Umgebung nicht immer einverstanden
ist. So sind gelegentliche Heimlichkeiten nicht selten. Der Erwerbssinn ist stark ausgeprägt.

Meridian im Zeichen Schütze
Die Ziele sind weit gesteckt, und die Persönlichkeit
verlangt außerordentlich nach Ansehen, Geltung,
Einfluß und sozialer Bedeutung. Vielseitigste Interessen und vielerlei Pläne zur gleichen Zeit erschwe-
ren bisweilen die Konzentration, die zum Tun vonnöten wäre. Das Gerechtigkeitsempfinden und die
Tendenz, seine Ziele auf immer legale, ja anständige
Art und Weise zu verwirklichen, verhindern Rück-
sichtslosigkeiten. Protektionen, staatliche, amtliche,
behördliche Stellen unterstützen diesen Typ und
verhelfen ihm oft zu seinen Zielen. Unter der Herrschaft von Jupiter wird der Horoskopeigner entweder reisen und vor allem im oder durch das Ausland
zu Erfolg und Erweiterungen seines Gesichtsfelds
kommen oder seiner eigenen Geltungssucht und
Egozentrik zum Opfer fallen.

Meridian im Zeichen Steinbock
In diesem Zeichen verleiht der Meridian brennen-

den Ehrgeiz und unlöschbares Verlangen nach Aufstieg und Persönlichkeitsgeltung bei gleichzeitiger Sicherung im Materiellen. Die sachliche Note dieses Zeichens will weniger den Aufwand als vielmehr die Macht. Die Blickrichtung ist realistisch; Gefühle werden nur zugelassen, wenn sie Taten nicht stören können. Saturn als Herrscher verleiht die Neigung zu einer gewissen Härte, aber auch eine große konzentrative Überwindung jeglicher Hindernisse. Der Aufstieg geht meist langsam und zäh voran, führt aber, da Schwierigkeiten überwunden werden, zu selbständigen Positionen. Solidität und Pflichterfüllung, dazu noch Beständigkeit machen die Erfolge dieses Typs aus.

Meridian im Zeichen Wassermann
Das soziale wie berufliche Schicksal ist manchen unerwarteten Schwankungen ausgesetzt: Umbrüche, Wieder- und Neuanfänge sind nicht selten, weshalb auch finanzielle Stabilität oft nicht gegeben ist. Bisweilen muß ein sogenannter Brotberuf erlernt werden, obwohl/weil die wirklichen Interessen ganz anders liegen, manchmal ist auch eine Neigung zu eigenwilligen und selbstverschuldeten unangenehmen Veränderungen vorhanden. Freundschaften und Beziehungen zur Umwelt/Umgebung sind diesem Typus wichtiger als manches andere. Mancherlei verlockende neue Ziele und auch politische Interessenwenden schaden immer mal wieder dem sozialen Aufstieg. Das Ungewöhnliche, das Abseitige, das Originelle und das Abweichende üben eine starke Anziehungskraft aus. Alltag und Alltagsbeschäftigungen bringen keine Befriedigung. Trotz-

dem ist eine gewisse Art von Hartnäckigkeit, Zähigkeit gegeben, die bisweilen auch zu beruflichen Erfolgen führen kann.

Meridian im Zeichen Fische
Die Energieeinsätze sind nicht besonders stark und auch nicht allzu zielstrebig. Das empfängliche, gefühlsbetonte, teilweise indolente und ausnutzbare Wesen bewirkt Krisen im Berufsleben und materielle Glücksfälle ebenso wie unerwartete Hilfen über die Mit- und Umwelt. Das materielle Streben geht nach leichtem, mühelosem Leben oder auch Genuß. Eigene Hilfsbereitschaft ist fast immer vorhanden und wird in Krisenfällen auch durch andere erfahren. Das Schicksal läßt selten ein Fortkommen zu, und der Beruf geht entlang der Linie des geringsten Widerstands. Die Willenskurve ist nur kurzfristig positiv, sie sackt leicht ab, will immer wieder neu motiviert sein. Die Berufslinie verläuft eher im Hintergrund.

Alle diese Zeicheneinflüsse am Meridian können nun teilweise ganz beträchtlich verändert werden, falls sich im zehnten Horoskopfeld mehrere Planeten befinden; zusätzlich umfaßt ein Horoskopfeld manchmal zwei Tierkreiszeichen je nach seiner Ausdehnung, so daß auch das zweite Zeichen zur Wirkung kommt.
    Befindet sich aber die Sonne im zehnten Feld und einem der vorgenannten Zeichen, so kann man auf eine sehr markante Wirkung des jeweiligen Zeichens schließen.

Merkur

a) astronomisch: innerster Planet im heliozentrischen System, mit stark exzentrischer Umlaufbahn, unter den mit dem Auge sichtbaren Planeten der am schwierigsten zu beobachtende. Merkur bleibt stets in Sonnennähe und wird fast immer von ihr überstrahlt, so daß er nur bei Morgen- und Abendhimmel und in Europa kaum 18 Stunden am Jahr zu sehen ist (Merkur kann als unterer Planet nicht in Opposition zur Sonne stehen). Durchschnittlich alle 116 Tage kehrt die Erscheinung des Mars zyklisch wieder; dreimal jährlich und zehn bis vierzehn Tage vor der unteren Konjunktion tritt die wenig ausgeprägte Schleifenbildung auf. Das Innere des Merkur scheint dem der Erde zu gleichen (Eisen und Silikat), die Oberfläche ist ähnlich der des Mondes. Merkur hat ein schwaches Magnetfeld und liegt in einer dünnen Atmosphäre aus Edelgasen. *b) astrologisch:* siehe unten.

Merkur – verständiges Chamäleon

Merkur wird in Verbindung gebracht mit Erinnerungsvermögen und Vorstellungsgabe, mit Redekunst und mit analytischem Verstand. Man stelle sich die Einflüsse dieses Planeten so vor, daß sie in gutem Aspekt mit der Sonne den idealen Poeten oder einen romantischen Minnesänger ergeben würden. Denn Merkur gilt auch als Chamäleon unter den Planeten, er kann eine gute, wandlungsfähige Natur im positiven Sinn bedeuten, aber auch Arglist und Bosheit produzieren; er kann ein perfektes Gehirn beherrschen, gibt ihm aber zugleich die Note eines herzlosen Verstandes – und einen Charakter, der bisweilen zum Opportunismus neigt.

Merkur beherrscht die Jugend, das Nervensystem
und die Atmungsorgane, das Reisen, den Materialismus und das Studium/die Forschung. Er bedingt
ein starkes und meist visuelles Gedächtnis und lebhafte kreative Phantasie, kombiniert mit intuitiv-
instinktiver, um so fesselnderer Rhetorik. Steht er
in schlechtem Aspekt, so verursacht er Wichtigtue-
rei und Besserwisserei. In der Magie gilt Merkur als
günstiger Planet für magische Unterfangen. Ansonsten verträgt er sich, außer mit Mars, mit allen anderen Planeten.
(Achat, Opal und Quecksilber sind die Talismane
Merkurs.)

Merodak

auch Marduk; Gott Babylons, der Schöpfer der Welt,
Entdecker des Jahres und der zwölf Monate; Merodaks
Planet war Jupiter.

Metalle

a) im Rahmen der Entsprechungs- und Analogietheorien
sind jedem Tierkreiszeichen auch Metalle zugeordnet:
Widder/Eisen und Stahl, Stier/Kupfer, Bronze und Pla-
tin, Zwillinge/Gold und Quecksilber, Krebs/Silber,
Löwe/Gold, Jungfrau/Gold und Quecksilber, Waage/
Gold und Kupfer, Skorpion/Eisen, Stahl und Radium,
Schütze/Zinn, Steinbock/Blei, Wassermann/Uran und
Radioaktivität, Fische/Zinn; *b)* im Rahmen der Entspre-
chungs- und Analogietheorien sind weiterhin auch eini-
gen Planeten Metalle zugeordnet: Sonne/Gold, Mond/
Silber, Mars/Eisen, Merkur/Quecksilber, Jupiter/Zinn,
Venus/Kupfer, Saturn/Blei.

Metempsychose
siehe *Reinkarnation.*

Meteor
aus dem Griechischen stammende Bezeichnung für
Licht- und Leuchterscheinungen am nächtlichen Himmel. Je nach Helligkeit/Sichtbarkeit werden die Meteore
unterschiedlich eingestuft und benannt: Ist der betreffende Meteor heller als die Venus, so spricht man von
einer Feuerkugel beziehungsweise von einem Bolid. Bis
zur Helligkeit der Venus spricht man von Sternschnuppe,
und solche Meteore, die nur im Teleskop sichtbar sind,
werden teleskopische Meteore genannt. Das in etwa hundert Kilometer Höhe stattfindende Leuchten der Stern-
schnuppen wird durch den Aufprall von kleinen Körper-
chen, den *Meteoriten* (siehe dort), auf Luftmoleküle und
dadurch verursachte Anregung und Ionisation hervorgerufen; das Nachleuchten erfolgt aufgrund von Rekombi-
nation.

Meteorit
aus dem Griechischen abgeleiteter Begriff für Meteor-
steine beziehungsweise Aerolithen: in die Erdatmosphäre
eingedrungene gesteinsartige Körper aus dem Weltall.
Man unterscheidet Steinmeteoriten, die im wesentlichen
aus basischen Silikaten bestehen, Glasmeteoriten, die
durchaus wie Scherben aussehen, und Eisenmeteoriten,
die vorwiegend Eisen und Nickel enthalten. Beim Aufprall der Meteoriten auf die Erde (wenn sie nach dem
Explodieren eines Meteors als Bruchstücke auf die Erdoberfläche fallen) können bisweilen gewaltige Krater entstehen. Der tägliche Befall der Erde mit Meteoriten
beträgt einige Millionen Kilogramm, wobei es sich aller-

größtenteils um Partikel handelt, deren Durchmesser
weniger als ein Zehntel Millimeter beträgt. Meteoriten
bewegen sich als Mitglieder unseres Sonnensystems in
Ellipsenbahnen um die Sonne, eine Tatsache, die von
Ernst F. F. Chladni (1756–1827) erkannt und formuliert wurde; sie sind insgesamt als Bruchstücke von
Meteoren, Kometen und Planetoiden zu betrachten.

Meteoritenhypothese

Modell (von Immanuel Kant) zur Erläuterung der Entstehung und Entwicklung der Planeten und des Planetensystems, demgemäß sich Sonne und Planeten aus Wolken
kleinster beweglicher Teile (siehe *Meteorit*) aufgrund
elektromagnetisch bedingter Vernetzung und Verdichtung gebildet haben.

Meteorströme

Schwärme von Meteoriten.

Metopososkopie

siehe *Stirnfaltendeutung*.

Metrodoros

vorsokratischer Dichter und Redner, der eine eigene
Schule der Redekunst entwickelte, indem er die Rede
gemäß den Häusern des Horoskops gliederte und gestal-
tete.

MEZ

Abkürzung für Mitteleuropäische Zeit.

MGZ

Abkürzung für Mittlere Greenwichzeit.

Mikrokosmos

im Gegensatz zum *Makrokosmos* (siehe dort) die Welt und das All im kleinen, womit der Mensch (beziehungsweise seine Seele, sein Inneres) als Spiegel der Welt gemeint ist: der Mensch als entsprechende, bedeutungstragende Miniatur, als Spiegelung der ganzen Welt im kleinen Rahmen.

Mikro-Makro-Kosmos

eines der Axiome der Astrologie: die Lehre von den Entsprechungen zwischen dem Mikro- und dem Makrokosmos, die Vorstellung, daß jedes Sein und Geschehen in dem einen Kosmos seine präzise Entsprechung in dem anderen hat, so daß man von dem Kleinen aufs Große und von dem Großen aufs Kleine schließen kann.

Milchstraße

aufgrund interstellarer Materie und Sternwolken reichhaltig strukturiertes, mattschimmernd-glänzendes Band aus Einzelsternen, das sich im Sternbild Schwan gabelt und die Symmetrieebene des *Milchstraßensystems* (siehe dort) darstellt.

Milchstraßensystem

Galaxis, in dem sich das Sonnensystem befindet; das oval abgeplättete Milchstraßensystem bewegt sich um das an Teilen reiche galaktische Zentrum.

Mirach

(Beta Andromedae – 29°46' Widder) heller Fixstern des Sternbilds Andromeda im Sternzeichen Widder, der, geprägt von Venus, auf Bindung und gute Möglichkeiten hinweist.

Mitherrschaft
in der Lehre von den *Würden* (siehe dort) wird die Trigone als verstärkend für die Planetenwirkung erachtet und gedeutet; es wird ihr Mitherrschaft zugesprochen.

Mithraismus
etwa Mitte bis Ende des dritten Jahrhunderts nach Christus eine sektenartig sich verbreitende Religion, die auf dem Sonnengott Mithras, dem Gott des Lichts und der Wahrheit, beruhte. Der Kult stammt aus dem chaldäischen Raum, wurde von den Parsen, den alten Persern, verfeinert, mit einigen astrologischen Symbolen versehen und dehnte sich allmählich nach Westen aus. In den verfallenen Tempeln der Mithraisten wurden Abbildungsreste von Tierkreiszeichen und Piktogramme aufgefunden, die die mithraistische Semiotik darstellen. Die Riten wurden unter den Angehörigen des Kreises geheiligt und völlig geheimgehalten. Der Glaube drang bis nach Rom, wurde eine Weile kultiviert, ging aber mit dem römischen Imperium unter.

Mittag
a) Zeitpunkt des oberen Meridiandurchgangs der Sonne;
b) Südrichtung.

Mittagslinie
veraltete Bezeichnung für *Meridian* (siehe dort).

Mittagspunkt
Südpunkt.

Mittelfelder
der 2., 5., 8. und 11. *Ort* (siehe dort) des Horoskops.

Mitternacht
a) Zeitpunkt des unteren Meridiandurchgangs der Sonne;
b) gilt seit 1925 als Tagesanfang.

Mitternachtspunkt
Nordpunkt.

Mitternachtssonne
die bis zu 182 Nächte pro Jahr nicht untergehende Sonne
in den polaren Regionen.

Monat
a) die Zeit, die der Mond benötigt, einmal die Erde zu
umlaufen; *b)* kalendarisch: Unterteilungskriterium des
Jahres.

Monat, astronomischer
die Zeit, die die Sonne benötigt, um ein Zeichen des
Tierkreises zu durchlaufen.

Monat, großer
ein Zwölftel des großen Jahres (siehe *Jahr, großes*), also
etwa 2150 Jahre.

Monatssteine
Zuordnung von Glücks- und Edelsteinen zu Monaten:
Onyx/Januar, Bernstein/Februar, Korallen/März, Blut-
stein/April, Smaragd/Mai, Farbsteine/Juni, Adular/Juli,
Rubin/August, Beryll/September, Achat/Oktober, Ame-
thyst/November, Türkis/Dezember.

Monat, synodischer
die Zeitspanne zwischen zwei Neumonden (29,5 Tage).

Mond

a) astronomisch: sogenannter normaler Planet (des geozentrischen Systems) mit relativ sehr wenigen Schleifen-
bildungen, so daß die Mondbahn zunächst einmal einfach
wirkt. Die vierwöchentlichen Gestalten und Lichtbil-
dungen des Mondes, deren Rhythmus seit Anbeginn der
Himmelsforschung zu den Grundlagen des Kalenders
gehörte und nach dem sich unser Monat richtet, sind
abhängig von der jeweiligen Stellung zur Sonne. Im heliozentrischen System steht der Mond als jener Planet, der
der Erde am nächsten ist. Das Fehlen von Atmosphäre
bewirkt auf der Mondoberfläche einen Temperaturunter-
schied von bis zu 280 Grad zwischen Tag und Nacht.
Nach innen, zum Planetenkern hin, nimmt die Temperatur rapide (1 Grad pro 60 Zentimeter) zu, so daß auf
teilweise radioaktives Material geschlossen wird; eine
Ionensphäre existiert. Die Beschaffenheit der Oberfläche
ist geprägt von endogenen thermischen Abläufen vulka-
nischer und magmatischer Art, aber auch exogener Prozesse wie Meteoritenkrater. Chemische Untersuchungen
von Mondgestein haben aufgezeigt, daß der Mond eine
völlig andere Entstehungsgeschichte hat als die Erde –
sein Alter wird auf 4,7 Milliarden Jahre geschätzt.
b) astrologisch: siehe unten.

Der oder die Mond?

Die Hindus sind der Überzeugung, der Mond
regiere Intellekt und Ratio, die abendländische
Mythologie glaubt vielmehr, daß er Gemüt und Leidenschaft beherrsche sowie wesentlichen Einfluß
auf den Körper und seine Gesundheit nehme. Wie

dem auch sei, der Mond ist – anders, als sein grammatisches Geschlecht vermuten läßt – als Planet weiblich, und in vielen östlichen Mythologien wird er als solcher betrachtet und grammatisch auch umschrieben: die Mond. Weiterhin steht dieser Planet mit dem Element Wasser in Zusammenhang, regiert die Kindheit, die Verdauung und die Periode der Frau.

Mit Heilkunde und Zauber wurde der Mond schon immer in Verbindung gebracht; neben der Sonne ist er auch der mythenträchtigste aller Gestirne. Auch Liebe und Triebe wurden und werden immer mal wieder im Zusammenhang mit dem Mond genannt, aber auch Phantasie und Rausch. Was noch alles in seinem Zusammenhang gesagt und geschrieben wird, kann der Leser dieser Zeilen am besten daran ersehen, wenn er für eine Minute die Augen schließt und sich zu erinnern versucht, was er in seinem Leben schon alles über den Vollmond und seine Wirkung gehört hat. (Unter anderem ist das deutsche Wort »Laune« von Luna = Mond abgeleitet. Das englische Wort »lunatic« = Irrer, Wahnsinniger trägt das Wort Luna ja augenscheinlich in sich.)

In der astrologischen Terminologie wird der Mond oft als Licht oder auch als Hauptlicht bezeichnet. Von der Bewegung des Mondes durch den Tierkreis hängen das Höher- und Tiefersteigen, die Kulminationshöhe ab. Von Saturn und Mars abgesehen ist der Mond zu allen Planeten freundlich. Er steht in gutem Verhältnis zur Sonne, zu Jupiter, Venus und Merkur. Insgesamt beeinflußt er Essen und Trinken, Kleidung, Reisen, Nachkommenschaft, Heim und Familie. (Perlen, Kristalle und Quarze, in Silber gefaßt, gelten als Talismane des Mondes.)

Mondalter
die Zeit seit dem letzten Vollmond.

Mondfinsternis
teilweise oder gänzliche Unsichtbarkeit des Mondes durch Verfinsterung beim Durchgang durch den Erdschatten; Mondfinsternisse treten alle 18 Jahre und 11 Tage unverändert wieder auf.

Mondhoroskop
vom Sonnenhoroskop abgeleitetes System zur Prognose der Einflüsse, denen der vom Horoskop Betroffene innerhalb einer Zeitspanne von 28 Tagen unterworfen ist; Grundlage ist der Zeitpunkt des Mondübergangs über seinen Platz im Geburtshoroskop.

Mondjahr
auch Lunarjahr; Zeiteinteilung, die sich nach der Abfolge der Mondphasen richtet.

Mondknoten
die Knotenpunkte der Mondbahn, *Drachenpunkte* (siehe dort) genannt aufgrund der zugrunde liegenden Vorstellung, daß Sonnen- und Mondfinsternis dadurch entstehen, daß Sonne und Mond von einem Drachen verschlungen werden; Mondknoten werden in der Astrologie als besonders verstärkend interpretiert.

Mondleerlauf
Begriff für den Leerlauf des Mondes, wenn dieser drei Zeichen durchwandern muß, um mit einem anderen Gestirn in *Konjunktion* (siehe dort) zu treten.

Mondperiodik
Begriff aus der Kosmobiologie für das Phänomen, daß die Geschlechtsreife und das Geschlechtsleben verschiedener Lebewesen vom Ablauf der *Mondphasen* (siehe dort) abhängig ist.

Mondphasen
a) die durch wechselnde Konfigurationen von Sonne, Mond und Erde von der Erde aus sichtbaren Form- und Lichtgestalten des Mondes; *b)* Grundlage des *Lunarkalenders* (siehe dort).

Mond, schwarzer
auch Lilith; alte, aber heute noch existierende Vorstellung von der Existenz eines zweiten, unsichtbaren Mondes, der – vor allem, was okkulte Bereiche ausmacht – das irdische Leben beeinflußt. Die Theorie ist in der Astrologie sehr umstritten, ja, man könnte sagen, daß sich das Lager der Astrologen aufteilt in solche, die an den schwarzen Mond glauben und ihn in ihre Interpretationen miteinbeziehen, und solchen, die das als Aberglaube abtun.

Mondtafeln
auf der Basis der Newtonschen Gravitationsgesetze errechnete Bahnbewegungen des Mondes, wobei die störenden Einflüsse aller im Sonnensystem befindlichen Himmelskörper mitbedacht werden müssen.

Mondzeiger
Alter des Mondes am Beginn des neuen Jahres.

Mondzirkel
Zeitraum von 6940 Tagen, der in 19 Sonnenjahre zu je 235 Mondmonaten aufgegliedert wird; Grundlage des lunisolaren Kalenders der griechischen Astrologie.

Moody, T. H.
englischer Professor für Mathematik, der 1838 ein Buch mit dem Titel »*Die vollkommene Widerlegung der Astrologie*« publizierte und Astrologen jeder Couleur wahllos als »pathetische Übeltäter und Scharlatane« bezeichnete, die sich – pseudowissenschaftlich bemantelt – an der Dummheit des Volkes bereicherten. Das Buch wurde nicht weiter beachtet. Aus heutiger Sicht ergibt sich der Eindruck, daß Moody sich einerseits zuwenig mit Astrologie beschäftigt hatte, und andererseits, daß er zu wissenschaftlich-mathematisch argumentierte.

Morgen
a) Zeit und Zone des Sonnenaufgangs; *b)* der Osten.

Morgenpunkt
der Ostpunkt, also der Aufgangspunkt der Sonne zur Zeit der Tagundnachtgleichen.

Morgenstern
Venus (siehe dort), wenn sie westlich der Sonne steht und in der Morgendämmerung sichtbar wird.

Morin de Villefranche, Jean-Baptiste
(1583–1656) französischer Astrologe, dessen 26 Bände

umfassendes Werk »*Astrologia Gallica*« eine kenntnis-
reich durchgeführte Aufarbeitung der Theorien PTOLE-
MÄUS' (siehe dort) darstellt.

MOZ
Abkürzung für *Ortszeit, Mittlere* (siehe dort).

Mundan-Astrologie
auch weltliche Astrologie; ein Zweig der Astrologie, der
sich mit dem Schicksal einer Nation oder eines Volks
beschäftigt und Prognosen fällt, die sowohl politischen
und sozialpsychologischen als auch natur- und umwelt-
bezogenen Inhalts sind.

Mundanmusik
siehe *Weltenmusik*.

NICOLAVS   COPERNICVS

Bild des Kopernikus, 1574 von Tobias Stimmer geschaffen

N

N
Abkürzung für *Nonagon* (siehe *Neuntelschein*).

Nacht
die je nach Jahreszeit und geographischer Breite unterschiedliche Zeitspanne zwischen Sonnenunter- und -aufgang, während der die Sonne unter dem Horizont steht.

Nachtbogen
das Gegenstück zum *Tagbogen* (siehe dort); gemeinsam müssen sie immer 360 Grad ergeben.

Nachtgeburt
Geburt, die in der Nacht erfolgt und daher von besonderem prognostischen Wert ist.

Nachtgestirne
Mond, Mars und Venus.

Nachtgleiche
siehe *Äquinoktium*.

Nadir
aus astronomischer Sicht Begriff für denjenigen Punkt, der auf der Himmelskugel dem *Zenit* (siehe dort) gegenübersteht. Nadir wird auch Fußpunkt genannt und ist der tiefste, senkrecht unter den Füßen des Beobachters liegende Punkt der unsichtbaren Himmelshalbkugel. In der prognostischen Astrologie meint die Bezeichnung die Himmelsmitte beziehungsweise das 6. Haus.

Naibod-Theorem
nach dem im 16. Jahrhundert (um 1550) lebenden Astro-

nomen und Mathematiker NAIBODA benannter *Direktionsschlüssel* (siehe dort) zur schnellen Errechnung von Mittelwerten in der *Primärdirektion* (siehe dort).

Nativität
seltener und letztlich irritierender Begriff, der synonym für Horoskop benutzt wird.

Naylor, R. H.
amerikanischer Journalist, der zu Beginn der dreißiger Jahre dieses Jahrhunderts für den New Yorker »Sunday Express« Horoskopspalten zu schreiben begann, die er mit großer Sorglosigkeit, spekulativ und vage daherformulierte. Er wurde sodann oft imitiert, damit zum Erfinder der Horoskopspalten, der die Astrologie am nachhaltigsten auf Abwege und in Verruf brachte.

Nebel
im astrologischen Sinne der galaktische Nebel, also *a)* der planetarische Nebel des Milchstraßensystems, bestehend aus scheibenartigen lichtschwachen Gasmassen, die sich um einen Stern zentrieren, und *b)* der sogenannte diffuse Nebel, bestehend aus lichtschwacher, feinkörniger Materie.

Nebenkreis
siehe *Kleinkreis.*

Nebularhypothese
KANTsche Hypothese, die davon ausgeht, daß die Gestirne des heliozentrischen Systems sich durch Verdichtung aus den kleinsten Teilchen einer Nebelwolke geformt haben.

Nechepso
mythischer Ägypterkönig, der von den Göttern mit Einsicht in das Wesen und Wirken der Sterne begnadet wurde; siehe auch *Nechepso* und *Petosiris*.

negativ
Synonym für passiv.

Neptun
a) astronomisch: nur im Teleskop als bläulich schimmernde Scheibe zu erkennen; viertgrößter Planet, mit einer Schleifenbildung ähnlich Jupiter und Saturn; der achte und vor Pluto der äußerste Planet aus heliozentrischer Sicht. Umgeben von dichter Atmosphäre, liegt die Temperatur auf der Außenfläche dieses »teleskopischen Planeten« bei etwa 170 bis 210 Grad unter Null. Oberflächenstruktur sowie Qualität und Beschaffenheit des Kerns sind weitgehend unbekannt. Zum Durchlaufen eines Tierkreiszeichens braucht Neptun 13,75 Jahre. Nicht nur astronomisch, auch astrologisch gilt er als Zwilling des Uranus. *b) astrologisch:* siehe unten.

Neptun – der Chaot unter den Planeten

Es scheint, als ob Neptun Verwirrung, Zerstreutheit, Konzentrationsunfähigkeit gleichsam wie die Übertreibung und bisweilen die Lüge regiere. Auch ansonsten wird er verantwortlich gemacht für Sachverhalte wie Unklarheiten, Täuschungen, Hinterlist, Ungewißheit, Falschheit; ja sogar mit Gift wird er in direkter Korrespondenz gesehen. Im positiven aber regiert er Feingefühl, Verständnis und Voraussicht. Auch fördert er alles Altruistische, wenn auch in der für ihn typischen ausschweifenden und verwirrenden Art und Weise. Neptun dominiert, neben dem Mond, das Wasser sowie alle wäßrigen Elemente und ist Alleinherrscher über das Erdöl. Da er sich sehr langsam bewegt und 15 Jahre im selben Sternbild stehenbleibt, ist sein Einfluß auf den einzelnen, auf das Individuum, nicht allzu stark. Um so verheerender seine Wirkung auf die Masse der Menschen. Neptun beeinflußt hin zu allem Magischen, vor allem aber zur schwarzen Magie, zur Hypnose und Mantik; er schwächt die Seelen, läßt sie fliehen und treibt sie dem Alkohol und den Drogen in die Arme. Er wird für fast alle Zustände des Chaos und der Anarchie (übrigens auch für Sozialismus, Kommunismus und alle Revolutionen) verantwortlich gemacht.

Nero
(37–68 n. Chr) äußerst astrologiegläubiger römischer Kaiser; zu besonderen Zeiten pflegte er von Tellern zu essen, die mit dem Tierkreiszeichen geschmückt waren, welches gerade herrschte.

Neumond
auch Dunkelmond; Bezeichnung für die Zeitspanne, während der die unbeleuchtete Seite des Mondes der Erde zugewandt ist (in Konjunktion); spielte in fast allen Mythologien eine wesentliche Rolle, vor allem wann immer es um Vorstellungen von Zeitfluß und zyklischer Unterteilung des Zeitflusses geht; in der Astrologie hat Neumond oft ungünstige Eigenschaften.

Neuntelschein
auch Nonagon; Begriff für einen *Aspekt* (siehe dort) mit
einem Winkel von entweder 40 oder 320 Grad.

Newton, Sir Isaac
(1643–1727) englischer Mathematiker, Physiker und
Astronom; siehe unten.

Sir Isaac Newton und die neue Ära

Ein Jahr nach dem Tod von GALILEO GALILEI (siehe
dort), der seinerzeit ins Gefängnis gekommen war,
weil seine Entdeckungen gleichzeitig bewiesen hatten, daß die Theorien KOPERNIKUS' (siehe dort)
denen des PTOLEMÄUS (siehe dort) überlegen waren,
wurde ISAAC NEWTON geboren. Man könnte meinen, daß das Erbe all der astronomischen Beobachtungen Galileos direkt auf Newton übergegangen
sei: Kopernikus, JOHANNES KEPLER (siehe dort) und
Galileo hatten ihm den Weg gebahnt, die Theorie
der Gravitation darzulegen, die zeigte, daß das Universum durch einfache, mathematisch zu errech-
nende Gesetze geregelt wird – und nicht durch
mystische und übernatürliche Kräfte. Dies bedeutete für Astronomie und Astrologie eine sehr will-
kommene theoretische Fundierung ihres Tuns. In
der Tat nahmen gewisse Strömungen der Astrallehren sehr viel wissenschaftlichere Wege auf als zuvor.
Aber auch für alle anderen Wissenschaften und
Glaubensformen bedeutete Newtons These, wofür
er geadelt wurde, einen Paradigmenwechsel, den sie
zumindest zur Kenntnis nehmen mußten. Newtons

Entdeckung war seinerzeit das, was ALBERT EIN-
STEINS Relativitätstheorie für unsere Zeit bedeutete.
Interessante Anekdote am Rande: All das, was er
in seinem Theorem von der Gravitation darlegte,
war Newton aufgefallen, als er, unter einem Apfel-
baum sitzend, beobachtet hatte, wie ein Apfel sich
vom Ast löste und auf den Rasen fiel!

Niedergang
eigentlich die Abkürzung für Niedergangswinkel; Begriff
für den siebten *Ort* (siehe dort) des Horoskops.

Nimrod
fälschlich oft Nemrod; legendäre Gestalt aus der Astro-
Mythologie; gilt neben ABRAHAM (siehe dort), HENOCH
(siehe dort) und SETH als Vater der Astrologie.

Nonagon
griechischer Name für *Neuntelschein* (siehe dort).

Norden
in der Nähe des Nordpunkts gelegene Himmelsrichtung,
weltweit die Hauptorientierungsrichtung.

Nordpol
hier nicht geographischer, sondern astronomischer Begriff für den Schnittpunkt der Himmelsachse mit der
Himmelskugel.

Nordpunkt
einer der Schnittpunkte des Horizonts mit dem *Meridian*
(siehe dort).

Nostradamus

(1503–1566) jüdischer Arzt, Kabbalist und Astrologe, dessen im Jahre 1555 als Gedichte verfaßten Prognosen (unter anderem über den Untergang der Welt und das Ende des Menschengeschlechts) seit ihrem Erscheinen bis in heutige Zeit Gemüter und Aufsehen erregten; siehe auch unten.

Nostradamus – Titan? Prophet? Medium? Genius?

NOSTRADAMUS war ein Universalgelehrter, der sich intensiv und – wie es seine Art war – tiefschürfend mit Magie, Mystik und immer wieder mit Astrologie beschäftigte. Sein Werk *»Die Jahrhunderte«* ist eine Sammlung von rätselhaften Prognosen, eingebettet und verschlüsselt in Gestalt von Gedichten mit komplizierter Reim-Struktur. So waren sie einerseits kaum zu interpretieren und andererseits offen für alle möglichen Deutungen. Unter den Prophezeiungen findet man etwa jene, die den großen Brand von London beschreibt, oder die, welche die Französische Revolution ankündigt. Die Rede ist auch vom Untergang des Planeten Erde im Juli des Jahres 1999.

Unter seinen Prognosen war auch einiges, was KATHARINA DE MEDICI (siehe dort), die Frau HEINRICHS II., betraf – und was sie auch ernst nahm: Nostradamus warnte davor, daß von ihren sieben Kindern sechs in Gefahr seien, merkwürdige und abwegige Schicksale zu erfahren, wie auch, daß Heinrich II. selbst in Lebensgefahr sei. Wörtlich hatte Nostradamus geschrieben: »Der junge Löwe schlägt den alten / auf kriegsähnlichem Gefild – im Einzelkampf / im güldnen Käfig wird die Augen er durchstechen / aus zweier Wunde eine dann / wird grausamen Tod der alte Löwe sterben.« Und drei Jahre nach Erscheinung des Werks starb Heinrich II. bei einem ritterlichen Turnier zur Feier der Hochzeit seiner Tochter: Ein junger schottischer Hauptmann durchbohrte – keineswegs willentlich, sondern durch einen grotesken Unfall – mit seiner Lanze den Helm des Königs und trieb die Spitze zwischen den Augen tief ins Gehirn. Ob der güldene Käfig den Helm meint oder metaphorisch für den Luxus solcher Feierlichkeiten steht ... wesentlich ist die allgemeine Stimmigkeit der Prophezeiung. Diese beeindruckte auch Katharina so sehr, daß sie – obwohl das Volk der Überzeugung war, Nostradamus selbst habe den Totschlag inszenieren lassen, um mit der Richtigkeit seiner Prognose Ruhm und Reichtum zu erlangen – nichts auf diesen kommen ließ. Ja, in der Regentin hatte Nostradamus auch fürderhin eine mächtige Fürsprecherin, auch noch, als tatsächlich sechs der sieben Kinder den ihnen prognostizierten abwegigen Schicksalen anheimgefallen waren.

Nova
siehe *Stern, neuer.*

Nukleogenese
Lehre von der Entstehung und Entwicklung der chemischen Elemente im Kosmos.

Nutation
Schwankungen der Polhöhe aufgrund der Schiefe der
Erdachse und der Wirkung der zur *Ekliptik* (siehe dort)
schiefen Mondbahn.

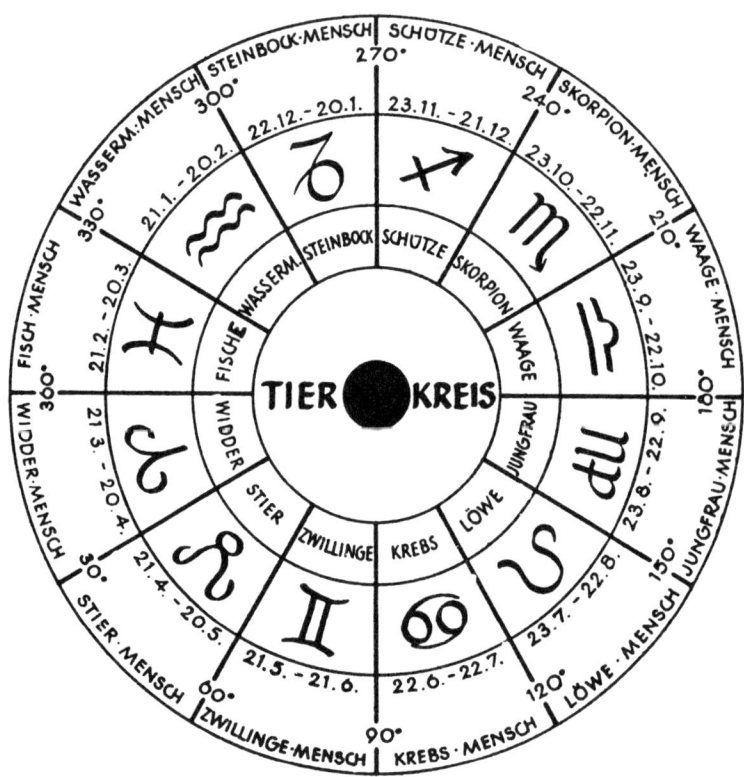

Der Tierkreis

Observation

auch intuitive Observation genannt; astrologische Technik, bei der der Ersteller des Horoskops das Gesamtbild nur kurz besieht, um dann mit geschlossenen Augen und möglichst instinktiv/intuitiv eine Art Stegreifprognose zu liefern.

Occasus

a) der siebte *Ort* (siehe dort) des Horoskops; *b)* Untergang eines Gestirns.

Ochse

das zweite Zeichen in der chinesischen Sonnentierkreis-Astrologie und somit die Entsprechung zum Stier.

Oculus Tauri

synonym verwendeter Name für den Fixstern *Aldebaran* (siehe dort).

Oktatopos

der Vorgänger des derzeit gültigen *Dodekatopos* (siehe dort; etwa das zwölfteilige Tierkreiszeichensystem): Oktatopos ist der Name des achtteiligen Tierkreisschemas, steht aber auch für andere Achtteilungen (beispielsweise des alten babylonischen Kalenders).

Okzident

Gegenteil von Orient: Westen, Abendland.

Okzidentalis

Bezeichnung für das gelegentlich zu beobachtende Verhalten eines Planeten, das darin besteht, der Sonne zu folgen.

> »Es sollte nicht vergessen werden, daß die Astrono-
> mie ihrer wahnsinnigen Schwester, der Astrologie,
> viel verdankt: Ohne sie wären viele Beobachtungen
> nicht gemacht, viele Tafeln nicht berechnet worden,
> ja, manch ein Astronom wäre verhungert, hätte es
> nicht die Astrologie und das große Interesse an ihr
> gegeben.«
>
> RUDOLF WOLF

Omen-Astrologie
Fortsetzung des altbabylonischen Sternenkults und
zugleich die erste Stufe der babylonischen Astrologie;
ohne Tierkreiszeichen beschäftigte man sich – etwa 1200
bis 700 vor Christus orakel-orientiert mit Ereignissen
von allgemeinem Interesse und großer Tragweite.

Opposition
der Moment, wenn ein aufgehender von einem untergehenden Planeten 180 Grad entfernt ist, was – hinsichtlich
der interpretatorischen Semantik – als überaus schwierig
bis ausgesprochen ungünstig gilt; siehe auch *Gegenschein.*

Orakel
kernreligiös zu betrachtender und religionsgeschichtlich
zu verstehender Begriff: durch Beobachtung und sachge-
rechte Interpretation von Menschen verstehbare ver-
schlüsselte Mitteilung Gottes (oder der Götter) über
räumlich und zeitlich noch ferne Begebenheiten. Als
Quellen dienen – je nach kulturellem Hintergrund – die
unterschiedlichsten Medien. Einige Kulturen benutzen
ausgeklügelte Riten und Kulte zwecks Orakelbefragung.

Orb

siehe *Orbis*.

Orbis

a) bei der Festlegung der *Aspekte* (siehe dort) auf die genaue Zahl der Grade lassen die Astrologen – gezwungenermaßen und um andere Ungenauigkeiten auszugleichen – einen Spielraum von sieben bis zwölf Grad, den Orbis; *b) Reichweite* (siehe dort).

Organe

im Rahmen der astrologischen Vorstellung von den Analogien, den Entsprechungen zwischen himmlischen Körpern beziehungsweise Sternbildern und irdischen Dingen und Vorgängen ist jedem Tierkreiszeichen auch ein Organ und/oder andere Körperteile zugeordnet; siehe unten.

Organe und ihre Entsprechungen zu den Tierkreiszeichen

Widder:	Kopf, Gesicht, Augen, Kopfnerv, Gehirn
Stier:	Hals, Rachen, Kehlkopf, Mandeln, Nase, Stimmbänder
Zwillinge:	Lunge, Bronchien, Arme, Hände, Rippenfell
Krebs:	Magen, Schleimhäute, Brust, Brustfell
Löwe:	Herz, Arterien, Blutumlaufgefäße, Rücken, Rückenmark
Jungfrau:	Bauch, Eingeweide, Verdauungstrakt, Leber, Milz

Waage:	Nieren, Harnblase, Venen, Prostata, Lymphsystem
Skorpion:	Sexualorgane, Leisten, Ausscheidungsorgane
Schütze:	Hüften, Schenkel, Muskeln, Lungenflügel
Wassermann:	Blutkreislaufsystem, Herz, Unterschenkel, Venen
Fische:	Füße, Gedärme, Lymphsystem

Ort

a) astronomisch: Sternort oder auch: Ort eines Gestirns; abhängig von der Position des Beobachters. *b) astrologisch:* auch Haus beziehungsweise Feld; Begriff für die Zwölfteilung der *Ekliptik* (siehe dort) beziehungsweise des wahren Horizonts wie auch für deren Umsetzung zum astrologischen Prinzip der Orte/Häuser/Spitzen: *Zenit* (siehe dort) und *Nadir* (siehe dort) beziehungsweise die Großkreise durch Nord- und Südpol unterteilen den Grundkreis des wahren Horizonts in zwölf Segmente von je 30 Grad – eben die Orte/Felder. Der erste Ort beginnt am Schnittpunkt des wahren Horizonts mit dem Himmelsäquator; daraus ergibt sich, daß das Ortesystem stets mit einem bestimmten Erdort und einer bestimmten Zeit einhergeht, was zugleich bedeutet, daß jeder Erdort nur ein einziges ihm zugehöriges Feldersystem hat. Das Tierkreiszeichensystem befindet sich in permanenter Rotation um die Welt (als hypothetischem Zentrum). Die Zuordnung der Häusergrenzen auf das astrologische System (ekliptikal) erfolgt aufgrund mathematischer Berechnungen, für die verschiedene Tabellen vonnöten sind. Allerdings gibt es mehr als zwanzig, teilweise sehr unterschiedliche Methoden der Umwandlung und Umsetzung; das Ganze wird noch mal erschwert dadurch, daß die Häuserspitzen, die den Anfangspunkt der Zählung darstellen – also grundlegend axiomatisch sind für die Resultate –, von verschiedenen Autoren entsprechend unterschiedlich angegeben sind. Dies gehört zu den Schwächen der modernen praktizierten Astrologie in dem Sinne, daß sie hier wissenschaftlich sehr angreifbar ist: Das eine kann nicht gelten, wenn ein anderes, das ihm völlig entgegengesetzt ist, als gleichwertiges Axiom genommen werden kann. Die Orte/Häuser/ Felder werden in Eck-, Mittel- und Endfelder unterteilt; in den Eckfeldern erlangen die Planeten ihren stärksten positiven Einfluß, die Mittelfelder zeigen schwächere Einflußkraft und die Endfelder die geringste. Die Felder, durch Meridian und Ost-West-Gerade graphisch in vier Quadrate unterteilt, werden, was ihre Eigenschaften und ihre aktuelle Lage betrifft, nach sogenannten Felder- oder Häusertabellen interpretiert. Hierbei gilt, daß die zwölf Orte/Häuser/Felder Ereignisebenen im Leben und Erleben des Horoskopeigners darstellen. Der *Aszendent* (siehe dort) bestimmt die Spitze des ersten Hauses, die Himmelstiefe *(Imum coeli;* siehe dort) die des 4. Hauses, der *Deszendent* (siehe dort) die des 7. Hauses, und die Spitze des 10. Hauses stimmt mit der Himmelsmitte *(Medium coeli;* siehe dort) überein; siehe auch folgende Seiten.

Ort, astronomischer
Gestirnsrichtung.

Ort des Lebens
auch Horoskopus; 1. Haus des Horoskops.

Zuordnung der Lebens- und Ereignisbereiche zu den Orten/Häusern/Feldern

Haus I (Horoskopus)
Ich, allgemeine Charakteranlagen, Willenskraft, Zielbewußtsein und Strebsamkeit, Gestalt, Aussehen, Körper und Körperlichkeit, Wesen, Sitten, Benehmen, persönliches Auftreten, Erscheinung, Vitalität, Agilität, Kondition und Konstitution.

Haus II (Porta inferna)
Talente, Neigungen, Möglichkeiten, Begabungen, Erwerbssinn, Eigentum, materieller und ideeller Besitz, wirtschaftliche Verhältnisse und sozialer Stand, Verdienst, Einkommen, Schulden.

Haus III (Dea)
Gedankenkraft und -schulung, Erlebensfülle und Bewertungsvermögen, Probleme, Wissensdrang, Beziehungsdrang, Charakter, Schicksal, Verträge, Abmachungen, Vereinbarungen, Erziehung, Reisen.

Haus IV (Imum coeli)
Geburt und Tod, Eltern, Heimat, Herkunft, Verhältnisse in der Kindheit und der Jugend, Erbgut und Milieu, Verhältnisse und Umstände gegen Lebensende, Familienleben, Heim, Häuslichkeit, Grundstücke und immobiler Besitz.

Haus V (Fortuna bona)
Triebe, Impulse, Leidenschaften, Fortpflanzungs-

trieb und Zeugungskraft, Lebenslust und Daseins-
freude, Kunst- und Kultursinn, Liebesleben und
Sexualität, sinnliche Vergnügungen und irdische
Freuden, Nachkommenschaft, Beziehungen zu
Kindern und Vertretern des anderen Geschlechts,
Spekulationen und Wetten, Geselligkeiten und
Liebhabereien, Feste und Vergnügungen.

Haus VI (Fortuna mala)
Arbeitsmotivation und -weise, Beschäftigungen
und Berufsleben, Erschaffen, Leistung, Lebens-
bürde und -last, Pflichterfüllungen, Gesundheit,
Krankheitsbereitschaft, Konstitution, unange-
nehme Zufälle und Unfälle.

Haus VII (Occasus)
Umwelt, Teilnahme am sozialen Leben, Partnerschaften, Ehe und Eheleben, Stand und Einfluß in
der Öffentlichkeit, Kunstliebe, Popularität und
Beliebtheit, Feindschaften und Prozesse.

Haus VIII (Porta superna)
Vergänglichkeit und Tod, Menschen, Dinge, Umstände und Zusammenhänge im Leben des Horoskopeigners, Krankheiten und operative Eingriffe,
Trauer, Tod, ungünstige Zufälle und Unfälle, Verluste, Trennungen, Konkurse.

Haus IX (Deus/Sol)
Selbständigkeit, Vernunft, Geistesschulung, Rationalität, Weite, Weltanschauung, Erkenntnisse, Bera-
tung, Auslandsbeziehungen und Reisen, Sport,
Politik.

Haus X (Medium coeli)
Öffentlichkeit, Kraft und Leistung, Ruf und Beruf, Titel und Ansehen, Position und Karriere, Einfluß, Macht, Ehre und Würden, Erwerbssinn und Geschäftstüchtigkeit.

Haus XI (Genius bonus)
Hoffnungen, Wünsche und ihre Erfüllung, Freundschaften und Protektionen.

Haus XII (Genius malus)
Charakterschwäche, Angst, Zurückgezogenheit, Verdrängung, Überkompensation, Irrtümer, Fehler und Verheimlichungen, Lügen, kriminelle Neigungen und ihre Folgen, Feindschaften hochaggressiver Art, Krankheiten vor allem der Seele, Prozesse und alle sozial unschönen Dinge.

Ort, geozentrischer
Gestirnsrichtung vom Erdmittelpunkt aus.

Ort, heliozentrischer
Gestirnsrichtung von der Sonne aus.

Ort, mittlerer
Ort eines Gestirns.

Ortsbestimmung
die Bestimmung der Koordinaten eines Gestirnortes.

Ortszeit, Mittlere
Abkürzung MOZ; Bezeichnung für die einen betreffen-

den Meridian geltende mittlere Zeit, die sich gegen die mittlere Greenwichzeit in ausgedrückter Längendifferenz abhebt.

Ortus
klassischer Begriff für den Aufgang eines Gestirns.

Osiris
Gestalt aus der altägyptischen Mythologie; Gott des Mondes und der Fruchtbarkeit und zugleich Herrscher über das Totenreich.

Osten
in der Nähe des *Ostpunktes* (siehe dort) gelegene Himmelsrichtung des Sonnenaufgangs.

Ostern
der erste Sonntag nach dem Frühlingsvollmond.

Ostpunkt
die Stelle, an der der erste Vertikal auf den Horizont trifft.

P

Palingenesis
auch Palingenese; siehe *Reinkarnation.*

Panspermie
alte Vorstellung, nach der der Kosmos voller lebender
und sich immerzu gegenseitig befruchtender Keime ist.

Paracelsus
eigentlich: PHILIPPUS AUREOLUS THEOPHRASTUS BOMBA-
STUS VON HOHENHEIM, Schweizer Arzt, Alchimist und
Astrologe (1493–1541), einer der wichtigsten Wissenschaftler seiner Zeit: Er korrigierte einige falsche Auffas-
sungen über das Wesen der Natur, erdachte und entwik-
kelte Medikamente und führte diverse neue medizinische
Behandlungsweisen ein. In seinen zahlreichen, nicht
immer leicht nachvollziehbaren theoretischen Schriften
und magischen Unterweisungen forderte er unter anderem von den Ärzten, sich in Astronomie und Astrologie
kundig zu machen, um astrale Einflüsse auf die Gesundheit verstehen zu können. Paracelsus ist letztlich für
die Medizin wichtiger gewesen als für die Astrologie,
dennoch hat er wesentlichen Einfluß auf die Verfeine-
rung der Mikro-Makro-Kosmos-Theorie (siehe *Mikro-
Makro-Kosmos*) gehabt und auch die Brücke zwischen
Astrologie und Medizin geschlagen: Viele Erkenntnisse
und Methoden der *Kosmobiologie* (siehe dort) sind auf
seine Thesen und Theorien zurückzuführen.

»Die Sterne zwingen uns zu nichts, sie verleiten uns
auch zu nichts. Wenn wir sagen, daß ein weiser
Mann über die Sterne herrscht, meinen wir, daß er
Herr ist über die Kräfte, die in seinem Geist tätig

> sind und durch die sichtbaren Sterne am Firmament symbolisiert werden.«
>
> PARACELSUS

Paradox, Olberssches
als wichtig und richtig erachtete Theorie, welche besagt, daß bei einem unendlich großen Universum mit einer unendlichen Zahl leuchtender Himmelskörper die Sphäre eigentlich hell erleuchtet sein müßte.

Parallaxe
Änderung der Richtung nach einem Objekt von zwei Standorten aus, umgekehrt auch der Winkel, unter dem – vom Objekt aus gesehen – die Standlinie erscheint. Der Winkel vergrößert sich reziprok der Nähe des Objekts. Unterschieden werden in der *Astronomie* (siehe dort) Höhen-, Horizontal-, Äquatorial-Horizontal-, Strom-, Rotations-, Spektraltyp-, die photometrische, die spektroskopische und die trigonomische Parallaxe; siehe auch *Parallaxensekunde*.

Parallaxensekunde
Abkürzung Parsec oder Parsek; Bezeichnung für eine astronomische Längeneinheit; eine Parallaxensekunde steht für 3,2633 Lichtjahre oder 30,857 Billionen Kilometer.

Parallelaspekt
siehe *Deklinationsaspekt*.

Parallelismus, psychophysischer
philosophische Vorstellung, die auf RENÉ DESCARTES

und GOTTFRIED WILHELM LEIBNIZ zurückgeht und teilweise schon immer eine der Astrologie zugrunde liegende Vorstellung war: Physische und psychische Vorgänge können ohne kausale Wechselwirkung parallel zueinander verlaufen. Siehe auch *Kosmobiologie* und *Paracelsus*.

Parallelkreise
Synonym für Breitenkreise.

Paranatellonta
die Teile von Sternbildern, die mit den ekliptikalen Bewegungen am Horizont auf- und untergehen; früher als für die prognostische Astrologie wichtig erachtet, wird die Vorstellung von der Wirkung der Paranatellonta als veraltet angesehen.

»Die Astrologie klopft schon an die Türen der Universitäten.« CARL GUSTAV JUNG

»Astrologie ist eine nachweislich falsche Theorie zur Erklärung nachweislich nicht vorhandener Tatbestände.« LUDWIG REINERS

Parapegma
Zodiakalschema und Fixsternkalender, mit dem im alten Griechenland das Jahr in zwölf Monate unterteilt wurde, wobei fünf der Monate 31 und die sieben anderen 30 Tage zählten.

Parfüm
aufgrund von Analogien den Tierkreistypen und ihren

charakterlichen Eigenschaften zugeschriebenen Düfte und Duftkombinationen; siehe auch unten.

**Zuordnung der Düfte
zu den Tierkreiszeichen**

Widder:	Flieder, Heidekraut, Nelke
Stier:	Jasmin, Flieder, Magnolie, Hyazinthe, Rose, Lilie
Zwilling:	Lavendel, Veilchen, Rosmarin, Akazie, Maiglöckchen, Weihrauch
Krebs:	Schwertlilie, Veilchen
Löwe:	Heliotrop, Lavendel
Jungfrau:	Hyazinthe, Jasmin, Lavendel
Waage:	Rose, Jasmin, Nelke, Vergißmeinnicht
Skorpion:	Jasmin, Heidekraut
Schütze:	Amber, Veilchen, Vanille
Steinbock:	Veilchen, Myrte, Zeder, Sandelholz, Weihrauch
Wassermann:	alle künstlichen Düfte
Fische:	Heidekraut, Minze, Rose, Veilchen, Schwertlilie

Parsec/Parsek
siehe *Parallaxensekunde.*

Partiellitätszone
jene Zonen auf der Erdoberfläche, auf denen eine *Sonnenfinsternis* (siehe dort) teilweise zu sehen ist; siehe auch *Totalitätszone.*

passiv
synonym verwendeter Begriff für negativ.

peregrin
Ausdruck für den Zustand des Mondes oder eines anderen Planeten, wenn er von *Aspekten* (siehe dort) frei ist.

Peregrinus
Bezeichnung für einen von allen *Aspekten* (siehe dort) freien Mond (oder anderen Planeten).

Periastron
Sternnähe.

Perigäum
Erdnähe.

Perihel
Sonnennähe.

Perihelbewegung
Begriff aus der *Astronomie* (siehe dort), später übernommen von der Relativitätstheorie: Unter der einflußnehmenden Wirkung von Planeten wird jede Planetenbahn mit elliptischer Form in ihrer Gesamtheit und in ihrer Ebene in die gleiche Richtung gedreht, der die Planetenbewegung unterliegt.

Periode, chaldäische
auch Sarosperiode; Zeitraum von 242 drakonistischen Monaten: Nach dieser Zeit hat der Mond wieder die gleiche Position im Verhältnis zur Sonne und zur Erde sowie zur Knotenlinie eingenommen, womit sich die in

gleichen Zyklen wiederkehrenden Sonnen- und Mondfinsternisse recht präzise errechnen lassen.

Periode, Halleysche
siehe *Periode, chaldäische.*

Periode, julianische
1582 von JOSEPH JUSTUS SCALIGER eingeführte Zählung/
Numerierung der Tage seit dem 1. 1. 4713 vor Christus
zum Zweck der Berechnung von Zeitintervallen.

Petosiris und Nechepso
mythisch-legendäre Gestalten aus der Mythologie der
Astrologie: NECHEPSO soll ein ägyptischer König gewesen sein, den die Götter der Sterne sich erwählten, um
den Menschen kundzutun von den Geheimnissen des
Universums; so empfing er die Botschaften als Bilder aus
seinem Innern, die er dem Oberpriester des Magierbünd-
nisses, Horoskopoi, beschrieb, welcher sie notierte und
in Form eines Welthoroskops hinterließ.

Petronius, genannt Arbiter
(gestorben 66 n. Chr.), Dichter und Chronist, der in
seinem Werk Rom zu Zeiten NEROS schildert und teilweise sehr reichhaltig Auskunft gibt über den Glauben
an die Astrologie zu jener Zeit, beispielsweise über Tafel-
runden, die streng nach den Gesetzmäßigkeiten der Tierkreiszeichen gerichtet waren oder über Teller, die mit
Geburtszeichen und Horoskopen geschmückt wurden.

Pfaff, Julius Willem Andreas
(1774 – 1835) der letzte deutsche Professor für Astrologie;
Verfasser eines wichtigen Kompendiums zum Thema.

Pferd
siebtes Zeichen des chinesischen Sonnentierkreises; Entsprechung zu *Waage* (siehe dort).

Pflanzen
im Rahmen der astrologischen Lehre von den Entsprechungen und der Mikro-Makro-Sicht wird schon seit der
Antike jedem Planeten und Tierkreiszeichen eine Pflanze
beziehungsweise eine Nutzpflanze (Obst, Gemüse,
Gewürze und Heilkräuter) zugeschrieben; siehe auch
unten.

Zuordnung der Pflanzen zu den Tierkreiszeichen

Widder:	Klette, Stechpalme, Distel, Aloe, Brenn-nessel, Meerrettich, Pfeffer, Rhabarber, Tabak, Primel, Pfingstrose, Dahlie
Stier:	Rittersporn, Butterblume, Wegerich, Myrte, Kiefer, Maiglöckchen, Dattel-palme, Ölbaum, Lilie, Flachs, Reseda, Flieder
Zwillinge:	Haselnußstrauch, Minze, Tee, Kaffee, Vergißmeinnicht, Melisse, Eisenkraut, Wacholder, Geißblatt.
Krebs:	Schwertlilie, alle Kürbisse und Was-serpflanzen, Wunderblume, Kaktus, Klatschmohn, Koloquinte
Löwe:	Pfingstrose, Palmen und alle exotischen Pflanzen, Arnika, Heliotrop, Muskat, Granatapfelbaum, Apfelsinenbaum.
Jungfrau:	Baldrian, Weizen, Roggen, Schafgarbe, Rhabarber, Haselnußbaum, Zichorie

---

Waage:	Lilie, Rose, Melisse, Kresse, Erdbeere, Weinrebe, Olivenbaum
Skorpion:	Pfirsich- und Aprikosenbaum, Pilze, Kokosnuß, Narzisse, Enzian, Myrrhe, Zeder, Zypresse
Schütze:	Majoran, Birke, Zuckerrohr, Eukalyptus, Birnbaum, Linde, Esche, Buche, Lorbeer, Sandelholz
Steinbock:	Mispelbaum, Pappel sowie alle Pflanzen, die giftige Alkaloide oder andere berauschende Substanzen enthalten (Bilsenkraut, Belladonna, Hanf, Fliegenpilz und dergleichen)
Wassermann:	Mimose, Pflaumenbaum, Rosmarin, Thymian
Fische:	Strohblume, Zimt, Geranie, Klee, Farn, alle Wasserpflanzen

Phase
aus der *Astronomie* (siehe dort) stammende Bezeichnung für die Beleuchtungsart, die Helligkeitsgestalt eines nicht selbstleuchtenden Himmelskörpers.

Phoenon
Synonym für *Saturn* (siehe dort).

Phoeton
Synonym für *Jupiter* (siehe dort).

Phosphoros
aus dem Griechischen stammender synonymer Begriff für *Venus* (siehe dort) als Morgenstern.

Photosphäre
eine zwischen 100 und 200 Kilometer dicke Schicht der Sonnenatmosphäre (unterhalb der Chromosphäre) mit einer Temperatur von etwa 5700 Grad; aus der Photosphäre stammt die Strahlung von Licht und Wärme.

Picatrix
aus dem arabisch-spanischen Kulturkreis stammende Sammlung von Studien und Abhandlungen über den zu jener Zeit gegebenen Stand der astrologischen Forschung. Etwa 1250 ins Lateinische übersetzt, hatte Picatrix großen Einfluß auf die astrologische Forschung, aber auch auf die Magie des Mittelalters.

Pinax
eine von der hellenistischen Astrologie entwickelte Dreh- und Deutungsscheibe, auf der eine verkürzt-vereinfachte Horoskoperstellung und -deutung möglich ist.

Pisces
lateinischer Name des Tierkreiszeichens *Fische* (siehe dort).

Placido
eigentlich PLACIDUS DE TITIS (1603–1668); italienischer Universalgelehrter und Astrologe, der der modernen Horoskopdeutung entscheidende Impulse gab und dessen nach ihm benannten Gleichungen der Bogenberechnung von *Direktionen* (siehe dort) und *Sekundärdirektionen* (siehe dort) dienen.

Planeten
auch Wandelsterne genannte, nicht selbstleuchtende

Himmelskörper, die – ebenso wie Sonne und Mond – ihren Ort unter den Fixsternen ändern: Merkur, Venus, Mars, Jupiter und Saturn am Anfang, später ergänzt durch Uranus, Neptun und Pluto sowie die Erde selbst. Die scheinbare Eigenhelligkeit der Planeten ist abhängig von ihrer Stellung zu Sonne und Mond, ihre Farbe von der chemischen Zusammensetzung und der Oberflächenbeschaffenheit sowie von der umgebenden Atmosphäre. Die Rotationsgeschwindigkeit der sogenannen oberen Planeten (siehe *Planeten, obere*) ist hoch, die der anderen niedrig. In der *Astrologie* (siehe dort) sind die Planeten wesentlich: Ihre Position im Geburtsmoment wird als fundamentale Größe des Horoskops des Betroffenen erachtet und ist im Tierkreissystem (Orte, *Häuser* [siehe dort], Felder) von erheblichem Einfluß, auch ist die Position der Planeten beziehungsweise die geometrische Betrachtung der Winkelbeziehung respektive *Aspekte* (siehe dort) essentiell.

planetarisch
den Planeten ähnelnd oder zu ihnen gehörend.

Planetarium
Weiterentwicklung der antiken Himmelskugeln und astronomischen Uhren: Modell zur Wiedergabe der scheinbaren Bewegungen der *Planeten* (siehe dort) am Fixsternhimmel mittels Projektoren und Kurbelmechanismen, die Bahnen und Kurven an die Innenwände eines Kuppelbaus projizieren und nach den gleichen Prinzipien jedwede Gestalt des Sternenhimmels darstellen können.

Planetenaberration
von der Distanz zwischen Erde und dem betroffenen

Planeten abhängiger Ortswechsel während der Zeit, die sein Licht braucht, um zur Erde zu gelangen.

Planeten, äußere
ab *Mars* (siehe dort) alle Planeten außerhalb der Erdbahn.

Planetenbaum
ein alchimistisches Symbol: ein Baum (der Erkenntnis), der aus einem Dreieck aus Mineralien wächst und dessen Äste die Sonne, den Mond und die fünf Planeten darstellen, während das untere Dreieck (der Mineralien) auf das dreifache Wesen des Menschen anspielt und das obere Dreieck einerseits die Seele, den Geist und den Körper des Menschen und andererseits die Seele, den Geist und den Körper des Alls darstellt.

Planeten, große
Bezeichnung für (siehe dort) *Jupiter, Saturn, Uranus, Neptun* und *Pluto*.

Planeten, gute
Bezeichnung für die glücksbringenden Planeten (siehe dort) *Jupiter* und *Venus*.

Planetenherrscher
Ausdruck für den starken Einfluß, den die Planeten auf die Tierkreiszeichen ausüben. Siehe auch *Tagesregent*.

Planeten, innere
siehe *Merkur* und *Venus*.

Planetenkinder
auf alte babylonische Vorstellungen und Mythen zurück-

zuführende Begriffe für die unter der Herrschaft eines Planeten geborenen Menschen.

Planeten, kleine
Bezeichnung für (siehe dort) *Merkur, Venus, Erde* und *Mars*.

Planeten, männliche
im Rahmen der Unterteilung der Planeten in männliche und weibliche (siehe *Planeten, weibliche*) gemäß dem Prinzip des Yin und Yang sind Sonne, Mars, Jupiter, Saturn und Uranus männlicher Art. Merkur ist nur teilweise männlich: Als sogenannter Anceps kann er nur männlich sein, wenn er sich mit einem anderen der obengenannten Planeten verbindet.

Planeten, obere
aus heliozentrischer Sicht solche Planeten, die die Erdbahn umschließen, nämlich (siehe dort) *Mars, Jupiter, Saturn, Uranus, Neptun* und *Pluto* sowie die Planetoiden.

Planetenpräzession
Bezeichnung für den Umstand (und seine Ursache), daß sich der Frühlingsanfang (Frühlingspunkt) alljährlich verschiebt, da die Erde bei ihrem Umlauf um die Sonne als großer präzessierender Kreisel zu betrachten ist.

Planetenschwäche
auch Debilitates; Ausdruck der verbannten oder erniedrigten Stellung eines Planeten im *Zodiak* (siehe dort).

Planetensiegel
magische Quadrate (siehe *Quadrate, magische*) als arithmetisch-geometrische Entsprechung zu den Planeten.

Planetensystem
das aus Sonne, Planeten, Planetoiden, Kometen, Meteoren und Meteoriten bestehende Sonnensystem.

Planeten, transplutonische
aufgrund der Störungen, denen die Bahn *Plutos* (siehe dort) unterworfen ist, wird die Möglichkeit eines Einfluß ausübenden Planeten jenseits Plutos diskutiert. Gelegentlich wird von praktizierenden Astrologen die Existenz zweier transplutonischer Planeten aus Gründen der Symmetrie und zwecks Erleichterung der Interpretierbarkeit der Symbole vorausgesetzt. Dieses Vorgehen gilt als fragwürdig bis unseriös.

Planetenuhr
astrologisches Instrument; eine Art Uhr, deren Zeiger auf den jeweils herrschenden Planeten deutet.

Planeten, untere
siehe *Merkur* und *Venus*

Planeten, weibliche
im Rahmen der Theorie von den Entsprechungen und in Anlehnung an das Prinzip Yin und Yang sind die Planeten in männliche (siehe *Planeten, männliche*) und weibliche unterteilt, wobei die Erde, der Mond, Neptun und Venus als weiblich gelten. Merkur ist als sogenannter Anceps nur in Verbindung mit diesen weiblich.

Planetenwoche
eine Woche im System der Zeit- und *Tagesregenten* (siehe dort), innerhalb der jede Stunde und jeder Tag den jeweiligen Planeten zugeordnet ist.

Planetenwürde
siehe *Dignität*.

Planet, intramerkurieller
hypothetisches Gestirn, das zwischen der Sonne und der Merkurbahn seinen Lauf nimmt.

Planet, langsamer
Bezeichnung für einen Planeten, wenn seine aktuelle Bahnbewegung langsamer als die mittlere ist, ein Phänomen, das sich vor oder nach dem Stillstand bemerkbar macht.

Planet, schneller
Bezeichnung für einen Planeten, wenn seine gegenwärtige Bahnbestimmung schneller ist als die mittlere; astrologisch wird der schnelle Planet verstärkend gewertet.

Planetoid
auch Asteroid; Begriff für nur teleskopisch sichtbare kleine Planeten und planetartige Himmelskörper, deren Bahn zwischen der von Mars und Jupiter liegt. Der Durchmesser der Planetoiden beträgt selten mehr als 60 Kilometer. Da schwierig zu beobachten, werden Planetoide in der Astrologie kaum berücksichtigt, was von einigen Astrologen beanstandet wird. Die bekanntesten Planetoide sind Ceres, Pallas, Adonis, Hidalgo, Ikarus, Hermes, Eros, Achilles, Odysseus und Hector.

Plejaden
im Horoskop auf Unglück hinweisende, weil vom Mond und vom Mars geprägte Fixsterngruppe im Sternbild und Sternzeichen *Stier* (siehe dort).

Plenilunium
lateinischer Name des Vollmonds.

Pluto
a) astronomisch: nur teleskopisch als gelblich verschwimmender Punkt zu erkennender, bislang äußerster Planet des heliozentrischen Systems. Seine Schleifenbildung ähnelt der von Jupiter und Saturn, zum Durchlaufen eines Tierkreiszeichens braucht er 20,75 Jahre. Pluto, der 1930 wegen der Bahnstörungen von Uranus und Neptun indirekt entdeckt wurde (C. TOMBAUGH), ist sehr schwer zu studieren, was Kenngrößen und physikalische Eigenschaften betrifft – über Oberflächenbeschaffenheit, Qualität des Kerns und Temperaturen ist so gut wie nichts bekannt, Faktoren wie Erhöhung, Exil, Fall und Geschlecht harren noch der Erforschung, entsprechend sind die astrologischen Zuordnungen recht einheitlich. *b) astrologisch:* siehe unten.

Pluto – ungünstiger Planet der Rätsel und des Dunkels

Pluto, die Neuentdeckung, Pluto, der problematische Sonderfall, Pluto, Planet der Rätsel – ja, Pluto gibt der Astrologie harte Nüsse zu knacken. Viel Zeit und Energie fließt seitens moderner Astrologen darein, seinen Einfluß zu beurteilen beziehungsweise sich in einem Urteil über diesen Einfluß einig zu werden. Fest steht wohl nur, daß er tendenziell ungünstig bis unglückbringend und ihm der Skorpion als Zeichen zugeordnet ist. Einig ist man sich wohl auch insofern, als Pluto neben Neptun und

Uranus, mit denen er astronomische Gemeinsamkeiten teilt, relativ geringe Wirkung auf den Betroffenen und sein Horoskop ausübt.

So wie die zweite Hälfte des zwanzigsten Jahrhunderts geprägt ist vom wiederbelebten Interesse am Okkulten, am Magischen, so ist Pluto, gegen Ende der ersten Hälfte des Jahrhunderts entdeckt, der Planet, der das Verborgene regiert. So wie dieses nun zu Ende gehende Jahrhundert geprägt war von SIGMUND FREUD und seiner Psychoanalyse, so wird Pluto mit Aggressionen und Todestrieb in Verbindung gebracht. So wie unser zwanzigstes Jahrhundert das der sozialen Wenden und wissenschaftlicher, aber auch sozialer Paradigmenwechsel war und ist, so hat man Pluto mit den Qualitäten, die ihm nach und nach zugeschrieben wurden, zum Planeten des Widerstands, des Widerspruchsgeistes und der Revolte, des innovativen Auf- und Umbruchs gemacht.

Zieht man die Schrecken dieses Jahrhunderts in Betracht, dann nimmt es nicht wunder, daß Pluto nicht nur mit Psychologie und Okkulta, sondern auch mit Nazitum und Judenverbrennung, mit Atombombe und Spionage, mit tödlichen Krankheiten wie Aids und mörderischen Giften wie Crack sowie mit drohenden und beginnenden Katastrophen in Korrespondenz gesehen wird. Einige Interpretationen, allerdings nur wenige, geben einem Hoffnungsschimmer Raum: Pluto soll auch der Planet des Neuanfangs sein, der eventuelle Phönix aus der Asche für eine Welt, die immer mal wieder mit der Apokalypse liebäugelt.

p. m.
Abkürzung für post meridiem: die Zeitspanne vom Mittag bis Mitternacht.

Pol
bezeichnet eigentlich die Schnittpunkte der Erdachse an der Erdoberfläche (nördlich und südlich); hier astrologischer Begriff für die Schnittpunkte der verlängerten Erdachse durch das Himmelsgewölbe.

Polarachse
die Rotationsachse eines Himmelskörpers.

Polardistanz
die Entfernung zwischen den Polen.

Polaris
(Alpha Ursa minoris – 27°54' Zwillinge) hellster Fixstern des Sternbilds Kleiner Bär im Sternzeichen Zwillinge, der, unter der Regentschaft von Saturn und Venus, wirtschaftliche Nöte, Krankheit und anderes Unglück jeglicher Art anzeigt.

Polarkreise
die mathematische Grenze zwischen den gemäßigten Breiten und den Polarzonen (66,5 Grad nördlicher und 66,5 Grad südlicher Breite); gleichzeitig die Grenze zwischen Polarnacht und Polartag, Zeiträumen, an denen die Sonne nicht mehr über/unter den Horizont kommt.

Polarzonen
die von den Polarkreisen umzogenen Kugelkappen der Erde.

Pol, galaktischer
einer der Hauptpunkte des *Koordinatensystems* (siehe dort).

Polhöhe
Bezeichnung für die Identität der Höhe des Himmelspols über dem Horizont (eines Ortes) mit der geographischen Breite (desselben Ortes).

Pollux
auch Herkules *(Beta Geminorum – 22°35' Krebs);* hellster Fixstern des Sternbilds Zwillinge im Sternzeichen Krebs, der, geprägt vom Mars, auf Wagemut und Grausamkeit hinweist.

Polo, Marco
(1254–1324) venezianischer Kaufmannssohn und Reisender, der jahrelang in China am Hof des Kaisers lebte; beschreibt unter anderem auch, wie wichtig die Astrologie den Chinesen war.

Porta inferna
(lateinisch für: unteres Tor) der zweite Ort/das zweite Feld/Haus im Horoskop; siehe *Ort.*

Porta superna
(lateinisch für: oberes Tor) der achte Ort/das zweite Feld/Haus im Horoskop; siehe *Ort.*

Poseidon
ein Wirkpunkt der *Ekliptik* (siehe dort), der sich als hypothetischer Planet in ihr bewegt und die Wirkung anderer Planeten verstärkt; günstiger Faktor für Erfolg.

Position
(Stand-)Ort eines Gestirns.

Positionswürden
synonymer Begriff für die drei *Dekane* (siehe dort), die die Tierkreiszeichen unterteilen.

positiv
astrologischer Begriff für aktiv.

post meridiem
Abkürzung p. m.; lateinisch für: nach Mittag; Bezeichnung für die Zeitspanne von Mittag bis Mitternacht.

Practica
veralteter Name für prognostische Astrologie.

Präzession
aufgrund der Gravitationswirkung, die von Sonne und Mond ausgeübt wird, bewegt sich die Erde in etwa 25 800 Jahren einmal um den Pol der *Ekliptik* (siehe dort), so daß die Sternenbilder inkongruent sind und der Frühlingsanfang alljährlich unterschiedlich liegt; siehe auch *Präzessionsbewegung*.

Präzessionsbewegung
Bezeichnung für die allmähliche Drehung der Erdachse: Wenn die Erde eine exakte Kugel wäre, würde die Präzessionsbewegung nicht stattfinden. Man sollte sich die Erde zusammengestellt aus einer Kugel und einem Wulst vorstellen, der diese Kugel zu beiden Seiten des Äquators gleichmäßig umgibt – wobei das Bestreben der Sonne und des Mondes, diesen Wulst in die Ebene der *Ekliptik*

(siehe dort) zu ziehen, die Präzessionsbewegung entstehen läßt.

Primärdirektion
astrologische Direktionstechnik, die, auf der Grundlage der täglichen Erdumdrehung, die Grade des Direktionsbogens in Entsprechung zu Lebenszyklen setzt.

Primum mobile
die äußerste Sphäre im geozentrischen System, deren Bewegung nach ARISTOTELES der Grund ist für den Aufgang und den Untergang der Sterne.

Prinzipien, kosmologische
die sehr umstrittenen drei Grundregeln der wissenschaftlichen *Kosmologie* (siehe dort).

Problem, Keplersches
die Problemstellung, die Bewegung zweier sich gegenseitig anziehender Körper zu berechnen; siehe *Kepler; Gesetze, Keplersche* und *Gleichung, Keplersche.*

Procyon
(Alpha Canis minoris – 25°10' Krebs) hellster Fixstern des Sternbilds Kleiner Hund im Sternzeichen Krebs, der, von Merkur und Mars geprägt, Fleiß, doch auch Neigung zu Gewalttätigkeit bedeutet.

Profektion
die Bewegung der Gestirne durch die Tierkreiszeichen.

Profektionssystem
(veraltetes) Direktionssystem, das darauf basiert, daß

jeder Punkt der *Ekliptik* (siehe dort) alljährlich um dreißig Grad vorwärtsstrebt und somit genau ein Jahr nach der Geburt dieselbe Position einnimmt, welche dann zu prognostischen Zwecken benutzt wird.

Prognostica
spätmittelalterliche Kalender mit astrologischen Prognosen aller Sorten.

Propheten
im Rahmen der astrologischen Vorstellung von den Entsprechungen sind auch die Propheten der großen Religionen den Planeten zugeordnet (siehe unten).

Zuordnung der Propheten zu den Planeten

Sonne:	HENOCH / BAHA'ULLAH
Mond:	ADAM / DALAI LAMA
Mars:	MOHAMMED
Saturn:	ABRAHAM
Jupiter:	MOSES
Venus:	JOSEPH / BUDDHA
Merkur:	JESUS CHRISTUS

Proserpin
ein kleiner, Mitte des letzten Jahrhunderts entdeckter Asteroid, der zunächst für den hypothetischen Planeten Lilith gehalten wurde; siehe auch *Mond, schwarzer.*

Prosopon
auch Facies; siehe *Gesichter.*

Protoplanet
kosmologische Bezeichnung für Materienverdichtungen, aus denen sich später Planeten entwickeln.

Psychoanalyse
SIGMUND FREUDS Lehre von den psychischen Komponenten wurde während der sechziger Jahre in die *Astrologie* (siehe dort) eingebracht; hierbei wurde die Psyche insgesamt als von *Mond* (siehe dort) und *Neptun* (siehe dort) regiert dargestellt, während das Ich durch den *Aszendenten* (siehe dort) und *Merkur* (siehe dort), das Über-Ich durch die *Sonne* (siehe dort) und *Saturn* (siehe dort) und das Es durch *Mars* (siehe dort) und *Pluto* (siehe dort) regiert gedacht werden.

Ptolemäus, Claudius
(um 90 bis um 160 n. Chr.) griechischer Universalgelehrter; in Alexandria geborener und lebender Meisterastrologe sowie Geograph, Kartograph und Astronom. Ptolemäus war einerseits einer der einflußreichsten Protagonisten in der Geschichte der Astrologie und brachte diese in mancherlei Hinsicht weiter, andererseits aber führte er die Astrologie mit seinen Theorien auch auf mancherlei falsche Fährte – wegzudenken aber ist er nicht. Sein Werk »Almagest«, ein Katalog von immerhin 1028 Sternen und ansonsten eine akribische Zusammenfassung des astrologischen Wissens jener Zeit, diente bis zum Ausgang des Mittelalters als axiomatische Grundlage aller astrologischen Studien. Zugleich aber verfestigte Ptolemäus mit diesem Buch wie auch mit allen anderen, die er noch schreiben sollte, die geozentrische Sichtweise der Dinge, eine Haltung, die später von NIKOLAUS KOPERNIKUS (siehe dort) als falsch entlarvt und durch die heliozentri-

sche Sichtweise ersetzt werden sollte. Richtig und wichtig für die Astrologie war vielmehr sein Werk »Tetrabiblos«, in dem er die Theorie von den *Häusern* (siehe dort) beziehungsweise *Orten* (siehe dort) einbringt, Zusammenhänge zwischen Tierkreiszeichen und physikalischen Gegebenheiten vermutet und zu einer Lehre der Entsprechungen ausbaut, die auch Krankheiten und Planetenkorrespondenzen untersucht, wie er auch die Theorie der Elemente und die Humoraltheorie in die Diskussion bringt (siehe auch unten).

Ptolemäus und die Philosophie der Astrologie

Ptolemäus mag in mancher Hinsicht ein Irrlehrer gewesen sein; und doch brachte er nicht nur die Lehre von den Entsprechungen erheblich weiter, nicht nur erdachte er das System der Häuser – Ptolemäus war auch so etwas wie der Begründer einer Philosophie der Astrologie: Ganz abgesehen davon, daß schon die Entsprechungslehre ein gutes Stück Philosophie darstellt, schrieb und beschrieb er zwischen den Zeilen auch durchaus die Ethik des Fachs. Er betrachtete die Astrologie als nützlich, weil das Wissen um die Zukunft es dem Menschen erleichtern könne, sein Schicksal leichter hinzunehmen, wie auch gleichzeitig derartiges Vorwissen und/ oder Wissen um die eigenen Schwächen und Gefahrenmomente einem Menschen helfen könne, bestimmten Situationen aus dem Weg zu gehen und/ oder gewisse Dinge zu bestimmten – eben günstigen – Zeiten zu tun. Ptolemäus begriff Astrologie sowohl als Lebenshelfer des einzelnen wie auch im

Dienst der Masse: Bessere Individuen ergeben folglich in ihrer Gesamtheit eine bessere Masse.

Ptolemäus war auch kritisch, was ein Urdilemma
der Astrologie betrifft, nämlich die Frage, ob es um
den Geburtsmoment gehen sollte oder um den
Moment der Empfängnis. Eigentlich betrachtete er
schon den Augenblick der Empfängnis als den entscheidenden, wußte aber auch, daß es im Grunde
unmöglich sei, diesen Moment zu errechnen, und
bestimmte – auch das ein Stück Philosophie – mit
seinem Werk, daß der Geburtsmoment gut genug
zu sein habe. Die entsprechende Stelle in seinem
Text lesend, wird man den Eindruck nicht los, daß
er sich mit wohlgesetzten Worten aus einer Falle
herausschlängeln will: »Die Empfängnis wird als der
natürliche Beginn des Lebens betrachtet, aber der
Augenblick der Geburt ist, obschon dem anderen
gegenüber zweitrangig, mit größerer Energie ausge-
stattet, da diese Energie ein vollständiges menschli-
ches Wesen beeinflußt und nicht nur einen Samen.«
Siehe auch *Geburtsproblem.*

Pulsation

Bezeichnung für einen Zustand, da zwei Planeten im
selben Tierkreiszeichen stehen und durch *Aspekte* (siehe
dort) mit dessen Herrscher verbunden sind, wodurch
eine große Wirkungsverstärkung entsteht.

Punkte, kardinale

Aufgangspunkt, Untergangspunkt, obere Kulmination
und untere Kulmination (siehe dort), also die vier Punkte,
die *Meridian* (siehe dort), *Horizont* (siehe dort) und

Ekliptik (siehe dort) zu bestimmten Zeiten gemeinsam haben.

Punkte, sensitive
Teil einer inzwischen als veraltet erachteten Rechenmethode, verborgene Punkte, die von großem Einfluß auf das Leben des Horoskopeigners sind, zu finden.

Punkt, neutraler
derjenige auf der Verbindungslinie zweier Massen gelegene Punkt, an dem die gegensätzlichen Anziehungskräfte sich gegenseitig aufheben.

Punktieren
Teilgebiet der *Geomantie* (siehe dort).

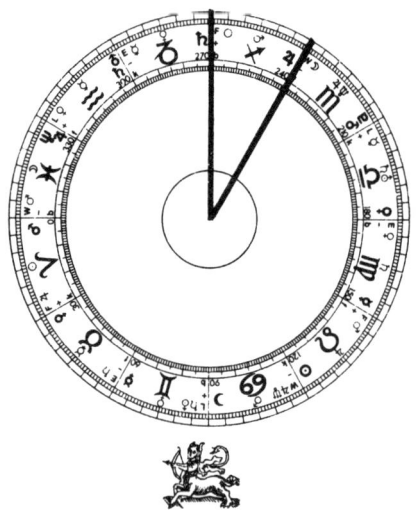

Das Zeichen Schütze

Q

Q
Abkürzung für *Quintil* (siehe dort).

Quadrate, magische
Anordnungen von Zahlen in graphischen Quadraten, so
daß bei einer Addition die Spalten-, die Zeilen- und die
Diagonalsummen jeweils identisch sind. Von der sehr
großen Zahl magischer Quadrate, die früher als Zeichen
der Harmonie zwischen dem Magier und der Astralwelt
gewertet wurden, sind jene, die auf Quadratzahlen auf-
bauen, als in Entsprechung zu Planeten stehend gesehen
und als sogenannte Planetensiegel genommen worden.
Demnach ist die Drei im Quadrat das Planetensiegel des
Saturn, die Vier im Quadrat des Planetensiegel des Jupiter, die Fünf im Quadrat das Planetensiegel des Mars,
die Sechs im Quadrat das Planetensiegel der Sonne, die
Sieben im Quadrat das Planetensiegel der Venus, die Acht
im Quadrat das Planetensiegel des Merkur und die Neun
im Quadrat das Planetensiegel des Mondes (siehe unten).

Drei Beispiele für magische Quadrate
als Planetensiegel

Saturnquadrat (3 im Quadrat)

2	9	4
7	5	3
6	1	8

Jupiterquadrat (4 im Quadrat)

1	15	14	4
12	6	7	9
8	10	11	5
13	3	2	16

> *Marsquadrat* (5 im Quadrat)
> 17 24 1 8 15
> 23 5 7 14 16
> 4 6 13 20 22
> 10 12 19 21 3
> 11 18 25 2 9

Quadratur
Viertelschein: *Aspekt* (siehe dort) mit einem Winkel von 90 oder 270 Grad; insgesamt ungünstig.

Quadripartitum
auch Tetrabiblos, Name des umfangreichen und grundlegenden astrologischen Werks des PTOLEMÄUS (siehe dort); mit dem Anerkennen des Quadripartitum ging einher, daß die nichtzodiakalen Gestirne aus dem Interessengebiet der Astrologie ausschieden und daß die planetarische Astrologie mit der Tierkreisastrologie verknüpft wurde.

Quinkunx
Fünfzwölftelschein: *Aspekt* (siehe dort) mit einem Winkel von 150 oder 210 Grad; insgesamt ungünstig.

Quintil
Fünftelschein: *Aspekt* (siehe dort) mit einem Winkel von 72 oder 288 Grad; schwacher, doch auf die Persönlichkeit des Horoskopeigners Bezug nehmender Schein.

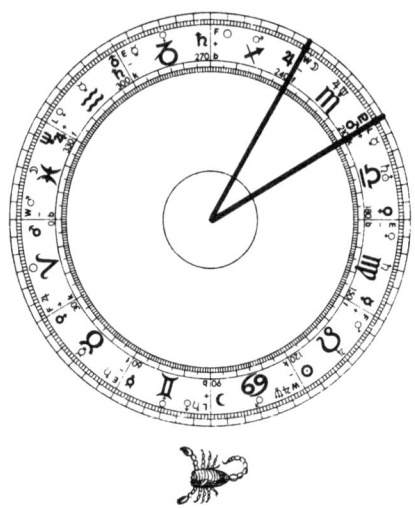

Das Zeichen Skorpion

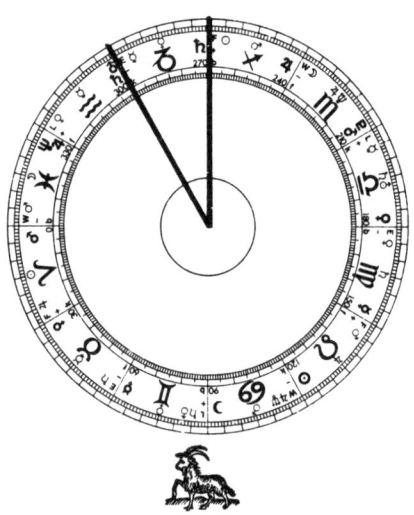

Das Zeichen Steinbock

R

r
Abkürzung für *Radix* (siehe *Radixhoroskop*).

R
a) Abkürzung für Sonnenfleckenrelativzahl; *b)* Zeichen
für Retrogradität.

Radialbewegung
Bewegung eines Himmelskörpers mit der gleichen Richtung wie die, in die der Beobachter schaut.

Radiatio
veralteter Begriff für *Aspekt* (siehe dort).

Radixhoroskop
(Radix = lateinisch für: Wurzel); siehe *Geburtshoroskop*.

Ras Alhagh
(Alpha Ophiuchi – 21°42' Schütze) hellster Fixstern des
Sternbilds Schlangenträger im Sternzeichen Schütze, der,
von Saturn und Venus dominiert, Neigung zu Exzeß und
Maßlosigkeit anzeigt.

Rastaban
(Beta Draconis – 11°15' Schütze) heller Fixstern des Stern-
bilds Drache im Sternzeichen Schütze, der, geprägt von
Saturn und Venus, auf Unglück durch Unfall hinweist.

Ratte
die Entsprechung zum Widder in der chinesischen Astrologie (siehe *Astrologie, chinesische*): im chinesischen Sonnentierkreis das erste Zeichen.

Regiomontanus

Pseudonym des deutschen Universalgelehrten und Astrologen JOHANNES MÜLLER (1436–1474), der entscheidende algebraische und vor allem trigonometrische Erkenntnisse in die Astrologie einbrachte, aber auch verschiedene Ansätze von PTOLEMÄUS (siehe dort) verbesserte und ausbaute. Regiomontanus, nach dem eine Methode zur Ermittlung der Häuser im Horoskop benannt ist, richtete unter anderem auch die wichtigste Sternwarte seiner Zeit ein und war Herausgeber einer astrologischen Jahresschrift.

Regulus

(Alpha Leonis – 29°21' *Löwe)* hellster Fixstern des Sternbilds Löwe im Sternzeichen Löwe, der, von Mars und Jupiter geprägt, Glück und Gesundheit anzeigt.

Reichweite

Bezeichnung für den Wirkkreis um einen spezifischen Aspektpunkt; innerhalb dieses Wirkkreises wird ein Effekt auftreten, der auf das Dortsein des Planeten zurückzuführen ist; er ist unterschiedlich ausgeprägt, und zwar je nach Stärke oder Schwäche des Aspektes: bei Opposition und Konjunktion etwa 10 Grad, bei Quadratur und Trigon acht, bei Sextil vier und ansonsten ein bis zwei Grad; siehe auch *Orb(is)*.

Reihe, ägyptische

Neuanordnung der Planeten auf der Grundlage des ägyptischen Systems (siehe *System, ägyptisches*).

Reihe, chaldäische

Umschreibung einer astrologischen Regel, die besagt,

daß die Planeten, hierarchisch nach ihrer Geschwindigkeit geordnet und mit Saturn beginnend notiert, die richtige Reihenfolge der Wochentage ergeben.

Reinkarnation
auch Metempsychose oder Palingenesis; Begriff für Seelenwanderung beziehungsweise Wiederverkörperung;
beruht auf der Vorstellung, daß die Seele abwechselnd
in menschlichen, tierischen, aber auch in leblosen Körpern zu Hause ist, wobei die jeweilige Reinkarnation im
Sinne der Neuformung, Umgestaltung der Seele auf
Taten im vorangegangenen Leben zurückzuführen ist.
Der Glaube an Reinkarnation zieht sich durch sehr viele
alte Religionen und Mythologien und ist teilweise auch
in der Astrologie zu finden.

Rektaszension
gerades Aufsteigen eines Gestirns.

Rektifikation
(lateinisch für: Richtigstellung, Korrektur) rückwärts
vorgehendes Rechenverfahren, das benutzt wird, die
genaue Geburtszeit eines Menschen zu errechnen, wenn
diese nicht bekannt ist; hierbei wird aufgrund von heraus-
ragenden Ereignissen im Leben dieses Menschen mittels
Transitenerrechnung und Halbdistanzpunkten schlußgefolgert, wann genau der Betreffende geboren wurde.

Revolution
schon seit der Spätantike bekannter astronomischer
Begriff für die Bewegung beziehungsweise für den
Umlauf eines Planeten in seiner Bahn um die Sonne; in
der Astrologie Bezeichnung für die Zeitspanne, die ein

Planet braucht, um wieder am selben Punkt in der *Eklip-tik* (siehe dort) zu sein; astrologisch ein wesentlicher Faktor für die Horoskoperrechnung bereits Verstor-bener.

> »Wenn sich der Mond im ersten Viertel befindet, so wird sein Temperament den Körper anschwellen lassen bis zum Ende des zweiten Viertels; wenn der Mond dann in die beiden anderen Viertel übergeht, wird das Temperament weniger stark wachsen und der Körper kleiner werden oder abnehmen.«
>
> PTOLEMÄUS

Rezeption
a) die Entgegennahme der astralen Einflüsse durch den Menschen im Moment seiner Geburt; *b)* das Empfangen gegenseitiger Würde zweier jeweils in den Häusern des anderen stehenden Planeten.

Rigel
(Beta Orionis – 16°08' Zwillinge) heller Fixstern des Sternbilds Orion im Sternzeichen Zwillinge, der, von Mars und Jupiter dominiert, auf Erfolg und Ruhm hin-weist.

Ring, Thomas
(geboren 1892) deutscher Psychologe und Astrologe, der den Zweig der revidierten Astrologie einleitete, in der es darum geht, eine essentielle, stark symbolistische Astro-logie zu erarbeiten, die die Erkenntnisse der Psychowis-senschaften miteinbezieht.

rm
Abkürzung für *Radix* eines *männlichen* Horoskopeigners.

Rotation
drehende Bewegung, bei der sich alle Punkte eines starren
Körpers auf konzentrischen Kreisen um die gleiche,
beliebig – also inner- oder außerhalb des Korpus selbst
– gelegene Achse bewegen; astronomisch/astrologische
Bezeichnung für die Drehung eines Himmelskörpers um
ein System von Himmelskörpern mit gemeinsamer Rotationsachse; die Erdrotation beträgt 23 Stunden, 56 Minuten und vier Sekunden.

Rotation, differentielle
Rotation eines Sternsystems, wobei die Geschwindigkeit
von der Distanz zum Rotationszentrum abhängt.

Rotation, gebundene
Begriff für die Tatsache, daß Rotations- und Umlauf-
dauer eines Planeten um den anderen gleich sind und
dem Hauptkörper immer die gleiche Seite des Begleiters
zugewandt bleibt.

Rotationshypothese
von PIERRE SIMON LAPLACE vertretene Auffassung, nach
der die Planeten entstanden sind, indem sie als Partikel
von der Sonnenatmosphäre abgestoßen wurden und sich
in sich verdichtenden Materienringen bildeten.

rw
Abkürzung für *Radix* eines *weiblichen* Horoskopeigners.

S

S
Abkürzung für *Septil* (siehe dort).

Sagittarius
lateinischer Name für *Schütze* (siehe dort).

Sarosperiode
siehe *Periode, chaldäische.*

Saturn
a) astronomisch: wenig auffälliger, bläulich-milchig schimmernder Planet (bis zur Entdeckung von Uranus der äußerste und nach Jupiter der größte im heliozentrischen System) mit einem Sichtbarkeitszyklus ähnlich dem von Mars und Jupiter; der synodische Umlauf wird in einer Zeit von 378 Tagen vollzogen. Falls sichtbar, ist Saturn an Helligkeit den hellen Fixsternen vergleichbar; er hat einen Äquatordurchmesser von 120 800 Kilometern. Mit Jupiter hat Saturn weiterhin gemeinsam, daß sie beide extrem abgeplättet sind und von allen Planeten die geringste Dichte aufzeigen; auch was die Oberflächenbeschaffenheit und den Planetenkern angeht, sind die beiden beinahe identisch. Der Saturn ist umgeben von einem komplizierten System flacher Kreisringe aus Mikroplanetoiden. *b) astrologisch:* siehe unten.

Planet der Alkaloide und der Herrschsucht

Im Laufe der Jahrhunderte wurde dem Saturn zunehmend nachgesagt, unjugendlich bis jugendfeindlich, machtgierig und herrschsüchtig zu sein; im Mittelalter war man sich gar sicher, es mit dem

bei weitem bösesten Planeten zu tun zu haben –
vielleicht liegt dies in seiner gigantischen Entfernung von der Erde begründet. Gegenüber Sonne,
Jupiter und Merkur ist der Saturn freundlich
gesinnt; mit Mond, Venus und Mars kommt er nicht
aus. Der Saturn regiert, was die Entsprechungen
betrifft, das Alter, den Knochenbau und die Haut
des Menschen. In der Pflanzenwelt herrscht Saturn
typischerweise über den Schierling und alle alka-
loidhaltigen Nachtschattengewächse, den Mohn
und den Fliegenpilz.

Astrologisch wird der Saturn, was die psychologischen Prägungen angeht, die er bedingt, als ein
Planet erachtet, der Vorsicht, aber auch Verschlossenheit, Nachdenklichkeit, aber auch Schwermut
und Starrköpfigkeit bedingt. Steht er ungünstig, ruft
der Saturn auch Enttäuschung, Verlust, Unglück
und Einsamkeit hervor. Steht er günstig, so kann
er prächtige Phantasie und integre Treue verleihen.
Traditionell wird er mit Mineralien und Orten der
Ruhe, mit Stätten der Gelehrtheit, aber auch des
Okkultismus in Verbindung gebracht. Auch ansonsten gilt die Magie als stark vom Saturn geprägt:
Beim Anrufen von Seelen Verstorbener in spiritisti-
schen Sitzungen und beim Anrühren von propheti-
stischen Salben beruft man sich auf den Saturn. (Der
Talisman zum Saturn ist Onyx oder Saphir, gefaßt
in Blei.)

Satiricon

Erzählchronik und Sittengemälde des alten Rom; der
Verfasser PETRONIUS ARBITER beschreibt unter anderem

auch, welch wesentliche Rolle die Astrologie, aber auch das Sich-Schmücken mit astrologischen Symbolen und Insignien im Leben der Reichen spielte. Bisweilen wurden Feste gefeiert, bei denen die Reihenfolge und die Beschaffenheit der Gänge mit Planeten und Tierkreisen korrespondierte.

Schaf
die chinesische Entsprechung zum *Skorpion* (siehe dort); das achte Zeichen im chinesischen Sonnentierkreis.

Schalttage
um den Unterschied zwischen dem Kalenderjahr und dem Solarjahr möglichst gering zu halten, müssen bisweilen zusätzlich Tage eingeschaltet werden, zum Beispiel alle vier Jahre der 29. Februar in unserem Gregorianischen Kalender.

Scheat
(Beta Pegasi – 28°43' Fische) heller Fixstern des Sternbilds Pegasus im Sternzeichen Fische, der unter Einfluß von Saturn auf unnatürlichen Tod hindeutet.

Scheitelpunkt
siehe *Zenit.*

Schema
von manchen Astrologen synonym verwendeter Begriff für Horoskop.

Schiefe, ekliptikale
die der *Präzession* (siehe dort) und *Nutation* (siehe dort) unterworfene und ständigen Änderungen unterliegende

Ekliptik (siehe dort) bedingt den Winkel zwischen Erdbahn und Himmelsäquator.

Schiefe, säkulare
Bezeichnung der sich im Laufe der Jahrzehntausende
ändernden Schiefe der Ekliptik; durch das Miteinander
der planetaren Anziehung ändert sich die Neigung der
Erdbahn gegen den Himmelsäquator, und zwar in der
Zeitspanne von 30 000 Jahren um 21 bis 28 Grad; siehe
auch *Störung, säkulare* und *Akzeleration, säkulare.*

Schlange
die Entsprechung zur *Jungfrau* (siehe dort) in der chinesischen Mythologie; das sechste Zeichen im chinesischen
Sonnentierkreis.

Schonerus
eigentlich JOHANNES SCHÖNER (1477–1547), deutscher
Astronom und Astrologe, der sich vor allem in der
Errechnung und Erstellung von Himmelsgloben einen
Namen machte.

Schule, Aalener
siehe *Aalen.* Siehe auch: EBERTIN, *Kosmobiologie.*

Schule, Hamburger
1925 von HARTMANN, SIEGGRUN und ALFRED WITTE
(siehe dort) entwickeltes »Regelwerk für Planetenbilder«,
dessen Wichtigkeit auf der Einführung mehrerer hypothetischer Planeten beruht.

Schütze
(lateinisch Sagittarius) ist das neunte Zeichen im Tierkreis

(22. November bis 20. Dezember) und somit von Jupiter
geprägt. Schütze, ein bewegliches und Feuer-Zeichen, ist
männlich, positiv und von cholerischem Temperament.
Schütze-Geborene repräsentieren den Typus des religiösen, des abenteuerlustigen Menschen, aber auch den
Typus des Heuchlers und des Betrügers. Sie haben eine
unstillbare Sucht nach Bestätigung und eine kuriose Neigung zur Aufschneiderei; ihr Auftreten ist jovial, würdevoll und gelassen, aber auch hochmütig, arrogant und
prahlerisch; das Denken human, einsichtig, idealistisch,
weitblickend und optimistisch, aber auch weitschweifig,
abergläubisch und moralisierend. Ihr Handeln ist
gerecht, gütig bis gönnerhaft, großzügig, aber auch groß-
tuerisch. Mit Schütze in Entsprechung stehen von den
Künsten die Rede- und die Heilkunst; von den Wissenschaften Theologie, Jurisprudenz, Botanik und Medizin;
von den Tieren Elefant, Pferd, Eule, Rind und Hirsch;
von den Pflanzen Feigenbaum, Spargel, Esche, Rhabar-
ber, Pfirsich, Jasmin und Nelke; von den Edelsteinen
Saphir, Amethyst, Lapislazuli und Türkis; von den Metallen Zinn; von den Farben Dunkelblau und Purpur;
von den Gegenständen Kultgeräte und alles aus Holz
Gefertigte; von den Gegenden Auen, Äcker und alle mit
üppigen Vegetationen; von den Ländern Tschechoslowa-
kei, Spanien, Ungarn, Arabien, Australien, Jugoslawien
und Madagaskar; von den Städten Köln, Krefeld, Düssel-
dorf, Remscheid, Bonn, Siegen, Stuttgart, Avignon, Nar-
bonne, Toledo, Cádiz, Budapest und Toronto. Physiologische Entsprechungen zu Schütze sind: Hüftbereich,
Gelenke, Leber, Blut, Lunge, Bronchien und vegetatives
Nervensystem.
Prominente Personen, geboren im Zeichen Schütze: Ludwig van Beethoven, Willy Brandt, Leonid Iljitsch Bre-

schnew, Maria Callas, Winston Churchill, Sammy Davis jr., Kirk Douglas, Paul Getty, Jean Marais, *Nero* (siehe dort), Gérard Philipe, Edith Piaf, Stalin und Mark Twain.

Schwäche
die Wirksamkeit durch eine negative Planetenbeeinflussung im Horoskop; sie kann sehr unterschiedlich ausfallen.

Schwein
entspricht in der chinesischen Mythologie den *Fischen* (siehe dort); das zwölfte und letzte Zeichen im chinesischen Sonnentierkreis.

Scorpius
lateinischer Name des Tierkreiszeichens *Skorpion* (siehe dort).

Seelenwanderung
siehe *Reinkarnation.*

Sekundärdirektion
auf PLACIDO (siehe dort) zurückgehende Direktionstechnik, bei der jeder Tag nach der Geburt dem entsprechenden Lebensjahr des Horoskopeigners zugeordnet wird; die Konstellation des ersten Tages beispielsweise beeinflußt also das gesamte erste Lebensjahr.

Sekunde
eine Basiseinheit unserer Zeitrechnung, gesetzlich festgemacht und definiert nach atomphysikalischen Gesetzen der Quarz-Strahlung.

Selene
Göttin des Mondes in der griechischen Mythologie.

Semiquadrat
Achtelschein: *Aspekt* (siehe dort) mit einem Winkel von 45 oder 315 Grad.

Semiquintil
Zehntelschein: *Aspekt* (siehe dort) mit einem Winkel von 36 oder 324 Grad.

Semisextil
Zwölftelschein: *Aspekt* (siehe dort) mit einem Winkel von 30 oder 330 Grad.

Senius
eigentlich Giovanni Battista Seni (1600–1656); italienischer Astrologe, der unter anderem auch für Albrecht von Wallenstein tätig war.

Sensualentsprechung
im Rahmen der Vorstellung von Entsprechungen zwischen Mikro- und Makrokosmos werden die fünf menschlichen Sinne als mit bestimmten Planeten in Zusammenhang stehend betrachtet: sehen mit Mars, Saturn und Sonne; hören mit Jupiter, Neptun, Saturn, Sonne und Venus; tasten mit Merkur, Mond, Uranus und Venus; schmecken mit Jupiter, Mars, Mond und Venus; riechen mit Mars, Neptun und Venus.

Separation
Ende einer *Konjunktion* (siehe dort), wenn der schnellere Planet sich vom langsameren wegbewegt.

Septil
Siebtelschein: schwacher *Aspekt* (siehe dort) mit einem Winkel von 51 oder 309 Grad.

Sesquiquintil
auch Tredezil; Begriff für den Dreizehntelschein: *Aspekt* (siehe dort) mit einem Winkel von 108 oder 252 Grad.

Sesquiquadrat
Dreiachtelschein: *Aspekt* (siehe dort) mit einem Winkel von 135 oder 225 Grad.

Sextil
Sechstelschein: *Aspekt* (siehe dort) mit einem Winkel von 60 oder 300 Grad.

Sheratan
(Beta Arietis – 3°17' Stier) heller Fixstern des Sternbilds Widder im Sternzeichen Stier, der, von Mars und Saturn geprägt, Unannehmlichkeiten aufzeigt.

Sforza, Ludovico
(1452–1508) Herzog von Mailand; beschäftigte sich unter anderem intensiv mit Astrologie und suchte selbst mittels Stundenhoroskopen günstige Zeiten für seine politischen Schritte zu wählen. So heiratete er 1491 BEATRICE D'ESTE, weil er berechnet hatte, daß der Termin günstig sei zwecks Zeugung seines Erben.

Shiojima, Youku
zeitgenössischer japanischer Astrologe, der in der alten japanischen Tradition praktiziert und auch lehrt, wobei er nur Universitätsabsolventen als Schüler annimmt; gilt

als einer der wesentlichen Denker der wissenschaftlichen Astrologie.

siderisch
a) von nichtirdischer Art; *b)* die Fixsterne betreffend.

Signifikator
Bezeichnung für stark bedeutungstragende Momente im primärdirektiven Horoskop.

sinister
(lateinisch für: unglückbringend, unheilvoll) in der Astrologie Begriff für ungünstig zu deutende Aspekte.

Siriometer
bisweilen benutzte Maßeinheit der Astrologie: ein Siriometer entspricht einer Million astronomischer Einheiten.

Sirius
(Alpha Canis majoris – 13°23' Krebs) hellster Fixstern des Sternbilds Großer Hund im Sternzeichen Krebs, der, von Mars, Jupiter und Saturn dominiert, Ehre und Ansehen aufzeigt.

Siriusperiode
auch Sothisperiode; Bezeichnung für das altägyptische Zeitmaß von 1460 Tagen (vier Jahre), nach deren Ablauf der Frühaufgang des *Sirius* (siehe dort) wieder auf den Tag des ägyptischen Neujahrs fiel.

Siriusweite
astronomische Maßeinheit; eine Siriusweite entspricht fünf Parsec (siehe *Parallaxensekunde*).

Skorpion

(lateinisch Scorpius) das achte Zeichen im Tierkreis (23. Oktober bis 21. November) und somit vom Mars geprägt. Skorpion, ein festes und Wasser-Zeichen, ist weiblich, negativ und von melancholischem Temperament; der unter dem Tierkreis Skorpion Geborene repräsentiert den Typus des ringenden und schwierigen Menschen sowie den faustisch-okkulten Verführer. Er hat einen Hang zur Herrschaft und ein großes Bedürfnis nach Erkenntnis einerseits und Bestätigung andererseits. Sein Auftreten ist energisch, entschlossen und gebieterisch, aber auch angriffslustig, zügel- und rücksichtslos, sein Denken scharfsinnig, tiefschürfend und analytisch, aber auch grüblerisch und heimtückisch/hinterlistig; sein Handeln ist impulsiv, ehrgeizig und titanisch, aber auch ungeduldig, unbeugsam und herrisch. Mit Skorpion in Entsprechung stehen von den Künsten die Redekunst, die Literatur, aber auch die Kriegskunst, das Radieren und das Gravieren; von den Wissenschaften Physik und Chemie, Zoologie und Chirurgie, Okkultismus und Parapsychologie; von den Tieren Skorpion, Schlange, Hyäne, alle Raubkatzen und stechenden Insekten; von den Pflanzen Mohn und alle giftigen Pilze, Stechpalme, Disteln, Nadelbäume, Zwiebel, Knoblauch, Ingwer und Eukalyptus; von den Edelsteinen Rubin, Jaspis und Magnetstein; von den Metallen Eisen, Stahl und Silber; von den Farben Rot und Schwarz; von den Gegenständen alles aus Stahl, Eisen und Silber, sämtliche Waffen, alles Schneidende und Stechende, alle sexuellen Reizgegenstände und scharfen Gewürze; von den Gegenden Sümpfe, Wüsten, Vulkane und alle Jagdgebiete; von den Ländern Bayern, Schwarzwald, Norwegen, Schweden, Jütland, Lappland, Marokko, Algerien, Syrien, Transvaal und Queensland; von den Städten Tübingen, Baden-Baden, München, Reutlingen, Danzig, Ingolstadt, Passau, Brixen, Casablanca, Teheran, Gent, Dover, Washington, Liverpool, Milwaukee. Physiologische Entsprechungen zu Skorpion sind: Genitalien, Harnblase und -wege, Prostata, After, Blinddarm, rote Blutkörperchen, Nieren, Nase.

Prominente Personen, geboren im Zeichen Skorpion: Georges Bizet, Richard Burton, Marie Curie, Alain Delon, Charles de Gaulle, Katherine Hepburn, Paul Hindemith, Robert Kennedy, Martin Luther, Niccolò Paganini und Mohammed Resa Pahlawi (Schah von Persien).

Sol
a) auch Deus; das neunte Feld im Horoskop; *b)* römischer Sonnengott, Entsprechung zum griechischen Helios.

solar
von der Sonne stammend. Siehe auch *lunar.*

Solarhoroskop
Horoskop zur Bestimmung der planetaren Einflüsse, die auf den Horoskopeigner von einem Geburtstag bis zum nächsten wirken, errechnet anhand der Planetenkonstellation jeweils zu einer Zeit, wenn die Sonne wieder an ihrem Standort im Geburtshoroskop steht.

Solstitium
siehe *Sonnenwende.*

Sommer
Zeitspanne vom Weg der Sonne durch den Sommerpunkt bis zum Herbstäquinoktium.

Sommerdreieck

das an frühen Abenden im Sommer mit bloßem Auge sichtbare Dreieck aus den Sternen Wega, Deneb und Atair beziehungsweise Leier, Schwan und Adler.

Sonne

a) astronomisch: im heliozentrischen System das Zentrum wie auch der zur Erde nächste Stern, im geozentrischen System ein Planet wie alle anderen. Die Sonne, die seit Menschengedenken zu den Grundlagen der Zeiteinteilung und -rechnung gehört, bewegt sich mit relativ einfacher Schleifenbildung und sehr regelmäßig in reinen Kreis- beziehungsweise Tagbögen; im Zeitraum eines Jahres durchläuft sie ihre *Ekliptik* (siehe dort), im Verlaufe von 220 000 000 Jahren bewegt sie sich einmal um den Kern des Milchstraßensystems. Die Temperatur der Sonnenoberfläche beträgt etwa 5700 Grad Celsius, die ihres Kerns wird zwischen zehn und sechzehn Millionen Grad geschätzt; *b) astrologisch:* siehe unten.

Urgott, Wohltäter und Lebensquell

Seit Urzeiten schon hat der Mensch diesen Himmelskörper als Gottheit, als Lebensquell, als Quelle des Lichts und der Kraft verehrt. Die Sonne ist, astrologisch besehen, weder gut noch böse, hat aber auf andere Planeten die verstärkende Wirkung eines Wohltäters. Ein guter Sonne-Mond-Aspekt zeigt in aller Regel einen ausgeglichenen Menschen; ein weniger günstiger Sonne-Mond-Aspekt führt den Horoskopeigner durch lange Zeiten des Verzichts und der Entbehrungen. Im Horoskop einer Frau steht die Sonne für die Männer, die in ihrem Leben eine Rolle spielen; im Horoskop eines Mannes fixiert sie seine berufliche Laufbahn und auch die Art, wie er sein Leben insgesamt gestaltet. Die Sonne ist – im Gegensatz zur Schulgrammatik – aus astrologischer Betrachtungsweise immer männlich. Sie symbolisiert männliche, erzeugende Kraft. Grundsätzlich bedingt sie, die das Tierkreiszeichen Löwe regiert, eine stolze, bisweilen aber auch hochmütig wirkende Natur; Ruhm und Ehre werden angestrebt, Pracht und Luxus werden gesucht. In negativer Ausprägung kann das aber auch in blinde Selbstliebe, selbstlobende Geschwätzigkeit oder devote Unterwürfigkeit ausarten. In Korrespondenz steht sie mit den Jahren zwischen zwanzig und dreißig im Leben eines Menschen; mit dem Stoffwechsel, mit dem Blutkreislauf, dem Herz, dem Hirn und dem Augenlicht. Manche Astrologen schreiben der Sonne die Fähigkeit zu, Geldgeschäfte, aber auch Freundschaften günstig zu beeinflussen. (Der Talisman, der mit der Sonne korrespondiert, ist ein in Gold gefaßter Topas.)

Sonne, mittlere
eine der Zeitrechnung dienende fiktive Sonne, die sich stets bei mittlerer Geschwindigkeit in ihrer Bahn bewegt.

Sonnenaktivität
zusammenfassender Begriff für alle veränderlichen Erscheinungen auf der Sonne, die darauf zurückzuführen sind, daß – als Teil der magnetischen Zyklen, denen die Sonne als magnetischer Oszillator unterworfen ist –

Magnetfelder aus dem Sonneninnern an die Sonnenoberfläche dringen.

Sonnenfinsternis
die von der Erde aus nur von wenigen Punkten sichtbare,
in regelmäßigen Zeitabständen sich wiederholende, vollkommene Verdeckung der Sonnenscheibe durch den
Neumond; Sonnen- und *Mondfinsternissen* (siehe dort)
kommt astrologisch keine gute Bedeutung zu; vor allem,
wenn sich die Verdunklung im Geburtszeichen oder im
Aszendenten (siehe dort) ereignet, zeigt sie ausgesprochen ungünstige Einflüsse auf den Horoskopeigner an.

Sonnenflecke
gelegentlich auch mit ungeschütztem Auge beobachtbare
Flecken in der Photosphäre der Sonne; äußeres Zeichen
magnetischer Störungen im Sonneninnern, die bis zu 140
Tage andauern können.

Sonnentafel
Tabellen zur Berechnung der (scheinbaren) Sonnenbah-
nen.

Sonnenstraße
in der angewandten Astrologie ein synonym verwendeter
Name für die *Ekliptik* (siehe dort).

Sonnenwende
auch Solstitium; Bezeichnung für die Zeit der größten
nördlichen und der größten südlichen *Deklination* (siehe
dort) der Sonne, wenn die aufsteigende in absteigende
Bewegung gerät oder umgekehrt, also die Zeit des höchsten und des tiefsten Sonnenmittagsstandes; unterschie-

den werden Sommersonnenwende (21. bis 22. Juni) und Wintersonnenwende (21. bis 23. Dezember).

Sonnenzeit
im Gegensatz zur *Sternzeit* (siehe dort) die wahre Sonnenzeit, definiert durch die Meridiandurchgänge.

Sonnenzyklus
in Verbindung mit dem Julianischen Kalender gebrauchter Begriff, auch als Sonnenzirkel bezeichnet; die Zeitspanne von 28 Jahren, nach deren Ablauf die Wochentage wieder auf den gleichen Monatstag fallen.

Sothisperiode
siehe *Siriusperiode.*

Spagyr
auch spagyrisches Elixier; von PARACELSUS (siehe dort) stammender Begriff für Arzneimittel, die im Einklang mit den Erkenntnissen der (alchimistischen) Astrologie hergestellt und eingenommen werden.

Spätaufgang
siehe *Aufgang, scheinbar akronytischer.*

Spätuntergang, heliakischer
Untergang eines Gestirns nach Sonnenuntergang.

Speculum astronomiae
umfangreiches Werk ROGER BACONS (siehe dort); der Versuch einer naturwissenschaftlichen Vereinigung von Alchimie, Astrologie und Magie, der Bacon auf Betreiben der Kirche einige Jahre Arrest einbrachte.

Spektralklasse
Klassifikation der Sterne nach Temperament, Farbe und Druck, das heißt nach ihrem Aussehen und ihrem Absorptionsspektrum.

Spektroskopie
die Lehre von der Zusammensetzung von gasförmigen, flüssigen und festen Körpern, ihren elektromagnetischen Strahlungen und wechselseitigen Wellenlängenbeeinflussungen.

Sphäre
synonym verwendeter Begriff für Firmament, Himmelskugel.

Sphäre, Demokritsche
auf den griechischen Philosoph DEMOKRIT (um 470 – um 380 v. Chr.) zurückgehender Horoskop-Zauberkreis zur Bestimmung günstiger und ungünstiger Tage in der Behandlung von Krankheiten, der sich in erster Linie daran orientiert, wann das Leben begann und welche Planetenkonstellation zu der Zeit ihren Einfluß ausübte.

Sphäre, Petosirissche
von der Planetenkonstellation weitgehend unabhängiges Horoskop zur Bestimmung der psychischen Eigenschaften des Horoskopeigners und zur Deutung seines psychischen Schicksals.

Sphärenharmonie
mittelalterliche Vorstellung von der musikalischen Konsonanz der Planeten; es wurde angenommen, daß die

Abstände zwischen den Planeten den Intervallen der Tonleiter entsprächen. Siehe auch *Weltenmusik*.

Sphärenmusik
siehe *Weltenmusik*.

Spica
auch Azimehoder Azimech *(Alpha Virginis* – 23°08' *Waage);* hellster Fixstern des Sternbilds Jungfrau im Sternzeichen Waage, der, unter der Regentschaft von Mars und Venus, auf Kreativität und künstlerische Veranlagung weist.

Spitze
der erste Grad eines Zeichens/Hauses.

Städtezuordnung
Zuordnung von Städten zu Tierkreiszeichen im Rahmen der astrologischen Vorstellung der Entsprechungen und der konsequenten Einflüsse. Die Zuteilung von Städten zum *Zodiak* (siehe dort) erlangt eine gewisse Bedeutung in der mundanen und der politischen, aber auch in der Individualastrologie; hinsichtlich Leben und Reisen rieten die Astrologen schon in den Urzeiten der Astrologie, Wohnsitz nur in solche Städte zu verlegen und/oder nur in jene Orte zu reisen, in deren Zeichen sich ein glücklicher und gut aspektierter Planet im Horoskop befand. Dagegen sollte man Städte meiden, in deren Zeichen ein *Übeltäter* (siehe dort) konstelliert war (siehe *Länderzuordnung;* siehe folgende Seiten).

Stärke
Bezeichnung für die Gewichtigkeit der Wirkung eines

Zuordnung von Städten zu den Tierkreiszeichen

Widder: Bergamo, Berlin, Birmingham, Braunschweig, Florenz, Krakau, Marseille, Neapel, Padua, Utrecht, Verona

Stier: Dublin, Hannover, Leipzig, Lübeck, Luzern, Mantua, Metz, Nantes, Palermo, Parma, Rhodos, Saint Louis, Würzburg

Zwillinge: Bad Kissingen, Bamberg, Brügge, Córdoba, London, Mainz, Melbourne, Nürnberg, Plymouth, San Francisco, Versailles, Villach

Krebs: Algier, Amsterdam, Bern, Cádiz, Genua, Görlitz, Istanbul, Magdeburg, Mailand, Manchester, New York, Prag, Stockholm, Trier, Tunis, Venedig, York

Löwe: Bombay, Bristol, Chicago, Damaskus, Koblenz, Linz, Philadelphia, Portsmouth, Prag, Ravenna, Rom, Ulm

Jungfrau: Basel, Boston, Breslau, Brindisi, Erfurt, Heidelberg, Jerusalem, Korinth, Los Angeles, Lyon, Nizza, Norwich, Paris, Riga, Saint-Etienne, Straßburg

Waage: Antwerpen, Frankfurt am Main, Freiburg, Graz, Heilbronn, Johannesburg, Kopenhagen, Landshut, Schwäbisch Hall, Speyer, Wiesbaden

Skorpion: Baden-Baden, Baltimore, Cincinnati, Danzig, Davos, Dover, Frankfurt/

	Oder, Gent, Halifax, Hull, Liverpool, Messina, Milwaukee, München, Newcastle, New Orleans, Pompeji, Tokyo, Tübingen, Valencia, Washington
Schütze:	Avignon, Budapest, Gotha, Kalkutta, Köln, Meißen, Narbonne, Nottingham, Peking, Rothenburg, Sheffield, Stuttgart, Toledo
Steinbock:	Augsburg, Brüssel, Jülich, Kleve, Konstanz, Moskau, Oxford, Port Said, Stettin, Ulm, Warschau
Wassermann:	Berlin, Bremen, Brighton, Hamburg, Pisa, Salzburg, Sydney, Triest
Fische:	Alexandria, Lancaster, Regensburg, Rouen, Sevilla, Worms

Planeten, zu errechnen aufgrund der Position, die er einnimmt; für die Deutung des Horoskops wesentlich sind die Unterschiede zwischen den Stärken und den *Schwächen* (siehe dort); die Gewichtung der Stärken ist nicht einheitlich, sondern variiert je nach Astrologe und dessen Sicht und Erfahrungen.

stationär

a) Zustand des Planeten, wenn er von Rechtsläufigkeit in Rückläufigkeit oder umgekehrt übergeht, wobei die stationäre Phase bis zu acht Tage andauern kann; b) Zustand der Planetenbewegung, bei der der Planet scheinbar stillsteht.

Staub, interplanetarer

feste Teilchen der interplanetarischen Materie (siehe

Materie, interplanetare) mit einem Durchmesser von 0,1 bis 0,001 Millimeter.

Staub, interstellarer

ein Bestandteil (bis zu ein Prozent) der interstellaren Materie (siehe *Materie, interstellare*).

Steady State

(englisch für: stabiler Zustand) Name eines kosmologischen Modells, welches axiomatisch voraussetzt, daß Isotropie und Homogenität im Weltall immer gleich sind, daß aufgrund der Unendlichkeit des Raums Materie auch stetig neugeschaffen werden muß.

Steinbock

(lateinisch Capricornus) das zehnte Zeichen im Tierkreis (21. Dezember bis 19. Januar) und somit vom Saturn geprägt. Steinbock, ein kardinales und Erd-Zeichen, ist weiblich, negativ und von phlegmatischem Temperament. Unter dem Tierkreis Steinbock Geborene repräsentieren den Typus des strebenden Tatmenschen und des verantwortungsbewußten, gestaltenden Menschen. Sie zeigen einen Hang zum steten Streben und sind immer zielorientiert. Ihr Auftreten ist ernst, bestimmt und konzentriert, aber auch schon einmal unentschlossen bis schwerfällig, ihr Denken besonnen und systematisch, aber auch zweifelnd und grüblerisch. Ihr Handeln ist emsig, sorgfältig, vorsichtig und gewissenhaft, aber auch pedantisch und herrschsüchtig. Mit Steinbock in Entsprechung stehen von den Künsten Bildhauerei und Architektur; von den Wissenschaften Geographie und Ökologie sowie Geometrie und Altertumsforschung; von den Tieren Steinbock, Pferd, Esel, Kamel sowie

Käfer und alle Insekten; von den Pflanzen alle Bäume mit harter Rinde, Eiche, Buche, Tanne, Fichte, Palme, Pappel, Hanf und Efeu; von den Edelsteinen Onyx und Saphir sowie schwarze Diamanten und schwarze Perlen; von den Metallen Blei; von den Farben Grau, Dunkelbraun und Schwarz; von den Gegenständen Stein- und Baumaterial, Uhren, Plastik, Pech, Kohle, Urnen und Särge; von den Gegenden Berge, Gipfel und ländliche Regionen; von den Ländern Hessen und Thüringen, Schleswig, Bosnien, Mazedonien, Albanien, Afghanistan, Griechenland, Island, Indien, Mexiko und Guatemala; von den Städten Bielefeld, Münster, Paderborn, Osnabrück, Husum, Stettin, Augsburg, Konstanz, Warschau, Oxford, Port Said und Brüssel. Physiologische Entsprechungen zu Steinbock sind: Knochen, Gelenke, Haare, Nägel, Zähne, Milz, Galle – es besteht unter diesem Zeichen eine auffällige Disposition zu Verdauungs- und Stoffwechselkrankheiten.

Prominente Personen, geboren im Zeichen Steinbock: Konrad Adenauer, Marlene Dietrich, Friedrich Dürrenmatt, Gustaf Gründgens, Martin Luther King, Hildegard Knef, Mao Zedong, Richard Nixon, Elvis Presley, Albert Schweitzer und Carl Zuckmayer.

Stein der Weisen

als Endziel aller alchimistischen Operationen stehen die einzelnen Stufen der Erschaffung beziehungsweise Findung des Steins der Weisen in Korrespondenz zu astrologischen Prinzipien und Grundlagen.

Stellae beneficae

aus dem Lateinischen übernommener Begriff für die günstigen Planeten (siehe dort:) *Venus* und *Jupiter*.

Stellae maleficae
aus dem Lateinischen übernommener Begriff für die ungünstigen Planeten (siehe dort:) *Saturn* und *Mars*.

Stellatium
Ballung von Planeten in einem Haus des Horoskops; als Hinweis auf turbulente und ereignisreiche Zeiten zu interpretieren.

Sternatmosphäre
äußere Schicht eines Sterns; hier wird die im Innern erzeugte Energie abgestrahlt.

Sternbedeckung
die Verdeckung eines Sterns durch die Mondscheibe.

Sternbild
Oberbegriff für 88 mit Namen versehene Gruppen heller Sterne. Die alten Völker dachten sich einzelne Sterne durch Linien verbunden – so kam es zu leicht einprägsamen Bildern, deren Entstehung, Gestalt und teilweise auch Sinngehalt auf religiöse und vorwissenschaftliche Vorstellungen der jeweiligen Kulturen und ihren Mythen rückschließen lassen. Je nach ihrer Lage zum Himmelsäquator unterscheidet man nördliche, südliche und Äquatorzonensternbilder. Von unseren Breiten aus sind nur die nördlichen Sternbilder, die der Äquator- und ein Teil der südlichen Zone sichtbar – dagegen bleiben alle Sternbilder, deren Winkelabstand vom Südpol des Himmels kleiner als die nördliche geographische Breite des Beobachtungsorts ist, stets unter dem Horizont – und sind für uns in den nördlichen Breiten entsprechend nicht sichtbar. Sie können von der Südhalbkugel der Erde aus

beobachtet werden; da sich die Sonne bei ihrer scheinbaren jährlichen Bewegung längs der *Ekliptik* (siehe dort) in jeweils andere Gebiete des Himmels verschiebt, wechseln die nach Sonnenuntergang sichtbaren Sternbilder periodisch mit der Jahreszeit. Dementsprechend unterscheidet man Sommersternbilder und Wintersternbilder; die um die scheinbare jährliche Bahn der Sonne, die Ekliptik, liegenden werden als Sternbilder des Tierkreises bezeichnet.

Sterne, gewalttätige
teilweise als veraltet erachtete Vorstellung, daß die Fixsterne *Antares* (siehe dort), *Algol* (siehe dort) und *Aldebaran* (siehe dort) verstärkende Wirkung auf Gewalt und Gewalttätigkeit ausüben.

Sterne, veränderliche
in Helligkeit und Zustandsgröße sich verändernde, oft unregelmäßige Licht- und Materieausbrüche aufweisende Fixsterne.

Sterne, zirkumpolare
Bezeichnung für diejenigen Sterne, die nie unter dem Horizont verschwinden, da ihre Entfernung zum Himmelsnordpol immer geringer ist als die geographische Breite des Beobachtungsorts; der bekannteste zirkumpolare Stern ist die Mitternachtssonne.

Sternfarbe
aufgrund von Temperaturen in sichtbaren Teilen des Sternenspektrums gegebene Färbung der Himmelskörper: Kühle Sterne sind rotschimmernd, heiße Sterne milchigweiß.

Sternglobus
Globus, dessen Fläche das Sternbild der Himmelskugel und die Koordinatenkreise darstellt.

Sternkarte
Kartogramm der Sternensphäre.

Sternkatalog
systematisches Verzeichnis von Sternen.

Stern, neuer
auch Nova; Bezeichnung für einen Fixstern, der aufgrund von Explosionen in seinem Innern Teile seiner Materie mit einer Geschwindigkeit von 3000 Kilometern pro Sekunde von sich stößt und dabei bis zu 100 000mal heller strahlt als zuvor. Heute wird vermutet, daß diese Phase Teil des Lebenslaufs fast jedes Planeten ist.

Sternsystem
siehe *Galaxis.*

Sternzeit
eine auf der Erddrehung basierende Zeiteinteilung; eine Art Zeitangabe beziehungsweise ein Zeitmaß, das nach den Sternen und nicht wie die gewöhnliche Uhrzeit nach der Sonne bemessen wird. In einem Sterntag scheinen die Sterne einen vollständigen Umlauf um den Himmel vollzogen zu haben; doch hat die Sonne ihren scheinbaren Umlauf noch nicht vollendet: So ist der Sterntag um drei Minuten und 56 Sekunden Sonnenzeit kürzer als der mittlere Sonnentag, der die Grundlage unserer üblichen Zeitrechnung bildet. Die Astrologie benutzt die Sternzeit als ein Mittel zur Angabe der Positionen der

Sterne, wie sie zu einer gegebenen Zeit von einem
bestimmten Ort aus gesehen werden können. Der Astrologe muß seine Informationen (Geburtszeit und -ort) in
Sternzeit verwandeln, damit die Gestirnstandtabellen
oder *Ephemeriden* (siehe dort) verwendet werden können, die die Positionen der Sterne beziehungsweise Planeten in Sternzeit angeben; diese Sternzeit wird arithme-
tisch berechnet.

Stier

(lateinisch Taurus) das zweite Zeichen im Tierkreis (21.
April bis 21. Mai), somit von der Venus geprägt. Stier,
ein festes und Erd-Zeichen, ist weiblich, negativ und von
phlegmatischem Temperament. Unter dem Tierkreis
Stier Geborene repräsentieren den Typus des naturver-
bundenen, instinkthaften Menschen mit einem Hang zu
Materialismus und Trotzverhalten. Ihr Auftreten ist einfach, natürlich und zurückhaltend, aber auch einmal
nachlässig oder steif. Ihr Denken ist praktisch, konzen-
triert und intuitiv orientiert, aber auch mal starr und
uneinsichtig. Das Handeln ist zweckmäßig, ökonomisch
und strebsam, aber bisweilen auch träge und lustlos. Mit
Stier in Entsprechung stehen von den Künsten Bau- und
Gartenbaukunst sowie Gesang; von den Wissenschaften
Wirtschaftswissenschaften und Botanik; von den Tieren
Stier, Lamm, Maikäfer, Reh und alle Singvögel; von den
Pflanzen Birne, Kirsche und Erdbeere, Pflaume, Banane,
Weizen, Linde und alle Feldblumen; von den Edelsteinen
Achat, Saphir, Smaragd, Türkis, Korallen und Perlen;
von den Metallen Kupfer; von den Farben alle Schattie-
rungen des Grüns; von den Gegenständen Blumen, Klei-
dungsstücke und Münzen; von den Gegenden Wiesen
und ländliche Gebiete; von den Ländern Polen, Schwe-

den, Lothringen, Persien, Türkei, Zypern, Schweiz, Ruß-
land, Irland, Griechenland und die Kaukasusregion; von
den Städten Palermo, Luzern, Zürich, Parma, Rhodos,
Saint Louis, Dublin, Merseburg, Dresden, Leipzig,
Chemnitz, Würzburg, Halle, Schweinfurt, Bad Kissingen
und Kitzingen. Physiologische Entsprechungen zu Stier
sind Hals, Nacken, Kehlkopf, Stimmbänder, Rachen,
Schilddrüse, alle anderen Drüsen und die Haut.
Prominente Personen, geboren im Zeichen Stier: Fred
Astaire, Gary Cooper, Bing Crosby, Fernandel, Sigmund
Freud, Max Frisch, Jean Gabin, Immanuel Kant, Karl
Marx, Golda Meir, Yehudi Menuhin, William Shakes-
peare und Orson Welles.

Stil, neuer
Umschreibung für den Gregorianischen Kalender, der
den Julianischen ablöste.

Stirnfaltendeutung
auch Metopososkopie; Lehre von der Form und Anlage
der Stirnfalten und ihrer Aussage über den Charakter
des Betroffenen. Grundlage der Stirnfaltendeutung ist,
daß den sechs Gestirnen sechs Stirnfalten zugeordnet
sind, deren Ausprägungsgrad und Verlauf den Planeten
unterliegen, so daß aufgrund von Interpretation Eigenschaften des Eigners, aber auch Wirkpunkte seines
Schicksals gedeutet werden können. Siehe auch: *Chiromantie, Geomantie* und *Entsprechungen*.

Stöffler, Johannes
deutscher Astronom und Astrologe (1452–1531) im
Dienste Kaiser MAXIMILIANS; Lehrer und Förderer des
JOHANNES SCHÖNER alias *Schonerus* (siehe dort).

Stonehenge
Bauwerk in der Nähe von Salisbury (England) aus Megalithfelsen von immenser Größe, wahrscheinlich errichtet 2100 vor Christus; Stonehenge dürfte Mond- und Sonnenobservatorium zum einen und ein eigenständiger Kalender der Mond- und Sonnenfinsternisse zum anderen gewesen sein.

Störungen
Abweichungen von Planeten und Kometen von ihrer elliptischen Bahn.

Störung, säkulare
Bezeichnung für die sich in Abständen von Jahrzehntausenden wiederholenden Störungen der Bahnen von Himmelskörpern; siehe auch *Schiefe, säkulare* und *Akzeleration, säkulare*.

Strahlungsdruck
Kraft, die elektromagnetische Strahlung auf einen lichtreflektierenden oder -absorbierenden Körper ausübt.

Straße, gelbe
der chinesische Mondtierkreis, der aus 28 Sternbildern besteht.

Stunde
a) Zeiteinheit, Abkürzung h; eine Stunde = sechzig Minuten; *b)* veralteter Ausdruck für ein Winkelmaß von 15 Grad.

Stundenastrologie
Teilgebiet der Individualastrologie, das das Errechnen

der besten Zeit, der geeignetsten Stunde zur Verwirklichung eines Vorhabens beinhaltet.

Stundenkreis
Deklinationskreise (siehe dort) im Äquatorialsystem.

Stundenwahl
astrologisches Auswählen der günstigsten Stunde zur Realisation eines wichtigen Vorhabens.

Stundenwinkel
Winkel zwischen dem *Deklinationskreis* (siehe dort) eines Gestirns und dem *Meridian* (siehe dort) eines Orts.

Stundenzählung, babylonische
mittelalterliche Unterteilung des Tages in 24 (statt 12) Stunden.

Stundenzählung, italienische
auf die babylonische Stundenzählung gestützte Unterteilung des Tages in 24 Stunden.

Süden
die dem Polarstern entgegengesetzte Himmelsrichtung, somit dem Höchststand der Sonne entsprechend.

Südpol
südlicher Schnittpunkt der Erdachse mit der Erdoberfläche.

Südpunkt
Mittagspunkt: Schnittpunkt des *Meridians* (siehe dort) mit dem Horizont.

Symbol

Sinnbild, meist metaphorisch verbildlichte Gestalt tieferer Bedeutung; nicht nur in Magie und Alchimie, auch in der Astrologie ist das Symbol beziehungsweise das intuitive Erfassen und Deuten von Symbolen und Symbolhaftem von großer Bedeutung, und der richtige Umgang damit zeichnet den guten Astrologen aus.

Sympathie

von der Astrologie übernommener Teil der Lehre C. G. JUNGS: die vermutete Bedingung, die hypothetische Ursache hinter Doppelwirkungen und mehrfach-vernetzten Zusammenhängen, etwa Verbindungen zwischen Elementen, Jahreszeiten, Farben, Flora, Fauna, Zeiten, Planeten, Mineralien, Düften, inneren Bildern und dergleichen mehr. Die Uridee von den Sympathien ist sehr alt und in alle möglichen Kulturen eingebettet. Zusammen mit den Entsprechungen, nämlich Parallelitäten, die nicht kausal bedingt und doch zusammenhängend sind, ergeben die Sympathien das Jungsche Prinzig der *Synchronizität* (siehe dort); siehe auch *Astrologie, symbolistische*.

Synchronizität

von C. G. JUNG beschriebenes Prinzip, das zwischen kosmischen und seelischen Vorgängen einen (nicht immer kausalen) Zusammenhang vermutet; die Synchronizität muß als Teil der Mikro-Makro-Kosmos-Theorie (siehe *Mikro-Makro-Kosmos*) verstanden werden.

Synesios von Kyrene

im dritten Jahrhundert nach Christi Geburt lebender Bischof, der die Astrologie als Teilwissenschaft der Theo-

logie sah und aus der Grundlage der Beobachtung, daß
der Sternenhimmel sich verändert, um dann wieder ein-
stige Positionen einzunehmen, folgerte, daß infolgedessen auch Geschichte sich ständig wiederholen müsse –
und der Astrologe beziehungsweise Theologe dies vor-
ausberechnen könne.

System, ägyptisches

auch ägyptisches Weltbild; Vorstellung, daß die Erde das
Zentrum des Weltalls bildet und von der Sonne und dem
Mond umkreist wird, die wiederum von Merkur und
Venus umrundet werden, während Saturn, Mars und
Jupiter sie alle einrahmend rotieren.

System, geozentrisches

auch ptolemäisches System; (astrologisches) Weltbild,
nachdem sich die Erde im Zentrum des Universums
befindet.

System, heliozentrisches

auch kopernikanisches beziehungsweise tychonisches
System; (astrologisches) Weltbild, nachdem sich die
Sonne im Zentrum des Universums befindet.

System, kopernikanisches

heliozentrische Planetentheorie, die die geozentrische
Theorie ablöste; siehe *System, heliozentrisches; System,
geozentrisches*.

System, platonisches

ein geozentrisches System, nach dem die Erde von Mond,
Sonne, Mars, Jupiter und Saturn, aber auch von Venus
und Merkur umkreist wird.

System, ptolemäisches
siehe *System, geozentrisches.*

System, tychonisches
Synonym für *System, heliozentrisches* (siehe dort).

Syzygien
astronomische Bezeichnung für *Konjunktionen* (siehe
dort) und *Oppositionen* (siehe dort) von Erde und Mond.

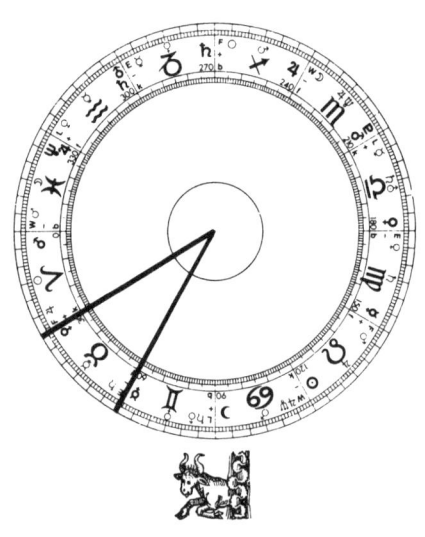

Das Zeichen Stier

T

Tafeln, Alfonsinische

im 13. Jahrhundert im Auftrag von ALFONS X. VON
KASTILIEN durch arabische, christliche und jüdische
Astronomen zusammengestellte Planetentafeln.

Tafeln, Rudolfinische

nach Kaiser RUDOLF II. benannte astrologische Planetentafeln, die für die Planetenberechnung jahrhundertelang
axiomatisch waren.

Tag

Abkürzung d; Zeitraum, während dem die Sonne über
dem Horizont steht; Urmaß der Zeitrechnung.

Tagbogen

derjenige Teil der Gestirnbahn, welcher über dem Horizont liegt; ergänzt sich mit dem *Nachtbogen* (siehe dort)
zu 360 Grad.

Tage, ägyptische

zur Verwirklichung bestimmter Pläne ungünstige Tage.

Tage, kritische

veraltete Vorstellung, nach der sieben Tage des Monats
problematisch (im Sinne von ungünstig) und sieben Tage
pro Jahr besonders ungünstig sind.

Tagesregent

Teil einer älteren Entsprechungstheorie, welche die
Wochentage den Planeten zuordnet und denjenigen Planeten, der die erste Stunde eines Tages beherrscht, als
dessen Regent und den Tag also als von diesem Regenten
beherrscht betrachtet (siehe auch folgende Seite).

Tagesregenten und Wochentage

Saturn – Samstag
Sonne – Sonntag
Mond – Montag
Mars – Dienstag
Merkur – Mittwoch
Jupiter – Donnerstag
Venus – Freitag

Tag, großer

ein Dreißigstel des großen Monats (siehe *Monat, großer*), also etwa 72 Jahre.

Talisman

Glücksbringer: astrologisches Medaillon mit den ihm zugeschriebenen glückbringenden und unglückabwehrenden Eigenschaften.

Tarot

fälschlicherweise oft auch Tarock genannt; Name eines wahrscheinlich auf die *Kabbala* (siehe dort) zurückzuführenden prognostisch-divinatorischen Kartenspiels, das Bezüge zu den Planeten und den Tierkreisen als Symbole benutzt und dessen Prinzip darauf baut, daß es in der Natur keine Zufälle gibt, sondern daß alles im verborgenen fein verflochten, netzartig verwoben sei und demjenigen, der Einsicht in dies Dunkel zu nehmen vermag, Kenntnis von noch kommenden Dingen und Begebenheiten zuteil werde. Das Spiel besteht aus 78 Karten, von denen jede einzelne ihre eigene Bedeutung hat, die sich – je nach Kartenkombination – mit den Bedeutungen der anderen Karten addiert (wobei sich Wirkungen und Einflüsse auch gegenseitig aufheben können), um eine prophezeiende Aussage zu formulieren. Es existieren zahlreiche Varianten des Tarot-Spiels, die astrologische besteht darin, daß zwölf willkürlich gebündelte Kartenpacken auseinandergelegt werden, die zu den astrologischen *Häusern* (siehe dort) in Entsprechung stehen und demgemäß auch interpretiert werden (siehe auch unten).

Zuordnung von Qualitäten zu Tierkreiszeichen im Tarot

Widder:	Wille, Herrschaft, Vernunft, Vorsehung
Stier:	Inspiration, Führertum
Zwillinge:	Liebe, Leidenschaft, Vereinigung
Krebs:	Einsicht, Freiheit, Sieg
Löwe:	Gerechtigkeit und Verantwortung
Jungfrau:	Vorsicht und Weisheit
Waage:	Kraft, Mut, Muße und Arbeit
Skorpion:	Versuchung, Tod und Wiedergeburt
Schütze:	Maß und Sparsamkeit
Steinbock:	Krankheit, Unfall, Brutalität
Wassermann:	Hoffnung und Lebenstüchtigkeit
Fische:	Verrat und Gefahr

Tasyr
Direktionsbogen siehe *Direktion; Direktion, primäre* beziehungsweise *Direktionsschlüssel*.

Taurus
lateinischer Name des Tierkreiszeichens *Stier* (siehe dort).

tellurisch
auf die Erde bezogen, von der Erde stammend.

Terminus
die Grenzen der Tierkreiszeichen.

terrestrisch
auf die Erde oder das Land bezogen, von der Erde oder vom Land stammend.

Tetrabiblos
Urschrift astrologischer Weisheiten; ein Werk des PTOLEMÄUS (siehe dort), in welchem er alle zu jener Zeit verfügbaren Informationen kompiliert hatte.

Thales von Milet(os)
im sechsten Jahrhundert vor Christi lebender und arbeitender griechischer Astrologe, dessen Werk für die griechische Astrologie wegweisend war.

Thema
Nativitätshoroskop, das Geburtshoroskop.

Thema mundi
Welthoroskop; Begriff für die uralte Vorstellung, daß sich die Planeten in dem Moment über das Himmelszelt verteilten, als die Erde entstand, und daß – vom Weltenbrand bis zur Sintflut – alles irdische Leben und Geschehen vom Miteinander und Wechselspiel der Planeten

abhängt. Nahezu sämtliche alten Kulturen hatten ihre jeweiligen vom Thema mundi ausgehenden Mythologien über die Herkunft, das Sein und die Zukunft des Planeten Erde.

Theosophie

seit 1875 bestehende Gesellschaft, die in der Tradition der Begründerin HELENA BLAVATSKY die Sterne als Gottheiten verehrt und ihnen kausal-lenkende Einflüsse zuspricht. Die Theosophie kennt auch ansonsten sehr viele Gemeinsamkeiten mit der Astrologie, beispielsweise die Vorstellung von den Entsprechungen, die Mikro-Makro-Sicht der Dinge.

Thoth

in der ägyptischen Mythologie der Gott der Weisheit und der Schrift, Planetengottheit des Merkur; zugleich Schreiber der Götter und Vermittler zwischen ihnen und den Menschen.

Tiberius

(42 v. Chr.–37 n. Chr) römischer Kaiser, der an die Astrologie glaubte – auf seine ganz besondere Art: Sein Astrologe und Vertrauter THRASYLLUS errechnete mittels Horoskopen, welche Persönlichkeiten Tiberius gefährlich werden könnten. Dieser ließ dann die vermeintlichen Rivalen töten.

Tiere

im Rahmen der astrologischen Vorstellung von den Entsprechungen ist jedem Tierkreiszeichen auch ein oder mehrere Tiere zugeordnet (siehe auch Kasten auf der folgenden Seite).

Zuordnung der Tiere zu den Tierkreiszeichen

Widder: Widder, Wolf, Hund, Pferd, Sperber, Schaf, Tiger, Geier, Hahn, Schlange, Spinne

Stier: Taube, Rebhuhn, Fasan, Stier, Büffel, Bison, Kuh, Ziege

Zwillinge: Affe, Papagei, Fuchs, Biene, Ameise

Krebs: Krebs, Katze, Hase, Fledermaus, Nachtigall, Schwan, Frosch

Löwe: Löwe, Panther, Falke, Hahn, Adler

Jungfrau: Biene, Fuchs, alle Hühner

Waage: Rebhuhn, Sperling, Haustiere

Skorpion: Skorpion, alle Tiere, die unter der Erde und in stehenden Gewässern leben, sowie alle Tiere, die eine Larvenentwicklung durchmachen

Schütze: Wild, Pferd, Pfau, Elefant

Steinbock: Steinbock, Ziege, Hund, Kamel, Esel, Schildkröte und alle Tiere der Nacht

Wassermann: sämtliche Tiere, die sich leicht zähmen lassen

Fische: alle Fische und Vögel

Tierkreis

Himmelsstreifen, der sich etwa acht Grad auf beiden Seiten der *Ekliptik* (siehe dort) ausdehnt und innerhalb dessen scheinbar die Bewegung der Sonne (diese genau auf der Ekliptik) und Planeten erfolgt. Der Tierkreis von 360 Grad ist in zwölf gleiche Abschnitte von 30 Grad geteilt; diese sind die Tierkreiszeichen, von denen jedes

durch ein bestimmtes Sternbild am Himmel veranschau-
licht wird (vor allem, wenn man sich die einzelnen Sterne
mit Linien verbunden visualisiert. Im Laufe eines Monats
durchwandert die Sonne je ein Zeichen; infolge der *Präzessionsbewegung* (siehe dort) der Weltachse besteht
keine Übereinstimmung mehr zwischen den Tierkreiszeichen und dem gleichnamigen Sternbild; siehe auch
Zodiak, Abbildungen der Seiten 6, 82, 234.

Tierkreislicht

Erscheinung aus ringförmig um die Sonne angeordneten
Lichtstrahlen, deren Symmetrieebene der *Tierkreis* (siehe
dort) ist, hervorgerufen durch Streuung von Sonnenlicht
an freien Elektronen und Staubpartikeln.

Tierkreismünzen

astrologische Medaillons und Amulette, die ein Tierkreiszeichen oder ein Planetensymbol zeigen. Siehe auch:
Talisman.

Tierkreiszeichen

im Rahmen der astrologischen Vorstellung von den Entsprechungen sind auch die Tierkreiszeichen zu den Planeten in Korrespondenz gesetzt (siehe unten):

Zuordnung der Tierkreiszeichen zu den Planeten

Widder:	Mars/Sonne
Stier:	Venus/Mond
Zwillinge:	Merkur
Krebs:	Mond
Löwe:	Sonne

Jungfrau:	Merkur
Waage:	Venus/Saturn
Skorpion:	Pluto/Mars
Schütze:	Jupiter
Steinbock:	Saturn/Mars
Wassermann:	Uranus/Saturn
Fische:	Neptun/Jupiter/Venus

Tierkreiszeichensymbole

die gebräuchlichen Symbole für die Tierkreiszeichen, von denen einige aufgrund optischer Ähnlichkeit, andere mittels Hieroglyphen metaphorisiert sind; der Ursprung der meisten Symbole ist unsicher.

Tiger

das dritte Zeichen im chinesischen Sonnentierkreis; in der chinesischen Mythologie Entsprechung zu *Zwillinge* (siehe dort).

Toledobriefe

von der Astrologenschule zu Toledo verbreitete Schrift, die für das Jahr 1186 fürchterliche Katastrophen vorhersagte, die nicht annähernd eintrafen.

Tonalpouali

Wahrsagekalender in der mexikanischen Astrologie; siehe auch *Tonalpouhque*.

Tonalpouhque

in der mexikanischen Astrologie eine Gruppe von Priestern, die als Wahrsager geschult waren, das heißt im Lesen des *Tonalpouali* (siehe dort), des mythologischen

Kalenders der Wahrheiten, bewandert waren und letzt-
lich eine ähnlich wichtige Stellung genossen wie die
Astrologen, die im Mittelalter der Kirche oder weltlichen
Herrschern dienten.

topozentrisch
den Beobachtungspunkt als Zentrum nehmend.

Totalitätszone
schmaler Streifen auf der Erdoberfläche, auf dem eine
Sonnenfinsternis (siehe dort) vollkommen ist; die Breite
kann bis zu 270 Kilometer, die Dauer bis zur acht Minuten betragen; siehe auch *Partiellitätszone*.

Transite
Übergänge der laufenden Planetenbewegung über die als
fix sich vorgestellten Orte, Planetenwinkel und Eckfel-
derspitzen des Geburtsbildes; die Zeitdauer eines Tran-
sits kann – je nach Geschwindigkeit, Stationarität oder
Rückläufigkeit – erheblich schwanken. Erreicht beispielsweise der heutige Jupiter, wie aus der *Ephemeride* (siehe
dort) des letzten Jahres zu ersehen, die Stelle, wo bei der
Geburt eines Menschen die Sonne stand, so sprechen wir
von einem Transit zwischen Jupiter und Sonne, in diesem
Fall von einer *Konjunktion* (siehe dort). Die Transite
dienen der laufenden Beobachtung der Geschehnisse und
Ereignisse am Himmel; für ihre Berechnungen verwendet
man hauptsächlich die langsam laufenden Planeten Jupiter, Pluto, Neptun, Uranus und Saturn. Der Planetenlauf
beeinflußt also die im Geburtshoroskop zu ersehenden
Schicksale; man hat beobachtet, daß Transite ihre stärkste
Wirkung ausüben, wenn sich *Aspekte* (siehe dort) oder
Beziehungen bilden, die bereits im Geburtshoroskop

vorhanden und zu ersehen waren – man spricht dann von wiederkehrenden Konstellationen. In der prognostischen Astrologie wird Transiten – je nach Natur und Prägung – verstärkende oder hemmende Wirkung zugeschrieben. Ansonsten ist zu beachten, daß bei all diesen Überlegungen das Geburtshoroskop die Grundlage der Prognose bildet.

Transitdauer
die Transitdauer der Planeten beträgt, ohne Rückläufigkeit und Stationarität
    Uranus: 42 Tage
    Neptun: 56 Tage
    Saturn: 35 Tage
    Jupiter: 21 Tage
    Mars: 6 Tage
    Venus: 4 Tage
    Merkur: 3 Tage
    Sonne: 5 Tage
    Mond: 10 Stunden

Tredezil
siehe *Sesquiquintil.*

Triangeln
nach den Elementen unterteilte Tierkreiszeichengruppen, die jeweils denselben Tag- und Nachtgebietern unterliegen; siehe auch *Dreiung.*

Trigonal
Drittelschein; ein *Aspekt* (siehe dort) mit einem Winkel von 120 oder 240 Grad; gilt als der günstigste der möglichen Aspekte.

Trimalchio
Zeitgenosse und Freund NEROS, der als Erfinder astrologischer Freßgelage gelten darf: Er lud zu Banketten, bei denen die Speisen in strenger Korrespondenz zu ihren astrologischen Entsprechungen standen, was ihre Beschaffenheit und die Reihenfolge des Service betraf.

Tripliktik/Triplizität
siehe *Dreiung.*

Triquetrum
ein antikes Instrument im Dienste der Astrologie; ähnlich dem Prinzip des Rechenschiebers aus drei ineinander verschachtelbaren Linealen, mit denen die Zenitdistanz der Gestirne errechnet werden konnte.

Triseptil
Dreisiebtelschein; ein *Aspekt* (siehe dort) mit einem Winkel von 154 oder 206 Grad.

tropisch
nicht auf die Tropen, sondern auf den Frühlingspunkt bezogen, vom Frühlingspunkt ausgehend.

Trutina Hermetis
auf HERMES zurückzuführende Rechenmethode der Astrologie, mittels derer (aufgrund einer Konversion von Mond und Aszendent) vom Geburts- auf den Empfängnismoment geschlossen wird; gilt mittlerweile als veraltet und unrichtig.

Typologie
Begriff für die astrologische Vorstellung, daß die planeta-

ren Einflüsse charakterliche Qualitäten bedeuten, die sich beim Horoskopeigner, je nach Tierkreis, Aszendent, Meridian und dergleichen zu einem Gesamtcharakter, einem psychologischen Profil addieren und fügen.

Typologie, zodiakale
Bezeichnung für die Zuordnung eines typischen psychologischen Profils zu unter einem Tierkreiszeichen Geborenen, ohne die Erstellung eines Horoskops.

Tzolkin
das Jahr im Maya-Kalender; 260 Tage lang und aus 20 Monaten zu je 13 Tagen bestehend.

Tzu Hsi
Kaiserin, die China zur Zeit des Boxeraufstands regierte. Sie glaubte an die Astrologie in allen Belangen des Lebens: Ihre Herrschaft war genauso astrologisch durchdacht wie ihre persönlichen Lebensgewohnheiten.

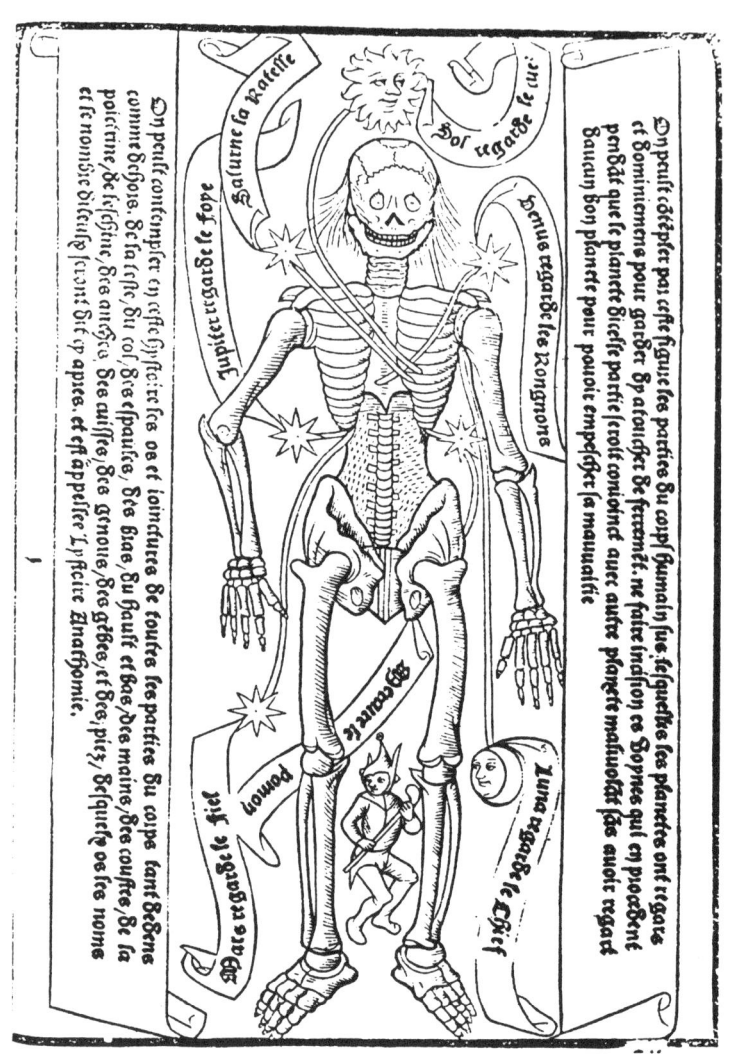

Tierkreis-Skelett (Holzschnitt aus dem 15. Jahrhundert): Das Mittelalter hatte eine fast mechanistische Vorstellung vom Einwirken der Tierkreiszeichen oder Planeten auf bestimmte Körperteile und Organe: Venus auf die Nieren, Jupiter auf die Leber (siehe auch Stichwort »Entsprechung«).

U

Übeltäter
zusammenfassende Bezeichnung für die ungünstigen beziehungsweise unheilbringenden (Malefiz-)Planeten Mars, Saturn, Pluto, Uranus und Neptun; siehe *Wohltäter.*

Uhr, astronomische
komplexes Uhrwerk, das nicht nur Uhrzeit und Datum, sondern auch Planetenstellungen sowie Mond- und Sonnenfinsternisse aufzeigt.

Uhr, große
auch italienische Uhr; Begriff für die alte Chronometrie, also die Unterteilung des Tages in 24 Stunden (statt zweimal zwölf Stunden).

Uhr, kleine
auch deutsche Uhr, Bezeichnung für die neue Chronometrie, also die Unterteilung des Tages in zweimal zwölf Stunden (statt 24 Stunden); siehe auch *Stundenzählung.*

Umkreis
Siehe *Orbis;* Wirkungskreis eines Planeten.

Umlaufzeit
die von einem Himmelskörper zum Umkreisen eines anderen Himmelskörpers benötigte Zeit. Die verschiedenen und unterschiedlichen Umlaufzeiten bilden in vielen Fällen internationalisierte Zeiteinheiten: Ein Monat ist die Umlaufzeit des Mondes um die Erde.

Umlaufzeit, siderische
aufeinanderfolgende gleiche Position von Gestirnen am Fixsternhimmel; siehe auch *Umlaufzeit, synodische.*

Umlaufzeit, synodische
die von einem Gestirn benötigte Zeit, sich wieder in dieselbe Stellung zur Sonne und zum Mond zu positionieren: etwa beim Mond die Zeitspanne zwischen zwei Neumonden; siehe auch *Umlaufzeit, siderische*.

Ungleichheit, parallaktische
zyklisch wiederkehrende Störung der Erdmondbewegung, zurückzuführen auf die Anziehung, welche die Sonne ausübt; siehe auch *Bewegung, parallaktische*.

Unglückstage
im Rahmen des astrologischen Prinzips der Entsprechungen den Tierkreiszeichen entsprechende beziehungsweise zugeordnete Tage, an denen der Betroffene (Horoskopeigner) durch die Wirkung der Gestirne Unglück erleben wird. Die den Tierkreiszeichen zugeordneten Unglückstage sind: Widder/Freitag; Stier/Dienstag; Zwillinge/Donnerstag; Krebs/Samstag; Löwe/Samstag; Jungfrau/Donnerstag; Waage/Dienstag; Skorpion/Freitag; Schütze/Mittwoch; Steinbock/Montag; Wassermann/Sonntag; Fische/Mittwoch.

Universal Brotherhood
in Amerika ansässige Splittergruppe der Theosophie Helena Blavatskys, die versucht, die Lehren von Blavatsky und Rudolf Steiner mit der Astrologie zu verbinden.

Universum
auch Weltraum oder Weltall; Begriff für den mit Materie und Strahlenenergie erfüllten und der Beobachtung zugänglichen Raum.

Untergang
auch Occasus; Bezeichnung für das Verschwinden eines Gestirns vom Horizont.

Untergang, scheinbarer
Ausdruck für die Tatsache, daß der wirkliche Untergang früher stattfindet, als wir es von der Erde aus beobachten können, da die Lichtstrahlen, die von den Gestirnen kommen, so lange unterwegs sind, bis sie uns erreichen. Folglich scheinen die Gestirne höher, als sie wirklich sind, und der scheinbare Untergang erfolgt später als der wirkliche.

Untergang, wirklicher
findet früher statt, als wir es von der Erde aus beobachten können, da die Lichtstrahlen, die von den Gestirnen kommen, so lange unterwegs sind, bis sie uns erreichen. Folglich scheinen Gestirne höher, als sie wirklich sind, und der scheinbare Untergang erfolgt später als der wirkliche.

Unterwelt
Synonym für das letzte Haus/Feld des Horoskops.

Unuk Al Hajja
(*Alpha Serpentis* – 21°23' *Skorpion*) heller Fixstern des Sternbilds Schlange im Sternzeichen Skorpion, der, von Saturn und Mars geprägt, Unfälle und Unglück aller Art anzeigt.

Ur
mythologischer Ort; eine Stadt in Chaldäa und Geburtsort ABRAHAMS (siehe dort).

Urania
Göttin der Astrologie.

Uranographie
veraltete zusammenfassende Bezeichnung für Astronomie und Astrologie.

Uranometrie
kartographische Darstellungen und Beschreibungen des Himmels.

Uranus
a) astronomisch: der siebte der großen Planeten im heliozentrischen System mit einem Schleifenbildungszyklus ähnlich dem von *Jupiter* (siehe dort) und *Saturn* (siehe dort). Um ein Tierkreiszeichen zu durchlaufen, braucht Uranus, von dessen Bahnschwankungen auf die Existenz des *Neptun* (siehe dort) schlußgefolgert wurde, sieben Jahre. Die Oberflächenstruktur ist weitgehend unbekannt, ein Ringsystem ist nachgewiesen, jedoch auch noch nicht weiter erforscht. Im Teleskop als grünlichbläuliche Scheibe erkennbar, ist der Uranus, seit er bekannt und benannt ist (1781/HERSCHEL), Diskussionsstoff gewesen, nicht nur aus astronomisch, sondern auch aus *b) astrologischer* Sicht (siehe unten).

Uranus – der Schatten des Bösen?

Die möglichen Bedeutungen/Interpretationen des Uranus, den wir in Büchern des vergangenen Jahrhunderts noch unter dem Namen Herschel finden, sind nicht unumstritten: Damals wie heute wurde/

wird er als eher bösartig empfunden und beschrieben, doch sind die Ansichten über seine Eigenschaften und Einflüsse auffallend vage und teilweise
widersprüchlich. Hier und da werden Uranus günstige Einflüsse auf technische Erfindungen und
Neuerungen zugeschrieben, dann haben Astrologen
berichtet, daß er gerade auf die astrologische Forschung die günstigste aller Wirkungen ausübe, und
eine Zeitlang gab es eine Astrologengruppe, die sich
»Die Kinder des Uranus« nannte. Die wissenschaftliche Astrologie nimmt an, daß Uranus eigentlich
so gut wie keinen Einfluß auf den einzelnen, das
Individuum habe, statt dessen aber Menschengruppen und bestimmte Generationen und Altersstufen
regiere. In diesem Zusammenhang wird Uranus mit
Exzentrizität und Extremismus, mit Spannungen
und Nervosität, mit unerwarteten Plötzlichkeiten
und Unruhen, mit Rebellion und Freiheitsdrang,
mit Faschismus und Diktaturen, mit Zynismus wie
auch mit (Trunk-)Sucht in Korrespondenz gesetzt.
Auch nimmt man an, daß seine Wirkung auf Ehen
und Liebesbeziehungen schädlich ist.

Urknall(-Theorie)

kosmologisches Modell, das besagt, daß vor etwa zwanzig Milliarden Jahren alle Materie in einem Uratom
zusammengepreßt war, das mit dem Urknall explodierte
und das Universum ergab.

V

Vega

(*Alpha Lyrae* – 14°36' *Steinbock*) hellster Fixstern des Sternbilds Lyra/Leier im Sternzeichen Steinbock, der, von Merkur und Venus dominiert, Ruhm und Ehre anzeigt.

Venus

a) astronomisch: heliozentrisch einer der inneren Planeten und wenn in Konjunktion, dann kaum vierzig Millionen Kilometer von der Erde entfernt. Ähnlich wie der *Merkur* (siehe dort) immer in relativer Nähe der Sonne sich aufhaltend und an Helligkeit andere Planeten um ein Vielfaches überstrahlend, kann Venus auch als Morgenstern (im Vorderen Orient auch am Taghimmel) mit bloßem Auge gesehen werden. Die jeweiligen Sternzeiten dauern je etwa neun Monate; die Schleifenbildung ist minimal, die Oberflächenstruktur unbekannt, da Venus dicht ummantelt ist von ihrer Atmosphäre, die – wahrscheinlich dreischichtig – stark reflektiert. Venus als unterer Planet kann nie in Opposition zur *Sonne* (siehe dort) und somit auch nie um Mitternacht über dem Horizont stehen. *b) astrologisch:* siehe unten.

Venus – die Göttin an des Hügels Spitze

Die ersten Jahre des Erwachsenenlebens und der urogenitale Trakt sind von der Venus regiert, aber auch die Liebe zur Kunst wie auch sinnliche Freuden und deren Folgen werden als ihren Einflüssen obliegend betrachtet. Steht Venus in günstigem *Aspekt* (siehe dort), so verspricht sie Freude am Leben, Glück im Beruf und in der Liebe; steht sie unter ungünstigem Aspekt, so stehen ein zügelloses Leben wie auch Einsamkeit und Bitterkeit nach einer gescheiterten Liebesaffäre bevor.

Die Venus verträgt sich mit Jupiter, Mars und Merkur, der Sonne und dem Mond, aber nicht mit Saturn und Uranus. In Konjunktion mit dem Mond verheißt sie der Frau Glück in ihren Unternehmungen, dem Mann gibt sie einen starken weiblichen Aspekt wie auch extremstes Hingezogensein zu Frauen, die zur regelrechten Liebessucht ausarten kann. Die Venus steht in Korrespondenz mit solchen Tieren, die mit der Göttin der Liebe verbunden sind: Tauben und Eisvögel wie auch mythologische Kreaturen wie Satyrn und Faune. In der Magie wird Venus als Dinge der Liebe und des Geschlechts betreffend angerufen. Heute wird sie, weiblich und glückbringend, als Regentin der Sinnesgenüsse, der Kunst, der Annehmlichkeiten wie auch der Mütterlichkeit gedeutet.

Talisman der Venus ist der Smaragd oder ein in Kupfer gefaßter Türkis.

Verbannung
siehe *Exil*.

verbrannt
inzwischen veralteter Ausdruck für den Zustand eines Planeten, dessen Strahlung von der Sonnenstrahlung überlagert und vermindert wurde.

Vertikalkreis
Höhenkreis.

Vesperugo
Name von *Venus* (siehe dort) als Abendstern.

vesperal
das Untergehen eines Gestirns nach Sonnenuntergang.

Vettius
im zweiten Jahrhundert lebender Astrologe, der astrologische Chroniken und Kompilationen verfaßte und von prägendem Einfluß war, was seine Ansichten vom Vorherbestimmtsein des Lebens betraf.

Via combusta
zwischen Waage und Skorpion gelegene Zone des Tierkreises, deren ursprüngliche Sinngebung/Bedeutung verlorengegangen ist.

Viertel, erstes
1. bis 10. *Ort* (siehe dort) des Horoskops.

Viertel, letztes
Stellung des Mondes sieben Tage vor Neumond.

Viertelschein
siehe *Quadratur*.

Vindemiatrix
(Epsilon Virginis – 9°16' Waage) Fixstern des Sternbilds Jungfrau im Sternzeichen Waage, der, von Saturn und Venus geprägt, auf Schwierigkeiten aller Art hinweist.

Virdung, Johannes
deutscher Astrologe (um 1500), dessen fast ausschließlich

auf Katastrophen bezogene Prognosen durch ihre extreme Treffsicherheit von sich reden machten und in Diskussionen für und gegen Astrologie oft als Argumente herangezogen werden.

Virgo
lateinischer Name für *Jungfrau* (siehe dort).

Vollmond
Oppositionsphase des Mondes.

Voltaire
eigentlich FRANÇOIS MARIE AROUET (1694–1778); französischer Dramatiker und vielseitig interessierter Denker, der sich mit eigentlich allen Wissenschaften vertraut machte, so auch mit der Astrologie, worüber er wohl auch ausführliche Gespräche mit dem französischen Hofastrologen MORIN DE VILLEFRANCHE geführt haben muß. Voltaires Meinung über die Astrologie war nicht die wohlwollendste: In seinem Aufsatz beziehungsweise seiner Streitschrift »Dieser närrische Unsinn« erzählt er Anekdoten vom Versagen der prognostischen Astrologie. Sechsundsechzigjährig übrigens veröffentlichte er in einer großen französischen Tageszeitung einen offenen Brief an die Astrologen, in dem er sich dafür entschuldigte, daß er sich geweigert hatte, im Alter von 32 Jahren zu sterben, wie sie es ihm prophezeit hatten.

Vorzeichen
zusammenfassender Begriff für den in der völkischen Mythologie verankerten Glauben, daß allerlei Symbole in die Zukunft weisen, vor allem aber auf den Tod des Betroffenen anspielen.

Vulkan
Name eines von der Astrologie als existent angenomme-
nen, doch von der Astronomie nie gesichteten und
beschriebenen Planeten, der sich zwischen der Sonne und
der Merkurbahn aufhält und das Zustandekommen sowie
das Zusammenspiel der Minerale kontrolliert.

Vulkanus
Wirkpunkt der *Ekliptik* (siehe dort), der sich als hypothetischer Planet in ihr bewegt und die Wirkung anderer
Planeten verstärkt; manche Astrologen schreiben Vulkanus die Qualitäten Kraft und Gewalttätigkeit zu.

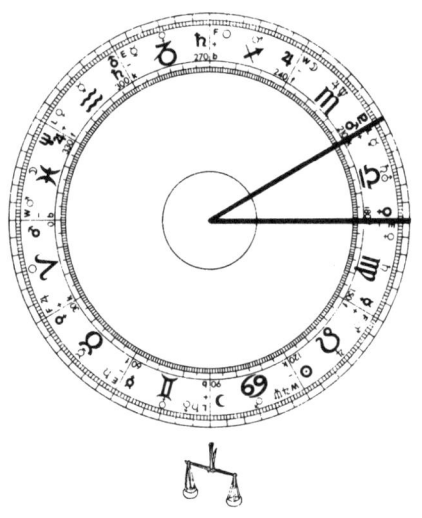

Das Zeichen Waage

Waage

(lateinisch Libra) siebtes Zeichen im Tierkreis (23. September bis 22. Oktober) und somit von der Venus geprägt. Waage, ein kardinales und Luft-Zeichen, ist männlich, aktiv und von sanguinischem Temperament. Waage-Geborene repräsentieren den Typus des künstlerischen und lebenslustigen Menschen sowie den Bohemien, verkörpern jedoch auch den Diplomaten. Sie haben einen ausgeprägten Hang zur Harmonie und ein großes Bedürfnis nach Nervenruhe; ihr Auftreten ist natürlich, höflich und freundlich, kann aber gelegentlich auch nachlässig und leichtfertig sein. In ihrer Denkweise zeigen sie sich als feinsinnig, schöpferisch und poetisch, aber auch als oberflächlich und gefühllos. Das Handeln ist gefühlsbetont und ausgleichend, aber auch einmal energielos und unmotiviert. Mit Waage in Entsprechung stehen von den Künsten Malerei, Musik und Tanz; von den Wissenschaften Ästhetik, Kunst und Geschichte; von den Tieren Taube, Schmetterling, Reh, Maikäfer und alle Singvögel; von den Pflanzen Flieder, Maiglöckchen, Rosmarin, Veilchen, Blumen, Birke, Pappel, Birne, Kirsche, Erdbeere, Pflaume, Banane und Weizen; von den Edelsteinen Saphir, Smaragd, Achat, Türkis, Koralle und Perle; von den Metallen Kupfer; von den Farben Rosa und Hellblau; von den Gegenständen Blumen, Schmuck, Musikinstrumente und Künstlerutensilien, Kosmetika und Spielzeug; von den Gegenden Parks, Anlagen, Wiesen und Täler; von den Ländern Pfalz, Westerwald, Japan, Savoyen, China, Argentinien, Tibet, Österreich, Nordiran, Birma und Oberägypten; von den Städten Frankfurt/Main, Wiesbaden, Bad Homburg, Rüdesheim, Sankt Goarshausen, Usingen, Speyer, Freiburg, Marbach, Wien, Graz, Nottingham, Lissabon, Antwerpen, Kopenhagen, Johannesburg, Rio de Janeiro. Physiologische Entsprechungen zu Waage sind: Wangen, Lenden, Nieren, Lippen, Leistengegend, Harnblase und Wirbelsäule; der unter dem Zeichen Waage Geborene hat eine auffällige Tendenz zu Stoffwechselleiden und Hautkrankheiten.

Prominente Personen, geboren im Zeichen Waage: Brigitte Bardot, Charles Boyer, Georg Büchner, Dwight D. Eisenhower, Anita Ekberg, T. S. Eliot, William Faulkner, Mahatma Gandhi, Heinrich George, George Gershwin, Graham Greene, Heinrich von Kleist, Le Corbusier, Franz Liszt, Heinrich Lübke, Walter Rathenau und Oscar Wilde.

Wandeljahre

so nennt man den alle vier Jahre um einen Tag zurückgehenden Neujahrstag in solchen Kalendern (beispielsweise verschiedenen arabischen), die mit 365 Tagen dem tatsächlichen Sonnenjahr um etwa sechs Stunden hinterherhinken.

Wasser

eins der vier Elemente, denen in der prognostischen Astrologie Entsprechungen zu Tierkreiszeichen zugeordnet werden; die Wasser-Zeichen, denen große Kreativität beigemessen wird, sind Skorpion, Krebs und Fische.

Wassermann

(lateinisch Aquarius) passiert als elftes Zeichen des Tierkreises die Sonne zwischen dem 20. Januar und dem 18. Februar; im Wassermann hat Saturn sein Haus, Venus, Merkur und Mond sind die Dekane; Wassermann ein Luft-Zeichen, gilt als männliches, aktives und festes Zeichen. Die unter dem Tierkreis Wassermann Geborenen repräsentieren den Typus des erkennenden und magischen Menschen sowie den Menschenfreund und Reformator, sie haben einen ausgeprägten Hang zur Besessenheit und verkörpern den Typus des Sanguinikers; ihr Auftreten ist gewinnend und freundlich, aber auch einmal verletzend-egoistisch und leichtfertig, ihr Denken idealistisch, geistreich und weitsichtig, aber auch eigensinnig und sprunghaft, ihr Handeln ist energisch und verwegen, aber auch einmal waghalsig und unbändig. Mit Wassermann stehen in Entsprechung von den Künsten die sogenannten Königskünste, Astrologie, Magie und Alchimie, von den Wissenschaften Philosophie, Psychoanalyse und Datenverarbeitung, von den Tieren Igel und alle Vögel, von den Pflanzen Rettich, Zittergras und Kakteen, von den Edelsteinen Amethyst, Basalt und Bernstein, von den Metallen Aluminium und Radium, von den Farben Lila und Violett, von den Gegenständen Flugobjekte sowie alles Elektrische und Elektronische, von den Gegenden Stratosphäre, All und alle vulkanischen Gegenden, von den Ländern Preußen und Westfalen, Äthiopien, Polen, Schweden und die USA, von den Städten Bremen, Dortmund, Hagen, Hameln, Salzburg, Trient, Brighton und Los Angeles. Physiologische Entsprechungen zu Wassermann sind: Beine, Herz und Blut, sowie Blutgefäße; die unter dem Zeichen Wassermann Geborenen haben eine auffällige Tendenz zu Krampfadern und nervösen Leiden.

Prominente Personen, geboren im Zeichen Wassermann:
Eva Braun, Vera Brühne, Christian Dior, Ludwig Erhard, Clark Gable, E. T. A. Hoffmann, Jack Lemmon, Norman Mailer, Jeanne Moreau, William Somerset Maugham, Wolfgang Amadeus Mozart, Kim Novak und Franz Schubert.

Wassermannzeitalter
der Zeitraum, der sich an das derzeit auslaufende Fische-
zeitalter anschließen wird.

Weltall
siehe *Universum.*

Weltalter
anhand verschiedenartiger Analysen (etwa der chemischen Zusammensetzung der Materie) und unter Berücksichtigung der sogenannten Weltmodelle läßt sich das
Alter des Planeten Erde einigermaßen errechnen: mindestens fünf und höchstens zwanzig Milliarden Jahre.

Weltbild, ägyptisches
siehe *System, ägyptisches.*

Weltenmusik
deutsche Übersetzung des klassischen Begriffs Musica
mundi beziehungsweise Musica mundana, gelegentlich
auch Mundanmusik genannt; Bezeichnung für die mittelalterliche Vorstellung vom unhörbaren Zusammenklang
der Planeten in Analogie zu musikalischen Konsonanzen.
Die Theorie, die sich ihrerzeit als paradigmatischer roter
Faden sowohl durch die Musiktheorie als auch durch die
Astrologie zog, beruht auf der gedanklichen Basis, daß
die Intervalle der Tonleiter auch analog zu den Planete-
nabständen verhalten und daß die Planetenbewegungen
den Tonleiterstufen entsprechen.

Weltgeist
zusammenfassende Bezeichnung für alle der Welt inne-
wohnenden Prinzipien.

Welthoroskop
deutsche Übersetzung des lateinischen Ausdrucks Thema mundi; Begriff für die uralte Vorstellung, daß sich die Planeten in dem Moment über das Himmelszelt verteilten, als die Erde entstand, und daß – vom Weltenbrand bis zur Sintflut – alles irdische Leben und Geschehen vom Miteinander und Wechselspiel der Planeten abhängt.

Welträtsel
Bezeichnung für die sieben nicht lösbaren Probleme der Naturwissenschaft – als da sind: die Fragen nach dem Wesen der Materie, nach dem Ursprung der Bewegung, nach der Entstehung des Lebens, nach dem Werden der Sinne, nach dem Ursprung des Denkens, nach dem Wesen des Willens und nach den Zweckmäßigkeiten der Natur.

Weltraum
siehe *Universum*.

Weltzeit
auch Mittlere Greenwichzeit; die Zonenzeit des Meridians von Greenwich.

Weltzeitalter
auch großer Monat; Bezeichnung für die Zeitspanne von etwa 2150 Jahren, der Zeitraum der Herrschaft eines Tierkreiszeichens.

Wendepunkte
Ausdruck für die vier Wendepunkte in den Tierkreisen Widder, Waage, Steinbock und Krebs.

Werk, alchimistisches
auch Opus; bestehend aus einem theoretischen und einem praktischen Teil, ist das alchimistische Werk die Zuordnung der zwölf Arbeiten der Tierkreiszeichen zu den zwölf Epochen, so daß der Kreisfluß der Zeit widergespiegelt wird.

Westen
abgekürzt W; Name für die Himmelsrichtung in der Nähe des *Westpunktes* (siehe dort).

Westpunkt
derjenige Punkt, an dem sich der Schnittpunkt des ersten Vertikals und der Horizont treffen, zugleich der Punkt, an dem die Sonne zur Zeit der Äquinoktien untergeht.

Wetterastrologie
Untersuchungsgegenstand der Astrometeorologie, die von den Gestirnkonstellationen Rückschlüsse auf das Klima zieht und prognostische Berichte über das Wetter erstellt.

WEZ
Abkürzung für Westeuropäische Zeit (siehe *Zeit, Westeuropäische*).

Widder
(lateinisch Aries) erstes Zeichen im Tierkreis (21. März bis 20. April) und somit vom Mars geprägt. Widder, ein kardinales und Feuer-Zeichen, ist männlich, positiv und von cholerischem Temperament. Widder-Geborene repräsentieren den Typus des kämpferischen Willens-

menschen sowie den idealistischen Anführer, haben einen Hang zur Herrschaft und zur Rechthaberei und ein großes Bedürfnis nach Bestätigung und Lob. Ihr Auftreten ist energisch, entschlossen und gebieterisch, aber auch angriffslustig, zügel- und rücksichtslos, die Denkungsart tiefschürfend und analytisch, aber auch eigensinnig und heimtückisch/hinterlistig. Das Handeln ist impulsiv und aktiv, aber auch ungeduldig, unbeugsam und herrisch. Mit Widder in Entsprechung stehen von den Künsten die Kriegskunst, das Radieren und das Gravieren; von den Wissenschaften Physik und Chemie, Zoologie und Technik; von den Tieren Widder, Wolf, Raubkatzen, stechende Insekten und Tiere mit Krallen; von den Pflanzen Stechpalme, Disteln, Nadelbäume, Zwiebel, Knoblauch, Ingwer und Eukalyptus; von den Edelsteinen Rubin, Jaspis und Magnetstein; von den Metallen Eisen und Stahl; von den Farben Rot; von den Gegenständen alles aus Stahl und Eisen Gefertigte, sämtliche Waffen, alles Schneidende und Stechende sowie Maschinen; von den Gegenden Wüsten, Vulkane und unfruchtbare Landstriche; von den Ländern Deutschland, Dänemark, England, Syrien, Palästina und Japan; von den Städten Hameln, Hannover, Berlin, Linden, Krakau, Utrecht, Saragossa, Leicester, Padua, Birmingham, Florenz, Verona, Lindau, London, Kopenhagen und Neapel. Physiologische Entsprechungen zum Tierkreiszeichen Widder sind: Kopf, Muskelsystem, Zähne und Sehnen.

Prominente Personen, geboren im Zeichen Widder:
Johann Sebastian Bach, Lucrezia Borgia, Wilhelm Busch, Giacomo Casanova, Charlie Chaplin, Nikita Chruschtschow, Bette Davis, Doris Day, Maxim Gorki, Joseph Haydn, Herbert von Karajan, Karl der Große,

Leonardo da Vinci, Gregory Peck, Wilhelm Conrad Röntgen, Arturo Toscanini und Peter Ustinov.

Widderpunkt
der Äquinoktialpunkt, in dem sich die Sonne zum Frühlingsäquinoktium befindet und den Himmelsäquator von Süden nach Norden überschreitet.

Willensfreiheit/Willensunfreiheit
Ausdrücke für unterschiedliche Haltungen gegenüber dem freien oder unfreien Willen des Menschen und der ihm gegebenen oder nicht gegebenen Möglichkeit, mittels Willensentscheid seinen Weg selbst zu bestimmen. Dieser im Grunde philosophische Sachverhalt ist in der Astrologie und für die Astrologie von Belang, da die meisten astrologischen Schulen letztlich einen sehr weitgehenden Determinismus, also das Vorherbestimmtsein des menschlichen Lebensweges, voraussetzen.

Winter
die Jahreszeit, die beim Durchgang der Sonne durch den *Winterpunkt* (siehe dort) beginnt und mit dem Frühlingsäquinoktium endet.

Winterpunkt
der ekliptikale Punkt, den die Sonne zur Zeit der Wintersonnenwende einnimmt.

Winterzeichen
die Tierkreiszeichen, die von der Zeit des Durchgangs der Sonne durch den Winterpunkt bis zum Frühlingsäquinoktium herrschen, also Steinbock, Wassermann und Fische.

Witte, Alfred
deutscher Astrologe (1878–1941), Erfinder der drehbaren Gradscheibe und Begründer der Hamburger Schule; Witte entwickelte eine Technik der Horoskopinterpretation, die sich nicht nach den Aspekten richtet, sondern statt dessen auf der Grundlage von sogenannten Summen und Differenzen Planetenbilder ermittelt, die als prognostische Grundlagen genommen werden.

Woche
je nach Kultur und Mythologie Begriff für eine Zeitspanne von fünf bis zehn Tagen. Die siebentägige Woche des bürgerlichen Kalenders ist vermutlich auf die Perser zurückzuführen und etwa ab dem vierten Jahrhundert unserer Zeitrechnung in Europa bekannt; in ihr spielt die Dauer des Mondumlaufs eine wesentliche Rolle, aber auch die Bedeutungen der magischen Zahl Sieben fließen ein.

Wohltäter
zusammenfassende Bezeichnung für die günstigen beziehungsweise glückbringenden (Benefiz-)Planeten Venus und Jupiter; Gegenteil: *Übeltäter* (siehe dort).

Würden
eine bereits in der Antike angewandte astrologische Methode, die aus der Stellung des Planeten im Tierkreis und seiner Wirkung auf fünf verschiedene Würden rückfolgert, denen je drei, vier oder fünf Stärken zugeordnet sind.

Wurzelhoroskop
siehe *Radixhoroskop*.

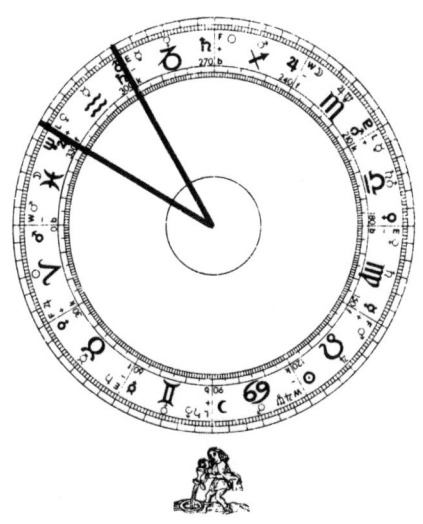

Das Zeichen Wassermann

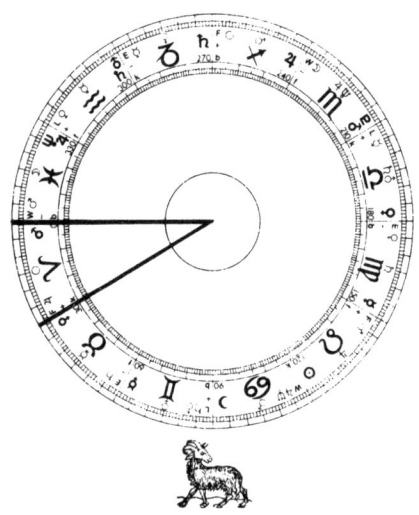

Das Zeichen Widder

XYZ

X
graphisches Symbol für besondere Fragestellungen an
das prognostische Horoskop.

Ylem
Bezeichnung für die komprimierten Neutronen, die vor
dem Urknall die Ursubstanz ausmachten.

Zahl, goldene
Ordnungszahl der Jahre im lunatischen Zyklus.

Zeichen
gängige Abkürzung für Tierkreiszeichen.

Zeichen, astronomische
Symbole und Zeichen für Aspekte, Sterne und andere
astronomische Faktoren.

Zeichen, aufsteigende
Oberbegriff für die Tierkreiszeichen Fische, Steinbock,
Stier, Wassermann, Widder und Zwillinge.

Zeichen, bewegliche
die Zeichen des *Zodiak* (siehe dort): Jungfrau, Fische,
Schütze und Zwillinge; sind diese in einem Horoskop
dominant, dann kündigen sie plötzliche Änderungen an.

Zeichen, bewegte
siehe *Zeichen, feste.*

Zeichen, derbe
die letzten 15 Grad der Tierkreiszeichen Skorpion,
Schütze und Zwillinge.

Zeichen, direkt aufsteigende
Jungfrau, Krebs, Löwe, Schütze, Skorpion und Waage.

Zeichen, feste
Löwe, Skorpion, Stier und Wassermann, die vier Zeichen des *Zodiak* (siehe dort), von dominantem Einfluß auf das Horoskop.

Zeichen, fruchtbare
auch Wasser-Zeichen; die Tierkreiszeichen Fische, Krebs und Skorpion.

Zeichenherrschaft
auch Domination; Ausdruck für die Position eines Gestirns in seinem *Haus* oder *Domizil* (siehe dort).

Zeichen, kardinale
Widder, Krebs, Waage und Steinbock als Pole des *Zodiak* (siehe dort); deuten auf Änderungen hin, wenn sie beherrschende Positionen einnehmen.

Zeichen, kurze
die Tierkreiszeichen Steinbock, Wassermann, Fische, Widder, Stier und Zwillinge.

Zeichen, lange
die Tierkreiszeichen Krebs, Löwe, Jungfrau, Waage, Skorpion und Schütze.

Zeichen, männliche
männliche Tierkreiszeichen im Rahmen der Einteilung gemäß dem Prinzip Yin und Yang: Widder, Zwillinge, Löwe, Waage, Schütze und Wassermann.

Zeichen, melancholische
die Tierkreiszeichen Stier, Jungfrau und Steinbock.

Zeichen, menschliche
die Tierkreiszeichen Zwillinge, Jungfrau, Schütze und Wassermann.

Zeichen, mittlere
Stier, Löwe, Skorpion und Wassermann.

Zeichen, nördliche
die Tierkreiszeichen Widder, Stier, Zwillinge, Krebs, Löwe und Jungfrau.

Zeichen, schiefaufgehende
die Tierkreiszeichen Steinbock, Wassermann, Fische, Widder, Stier und Zwillinge.

Zeichen, schöne
die Tierkreiszeichen Zwillinge, Jungfrau, Waage sowie die ersten 15 Grad Schütze.

Zeichen, schwache
jeweils die ersten 15 Grad der Tierkreiszeichen Zwillinge, Skorpion und Schütze.

Zeichen, starke
jeweils die letzten 15 Grad der Tierkreiszeichen Zwillinge, Skorpion und Schütze.

Zeichen, stumme
die Tierkreiszeichen Waage, Skorpion, Fische und die letzten 15 Grad Schütze.

Zeichen, südliche

die Tierkreiszeichen Waage, Skorpion, Schütze, Wassermann und Fische.

Zeichen, trockene

die Tierkreiszeichen Widder, Stier, Löwe, Jungfrau, Schütze und Steinbock.

Zeichen, tropische

die Tierkreiszeichen Widder, Waage, Krebs und Steinbock.

Zeichen, warme

die Tierkreiszeichen Krebs, Löwe und Jungfrau.

Zeichen wäßrige

(Wasser-Zeichen) die Tierkreiszeichen Krebs, Skorpion und Fische.

Zeichen, weibliche

weibliche Tierkreiszeichen im Rahmen der Theorie von den Entsprechungen und in Entsprechung des Prinzips Yin und Yang: Stier, Krebs, Jungfrau, Skorpion, Steinbock und Fische.

Zeichen, zweikörperliche

die Tierkreiszeichen Zwillinge, Waage, Schütze und Fische.

Zeit

für die bürgerliche Zeitrechnung benutzt man die mittlere Sonnenzeit, welcher der mittlere Sonnentag als Maßeinheit zugrunde liegt; dabei ist der Beginn der Zeitzählung des Tages nach Stunden, Minuten und Sekunden als der Zeitpunkt der unteren Kulmination der mittleren Sonne im Meridian des Beobachtungsortes festgelegt. Da an Orten verschiedener geographischer Länge diese Kulmination nicht im selben Augenblick stattfindet, beginnt demzufolge die Tageszählung unterschiedlich (Zeitunterschiede). Orte gleicher geographischer Länge haben die gleiche Zeit (Ortszeit), Orte verschiedener geographischer Länge verschiedene Ortszeiten. Der Unterschied von 15 Grad geographischer Länge entspricht der Differenz einer Ortszeitstunde. Da sich die jeweiligen Ortszeiten für den Welthandel als überaus ungünstig erwiesen, faßte man größere Gebiete, Zonen um Bezugsmeridiane zusammen und legte für diese eine einheitliche Zeit, die Zonenzeit, fest. Diese Zonenzeit kann um volle oder halbe Stunden gegenüber der Weltzeit beziehungsweise der Westeuropäischen Zeit variieren; der Bezugsmeridian der Weltzeit ist der Meridian von Greenwich; diese Weltzeit wird in der Astronomie benutzt, um astronomische Ereignisse zu einer für die gesamte Erde einheitlichen Zeitskala festzulegen. In der Astrologie gilt es, die entsprechenden ortszeitlichen Differenzen/Verschiebungen zu beachten und rückzurechnen.

Zeitgleichung
bei Horoskopberechnungen unbedingt zu beachtender Faktor, daß der Unterschied zwischen wahrer und mittlerer Sonnenzeit mittels Zeitgleichung errechnet und berücksichtigt werden muß.

Zeit, Mitteleuropäische
die jeweilige Zonenzeit des Meridians 15 östlich von Greenwich.

Zeitgötter
auch Chronokratoren oder Zeitregenten; Bezeichnung für bestimmten Zeitabschnitten zugeschriebene Sternzeichen und/oder Gestirne, wobei die Zeitabschnitte als von den entsprechenden Zeitgöttern regiert verstanden werden.

Zeit, Greenwich-
Westeuropäische Zeit, die sich am Meridian von Greenwich orientiert; seit 1925 astronomische Weltzeit.

Zeit, Westeuropäische
abgekürzt WEZ; Begriff für die für den Meridian von Greenwich geltende Zonenzeit.

Zenit
auch Scheitelpunkt; Bezeichnung für den dem *Nadir* (siehe dort) gegenüberliegenden höchsten Punkt.

Zenitabstand
der Winkelabstand eines Gestirns vom Zenit.

Zentrum, galaktisches
Kerngebiet des Milchstraßensystems, in Richtung des Sternbilds Sagittarius gelegen und über 30 000 Lichtjahre von der Erde entfernt.

Zeus
ekliptischer Wirkpunkt, der sich als hypothetischer Planet in der *Ekliptik* (siehe dort) bewegt und die anderen Planeten verstärkt beziehungsweise ergänzt; Zeus werden die Qualitäten Kraft, Kreativität und Geist zugesprochen.

Ziegenfisch
im babylonischen Tierkreissystem die Entsprechung zu
Steinbock (siehe dort).

zirkumpolar
um den Pol kreisend.

zirkumstellar
um einen Stern kreisend.

Zodiak
diejenige Himmelsbreite, innerhalb der sich Sonne, Mond
und die Planeten in ihren (scheinbaren) Bahnen bewegen,
wird in zwölf Tierkreissternbilder unterschiedlicher
Größe und Ausdehnung und in zwölf Tierkreiszeichen
von je 30 Grad eingeteilt. Die Astrologie interessiert sich
für diese Tierkreiszeichen und den ihnen zugeordneten
Typologien, die wahrscheinlich auf sehr alte Lehren wie
etwa diejenige von den Säften oder die Qualitätenlehre
zurückgehen, und versucht unter Bezugnahme auf uralte
Erfahrungen des Menschengeschlechts die scheinbare
Unzahl von Persönlichkeitsvariablen und Charaktereigenschaften auf eine überschaubare Zahl gemeinsamer
Nenner zu bringen. Das Prinzip ist, daß aufgrund von
Entsprechungen, die zwischen fast allen Dingen dieser
Welt und den Tierkreiszeichen hergestellt werden,
Objekte, aber auch Geschehnisse (etwa Geburt) von
einem Zeichen beherrscht werden, wenn sich nach
bestimmten astrologischen Grundbedingungen bestimmte Verbindungen unter ihnen herstellen lassen. So
können gegenwärtige Zu- und Umstände genauso analy-
siert werden wie Zukünftiges, das sich jenseits der Oberfläche in der Tiefenstruktur der astrologisch verfertigten

Diagramme zeigt. Die jeweiligen Schulen der Astrologie unterscheiden sich – grob ausgedrückt – insofern, als sie differenzierte Techniken und Methoden benutzen, um zwischen den Tierkreiszeichen und spezifischen Objekten und/oder Geschehnissen Verbindungen herzustellen, wie auch um diese inhaltlich zu deuten. Die Anfänge des Interesses am Zodiak beziehungsweise an den Tierkreiszeichen waren astronomische: Ursprünglich sollen die Tierkreiszeichen fast ausschließlich zu praktischen Zwecken genutzt worden sein, beispielsweise zur Erkennung der Zeit bei Nacht, erst nach und nach – wahrscheinlich von Indien ausgehend über Polynesien und schließlich durch die Griechen – kamen die symbolisch-prognostischen Elemente hinzu. Heute darf die weltweite Beschäftigung mit dem Zodiak und seinen metaphorischen und metonymischen Funktionen zu den ältesten und ausgefeiltesten Mythen der Menschheit gezählt werden; siehe auch *Astrologie, indische.*

Zolkin
im Maya-Kalender den Zeitraum von 260 Tagen (20 Monate zu je 13 Tagen = 1 Jahr) umschreibend; siehe auch *Astrologie, präkolumbianische.*

Zonenzeit
die Zeit des Mittelmeridians einer Zone als Einheitszeit der zwischen zwei Meridianen gelegenen Orte.

Zosma
(Delta Leonis – 10°35' Jungfrau) heller Fixstern des Sternbilds Löwe im Sternzeichen Jungfrau, der, unter dem Einfluß von Venus und Saturn, Egoismus und Machtgier anzeigt.

Zuban Al Genubi
(*Alpha Librae* – 14°23' *Skorpion*) heller Fixstern des Sternbilds Waage im Sternzeichen Skorpion, der, von Saturn und Mars beeinflußt, Unglück und Unfälle bedeutet.

Zuban Al Shomali
(*Beta Librae* – 18°40' *Skorpion*) hellster Fixstern des Sternbilds Waage im Sternzeichen Fische, der, von Jupiter und Merkur geprägt, Glück und Erfolg anzeigt.

Zusammenkunft, große
auch Königsaspekt; Begriff für die *Konjunktion* (siehe dort) von (siehe dort:) *Jupiter* und *Saturn*.

Zusammenschein
siehe *Konjunktion*.

Zwillinge
(lateinisch Gemini) das dritte Zeichen im Tierkreis (21. Mai bis 21. Juni), somit vom Merkur geprägt. Zwillinge, ein bewegtes und Luft-Zeichen, ist männlich, positiv und von sanguinischem Temperament. Der unter dem Tierkreis Zwillinge Geborene repräsentiert den Typus des intellektuellen und suchenden Menschen sowie den Skeptiker; er neigt zur Rationalität, aber auch zur Kritik; sein Auftreten ist diplomatisch, gewandt und redegewandt, dann wiederum nervös und wichtigtuerisch; sein Denken klar, intelligent und erfassend, aber manchmal auch sprunghaft, unkonzentriert, zersplittert; sein Handeln ist fleißig und geschickt, aber auch unzuverlässig und unordentlich. Mit Zwillinge in Entsprechung stehen von den Künsten die Rede-, Schrift- und Dichtkunst, von den Wissenschaften alle exakten sowie Sprachwis-

senschaft und Geographie; von den Tieren Spinne, Affe, Fuchs, Eidechse, Eichhörnchen, Hund, Schlange, Biene, Taube und Papgei; von den Pflanzen Efeu, Petersilie, Hafer, Rübe, Fenchel, Haselnuß; von den Edelsteinen Karneol, Topas, Achat und Halbedelsteine; von den Metallen Quecksilber; von den Farben Gelb, Violett sowie alle irisierenden Farben; von den Gegenständen Papier, Bücher, Fahrzeuge, Schriftstücke, Schreibutensilien, Spiegel, optische Linsen, Fotoapparate und Telefone; von den Gegenden alle Hochebenen; von den Ländern Württemberg, Franken, Nordostafrika, USA, Südägypten, Lombardei, Sardinien, Armenien, Belgien, Libyen, Wales und Westengland; von den Städten Kissingen, Kulmbach, Ansbach, Nürnberg, Mainz, Bamberg, Villach, Fürth, Bayreuth, Darmstadt, San Francisco, London, Metz, Melbourne. Physiologische Entsprechungen zu Zwillinge sind: Schultern, Gelenke, Hirn und Nervensystem, Lunge, Luftröhre, Bronchien und Zunge. *Prominente Personen, geboren im Zeichen Zwillinge:* Dalai Lama, Sir Arthur Conan Doyle, Albrecht Dürer, Ian Fleming, Juliette Greco, John F. Kennedy, Thomas Mann, Marilyn Monroe, Cole Porter, Jean-Paul Sartre, Tito und Richard Wagner.

Zwölferreihe
siehe *Dodekatopos.*

Zykloida
geometrischer Ort eines Punktes des Kreisumfangs.

Zyklus, metonischer
nach seinem Entdecker METON benannter Zeitraum von 6940 Tagen (125 Mondmonate zu 30 und 110 zu 29 Tagen), auf dem der lunisolare Kalender basiert.

Zyxx
Gott der Gestirne und der Astrologie in der altchaldä-
ischen Mythologie.

Das Zeichen Zwillinge

Literatur- und Quellenhinweise

ASHKENAZY, CYRIL: Is there Life without Stars? New York 1979.

ASHKENAZY, CYRIL: Astrology as a Metaphor. Boston 1982.

ASHKENAZY, CYRIL: The Stars Dictation – The Semiology of Astrology. New York 1984.

BECKER, UDO (Bearb.): Lexikon der Astrologie. Verlag Herder, Freiburg 1981.

BOSSLE, RUDOLF: Charakterzüge nach Tierkreiszeichen. Der Astrospiegel für »sie« und »ihn«. Ariston Verlag, Genf/München 1985.

BOSSLE, RUDOLF: Berufseignung nach Tierkreiszeichen. Was der Astrospiegel Ihnen rät. Ariston Verlag, Genf/München 1986.

BRAU, JEAN LOUIS: Dictionnaire de l'astrologie. Paris 1977.

BROWN, HANBURY: Man and the Stars. Oxford 1974.

CURCIO, MICHÈLE: Lebensberatung: Chinesische Astrologie. Charakterbild, Berufs- und Liebesleben, persönliche Entfaltung. Ariston Verlag, Genf/München 1988.

DÖBEREINER, PETRA: Die chinesische und die abendländische Astrologie. München 1980.

DOMBROWSKI, DORIS: Astrologie im Alltag. Wien 1977.

EBERTIN, REINHOLD: Kombination der Gestirneinflüsse. Aalen 1966.

ESFARDIANY, TSCHANGIS: Cosmis Reflections and Inner Truths. Boston 1989.

EURINGER, FLORIAN: Indische Astrologie. Die 27 Frauen des Mondes. Ariston Verlag, Genf/München 1989.

EYSENCK, HANS-JÜRGEN: Planets, Stars and Personality. London 1975.

FIDELSBERGER, HEINZ: Sterne und Leben. Wien 1974.

FRANZ, MARIE-LOUISE VON: Zeit. Frankfurt 1981.

GAUQUELIN, MICHEL: Cosmic Influence on Human Behaviour. London 1973.

GETTINGS, FRED: Fate and Prediction. London 1980.

GUNDEL, WILHELM: Sternglaube, Sternreligion und Sternorakel. Leipzig 1933.

HEINDEL, MAX und FOSS-HEINDEL, AUGUSTA: Astro-Diagnose. Darmstadt 1969.

HUGENDUBEL: Esoterik (Katalog). München 1980.

JULIUS, FRITS HENDRIK: Die Bildersprache des Tierkreises und der Aufbau eines neuen Gemeinschaftslebens. Stuttgart 1974.

JUNG, CARL GUSTAV: Der Mensch und seine Symbole. Freiburg 1982.

JUNG, CARL GUSTAV: Psychologie und Alchemie. Olten 1975.

KENTON, WARREN: Astrologie. Frankfurt 1976.

KLÖCKLER, HERBERT Freiherr von: Kursus der Astrologie (3 Bd.). Freiburg 1978.

KNAPPICH, WILHELM: Geschichte der Astrologie. Frankfurt 1967.

KRÜGER, MARLENE: Das indische Horoskop. München 1979.

KRUPP, EDWIN (Hrsg.): Astronomen, Priester, Pyramiden. München 1980.

KÜNDIG, HEINRICH: Das Horoskop – Berechnung, Darstellung, Prognose. Schwarzenburg 1977.

LEFELDT, HERRMANN: Methodik der astrologischen Häuser. Hamburg 1962.

LEWIS, URSULA: Horoskope selbst gestellt. Frankfurt 1977.

LÖHLEIN, HERBERT A.: Handbuch der Astrologie. München 1968.

MERIDIAN: zweimonatlich erscheinende Zeitschrift für Kosmobiologie, Astrologie und angewandte Psychologie. Freiburg.

MERTZ, BERND A.: Das Grundwissen der Astrologie. Persönlichkeit – Lebensplan – Partnerschaft – Zukunft. Ariston Verlag, Genf/München 1990.

PAKRADUNY (Hrsg.): Die Welt der geheimen Mächte. Miesbach 1978.

PFAFF, JULIUS W. A.: Astrologie. Nürnberg 1816.

PRÓNAY, ALEXANDER VON: Helfen Horoskope hoffen? Bietigheim 1937.

REINICKE, WOLFGANG: Praktische Astrologie. So stellen Sie Ihr Horoskop selbst. Ariston Verlag, Genf/München 1977.

RIEMANN, FRITZ: Lebenshilfe Astrologie. München 1979.

RING, THOMAS: Astrologie neu gesehen. Freiburg 1977.

RING, THOMAS: Astrologische Menschenkunde (4 Bd.). Freiburg 1981.

RIPOTA, PETER: Heilung aus dem Chaos. Die neue Medizin für das Wassermann-Zeitalter. Ariston Verlag, Genf/München 1989.

SCHNITZLER, ILSE und LEFELDT, HERRMANN: Lexikon für Planetenbilder. Hamburg 1959.

SCHULTZ, JOACHIM: Rhythmen der Sterne. Dornach 1977.

SCHWABE, JULIUS: Archetyp und Tierkreis. Basel 1951.

SEMENTOWSKY-KURILO, NIKOLAUS VON: Astrologie. Freiburg 1979.

SHULMAN, SANDRA: Geschichte der Astrologie. Eltville 1978.

SORGE, J. MARTIN: Psychodynamische Astrologie: Die

eigenen Wege finden. Ariston Verlag, Genf/München 1987.

SPALLART, JOHANNES VON: Tierkreis und Schöpfung. Bern 1964.

STEINER, SIMONA: ABC dell'Astrologia. Rom 1977.

TIEDE, ERNST: Astrologisches Lexikon. Marienwerder 1910.

ULLMANN, MANFRED: Die Natur- und Geheimwissenschaften im Islam. Leiden 1972.

WINTER, V. M. VON: Die Psychologie der Tierkreiszeichen. Berlin 1974.

WITTE, ALFRED und LEFELDT, HERRMANN: Regelwerk für Planetenbilder. Hamburg 1959.

WOLF, RUDOLF: Geschichte der Astronomie. München 1977.

XYLANDER, ERNST VON: Lehrgang der Astrologie. Bern 1977.

ZINNER, ERNST: Sternglaube und Sternforschung. München 1953.